世界〈経済〉全史

「51の転換点」で現在と未来が読み解ける

宮崎正勝

日本実業出版社

はじめに

最近は、グローバリゼーションが一挙に進む中で、従来からの社会の動きがより複雑になってきているようです。そこで、**世界史に何らかの「解」を求めようとする動きが強まってきています。**昨今の地政学ブームなども、その現れだと思います。

「イノベーション（技術革新）は、『創造的破壊』をもたらす」というシュンペーターの有名な言葉があります。

現在は人類社会の劇的な変革期で、コンピューターやスマートフォンによる「第三次産業革命」に、ＩｏＴ（モノ同士のネットを介したつながり）、ＡＩ（人工知能）といった「第四次産業革命」が重なり、すさまじい勢いで世界が更新されつつあります。

二〇一六年には、イギリスが国民投票でＥＵからの離脱を決定し（ブレグジット）、アメリカでは反グローバリズム、保護貿易を唱える大統領が当選するなど、一九〜二〇世紀にイギリス、アメリカが主導してきたグローバリゼーションに、両国の国民が「ＮＯ」をつきつけるという想定外の出来事も起こっています。

世界情勢は極めて流動的ですが、現代は基本的に「経済主導の時代」だと言えます。そこで、**今までの世界史では、あまり体系的に扱われてこなかった「世界経済」の道筋を明らかにすることが、これからの世界を考える際に必要になると考えました。**

「経済」というまとまりにくい内容を、どのようにすれば理解しやすくできるかが問題になるのですが、前著『世界全史』で行った、三五の「世界史がわかる『鍵』」を中心として「流れ」を読み解く方法が、今回も有効ではないかと考えました。

そのため本書では、五一の「世界経済の転換点」を中心に据え、世界経済の流れを展望する方法がとられています。

「転換点」は、読者の方が一目でわかるよう、大胆に1ページを使って強調し、その部分をつなげることで、世界経済の流れがイメージできるようなかたちにしました。

また、「経済を読むＰＯＩＮＴ」という解説を適宜入れることにより、「転換点」の理解が深まるような工夫も加えました。今までなかった斬新な試みだと思います。

従来の経済学の一部としての堅苦しい「経済史」ではなく、気軽に読めるように、具体的な事実（なるべく面白い）をつないでいくスタイルをとっていますので、すらすら読み進められるのではないかと思っています。

内容について簡単に説明すると、以下のようになります。

「序章」は、貨幣の誕生について記述しています。貨幣には銀貨と銅銭の二つの体系があり、銀貨には、実に四〇〇〇年の進化の歴史があることを紹介しています。

「第1章　ユーラシアの大帝国と大規模経済の出現」と「第2章　大航海時代によるヨーロッパ経済の勃興」は、遊牧民と商人が担い手となるユーラシアの陸の経済と大西洋の資本主義的な海の経済の勃興について述べています。

「第3章」と「第4章」は、ヴァイキング世界に属する北海の小国、オランダとイギリスが資本主義経済の土台を築いたことを述べます。株式会社、国債、保険、紙幣、中央銀行、商品取引、株取引、バブルなどの起こりに触れられています。

続く時代は、従来の世界史では「市民革命」や「産業革命」を中心に述べられていましたが、「第5章」ではアメリカ独立戦争、ナポレオン戦争などが膨大な軍事費を必要としたことからヨーロッパが金融の時代に入り、ロスチャイルドなどのユダヤ人が台頭してくること。「第6章」では、いわゆる産業革命、大規模な鉄道建設等によりヨーロッパを中心とする単一の経済世界が作り出されてくることについて解説しています。

「第7章」は「英国ポンドの覇権」についてです。イギリスが巧みに史上最大の海の帝国を形成し、その財政部門を請け負ったユダヤ人がポンドを操って「銀貨の時代」から「紙幣の時代」への転換を巧みに進めていくことが述べられています。

「第8章」は、新興国のアメリカが一九世紀末の二十数年間に急速な経済成長をとげていく過程が紹介されます。

「第9章」は、二つの世界大戦でヨーロッパ経済が没落し、ドル紙幣を世界通貨とするワン・ワールド体制によるアメリカの覇権の誕生について述べています。

「第10章　ドルが力を失い、勢いづくアジア経済」は、一九七〇年代の「ニクソン・ショック」以降の、ドルの黄昏《たそがれ》の時代です。インターネットを活用した金融が拡がり、日本のバブル、世界規模の証券バブルの崩壊（リーマン・ショック）などを経てグローバル経済の下でアメリカ経済が空洞化し、中国が「世界の工場」に変わる激動期を丁寧に解説し、これからの世界経済を読むためのヒントの提供を心がけています。

現在の複雑な世界状況を解き明かすことが問題意識になっている関係で、ただ単に時系列で事実を列挙するのではなく、現在に収斂《しゅうれん》するような記述になっています。

じっくりとお読みいただければ、複雑な現代社会がいくらかクリアになるのではないかと考えます。本書は教養書ですので、興味を持たれましたら現実の経済、政治について記された著作、経済週刊誌などをお読みいただけるとよいのではないかと思います。

本書が、皆様の新たな学びのきっかけになれば幸甚です。

２０１７年7月

宮崎正勝

世界〈経済〉全史──「51の転換点」で現在と未来が読み解ける■目次

第1章 ユーラシアの大帝国と大規模経済の出現

第2章 大航海時代によるヨーロッパ経済の勃興

第5章 金融の時代の到来とロスチャイルド一族の台頭

第6章 二つの産業革命によるヨーロッパ経済の成長

第7章 史上最大のイギリス帝国によるポンドの覇権

第8章 ゼロから躍進していくアメリカ経済

第9章 二つの世界大戦がもたらしたドル覇権

第10章 ドルが力を失い、勢いづくアジア経済

装丁／中村勝紀（TOKYO LAND）
本文組版／一企画

世界経済の大きな流れをつかむ

- 貨幣・コイン・紙幣の登場
- 現代につながる6つのグローバリゼーション
- 「経済の中心《センター》」の移り変わり
- 銀貨と金貨・紙幣で見る世界史
- 異種経済の統合による世界経済の成立
- 「世界〈経済〉全史」略年表

意外につかみにくい「経済」の歴史について、貨幣の進化や世界経済の中心地の移り変わりなどを図にまとめました。本書を読みながらの理解の補助に、あるいは一読された後での整理に役立ててください。

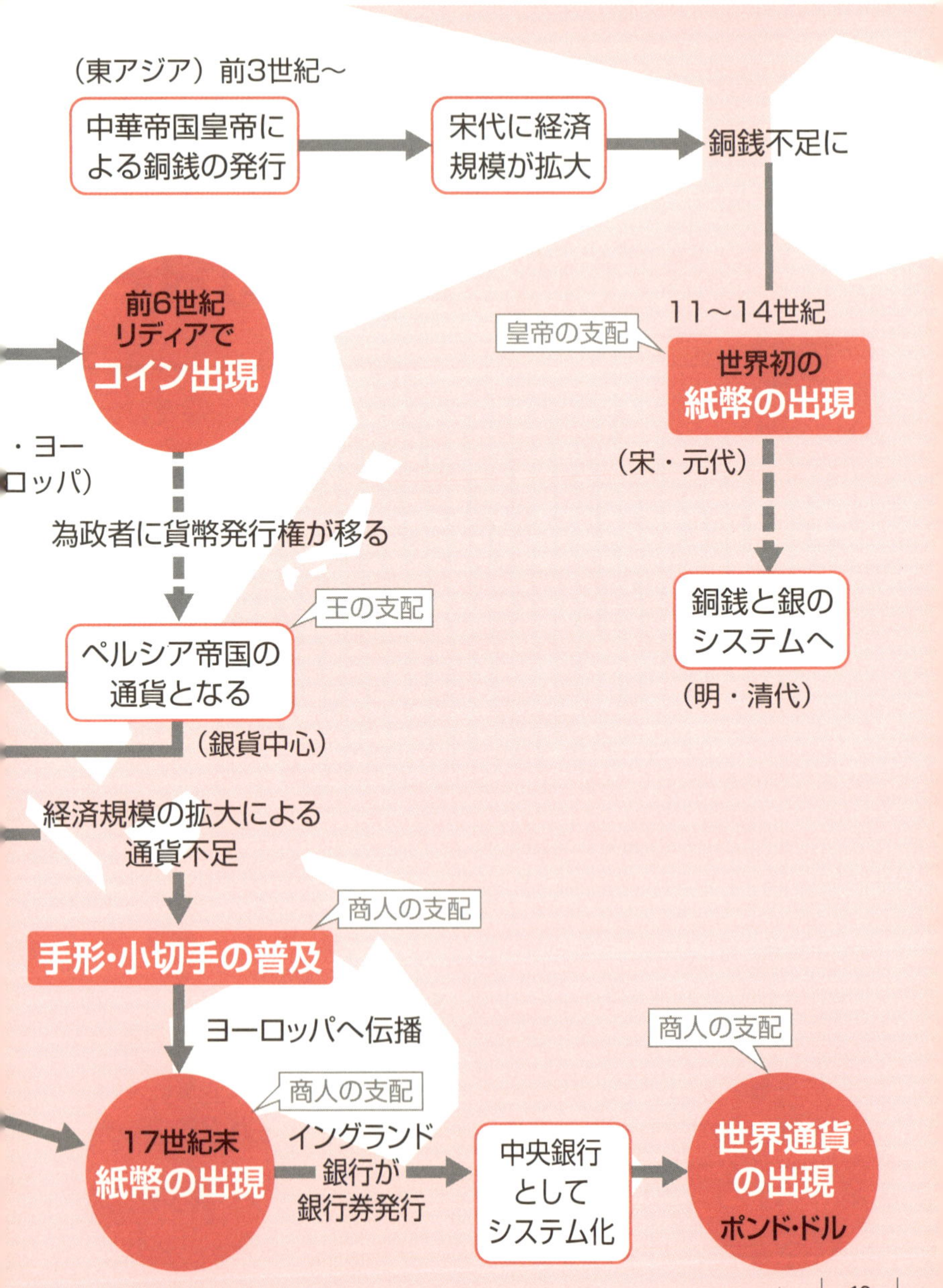
（東アジア）前3世紀～
中華帝国皇帝による銅銭の発行
宋代に経済規模が拡大
銅銭不足に
11～14世紀
皇帝の支配
世界初の紙幣の出現
（宋・元代）
銅銭と銀のシステムへ
（明・清代）
前6世紀リディアでコイン出現
・ヨーロッパ）
為政者に貨幣発行権が移る
王の支配
ペルシア帝国の通貨となる
（銀貨中心）
経済規模の拡大による通貨不足
商人の支配
手形・小切手の普及
ヨーロッパへ伝播
商人の支配
17世紀末紙幣の出現
イングランド銀行が銀行券発行
中央銀行としてシステム化
商人の支配
世界通貨の出現
ポンド・ドル

◆貨幣・コイン・紙幣の登場

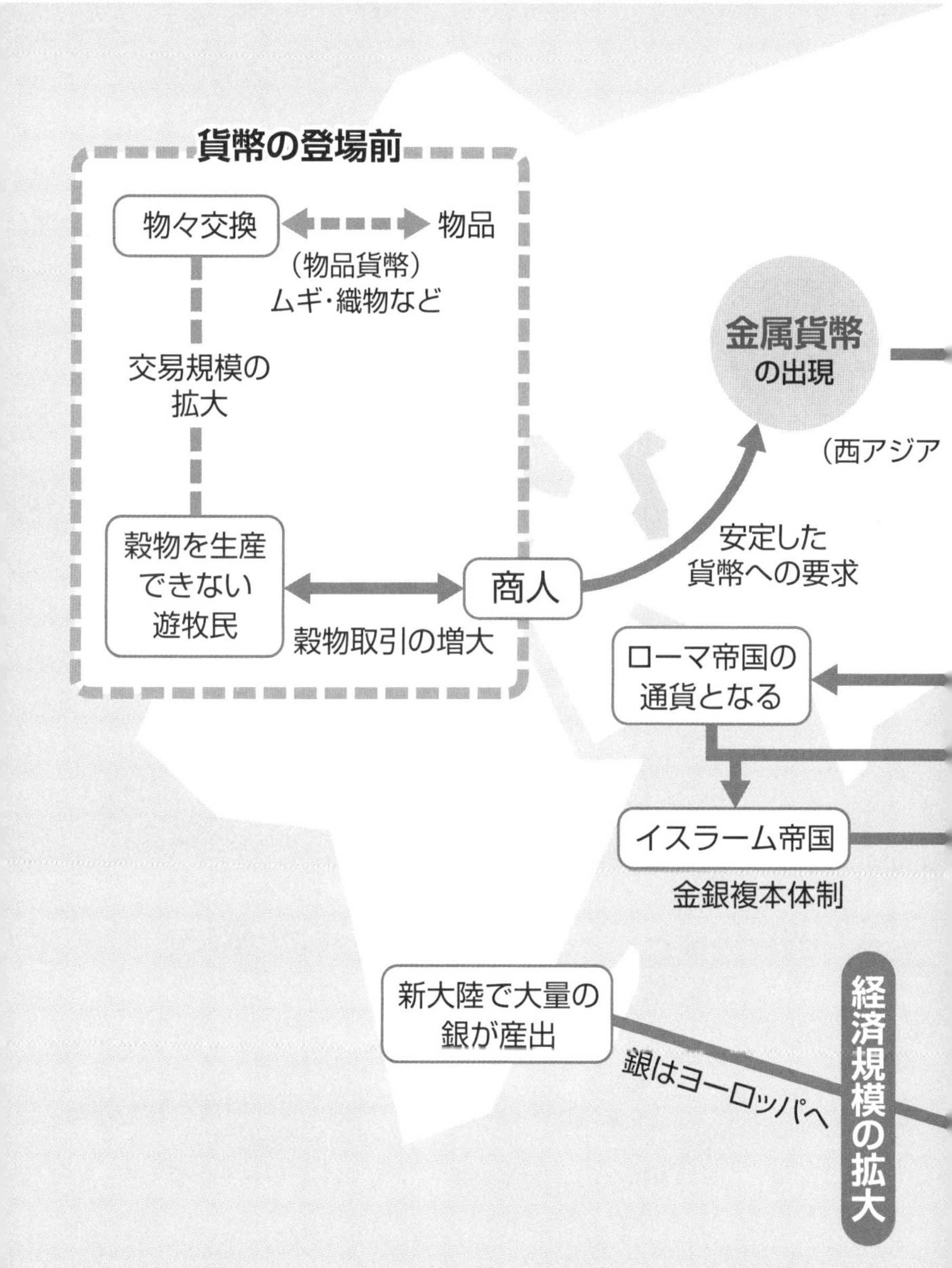
貨幣の登場前
物々交換
物品
（物品貨幣）
ムギ・織物など
交易規模の
拡大
穀物を生産
できない
遊牧民
商人
穀物取引の増大
安定した
貨幣への要求
金属貨幣
の出現
（西アジア
ローマ帝国の
通貨となる
イスラーム帝国
金銀複本体制
新大陸で大量の
銀が産出
銀はヨーロッパへ
経済規模の拡大

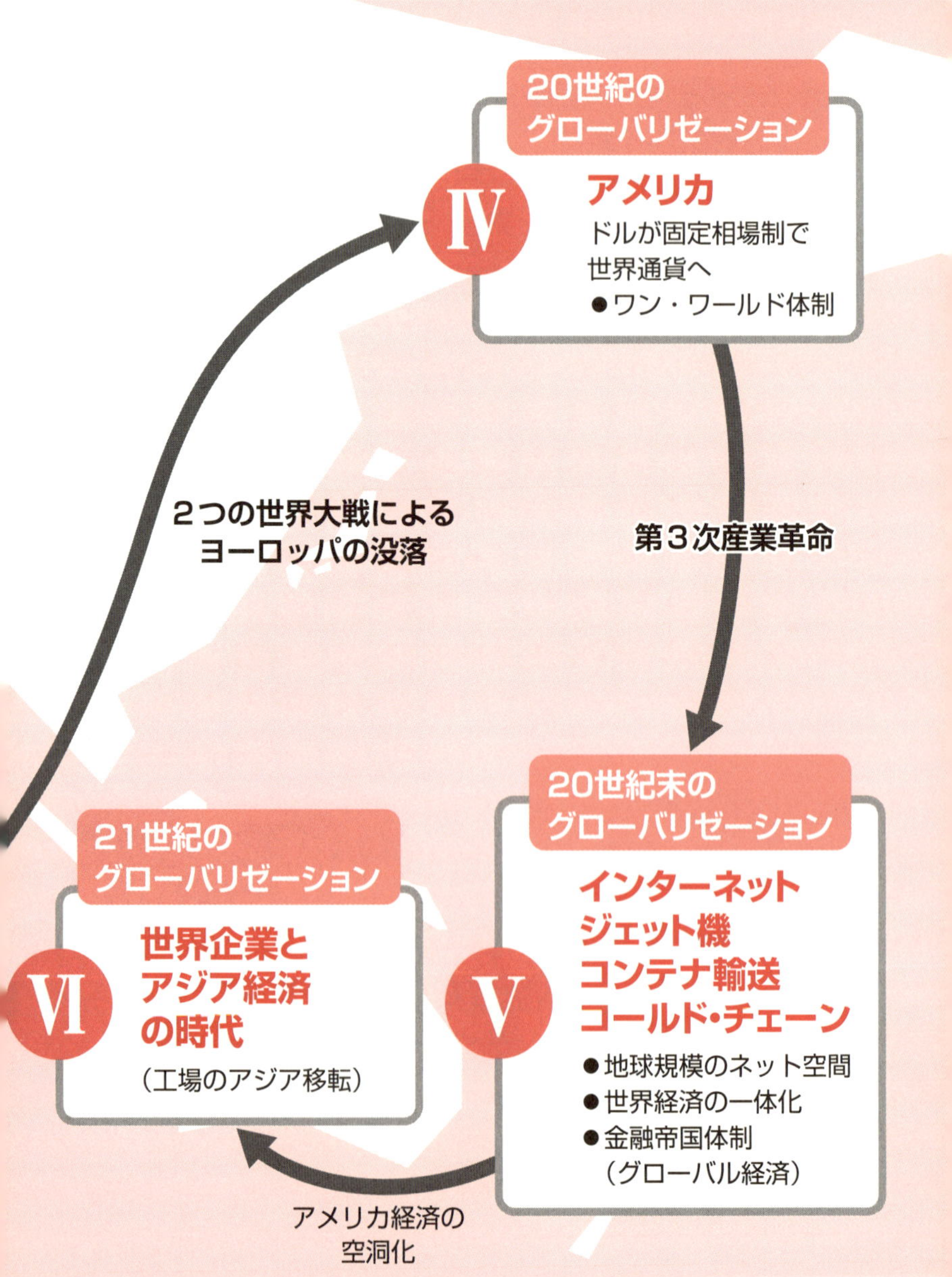

20世紀の
グローバリゼーション
Ⅳ
アメリカ
ドルが固定相場制で
世界通貨へ
●ワン・ワールド体制
第３次産業革命
20世紀末の
グローバリゼーション
Ⅴ
インターネット
ジェット機
コンテナ輸送
コールド・チェーン
●地球規模のネット空間
●世界経済の一体化
●金融帝国体制
（グローバル経済）
アメリカ経済の
空洞化
21世紀の
グローバリゼーション
Ⅵ
世界企業と
アジア経済
の時代
（工場のアジア移転）
２つの世界大戦による
ヨーロッパの没落

◆経済規模を拡大した6つのグローバリゼー

第1の
グローバリゼーション

Ⅰ

モンゴル帝国
（13～14世紀）
●ランド・パワー
（遊牧民＋商人）
●ユーラシアの
円環ネットワーク
（海の道＋草原の道）

大航海時代

第2の
グローバリゼーション

Ⅱ

環大西洋世界
（17、18世紀）
●シー・パワー
大西洋三角貿易

第1次・第2次
産業革命

19世紀の
グローバリゼーション

Ⅲ

イギリス帝国
●シー・パワー
大西洋とインド洋・
南シノ海支配
（エンパイヤ・ルート）
●植民地体制

世界の土地・人口の
4分の1を支配

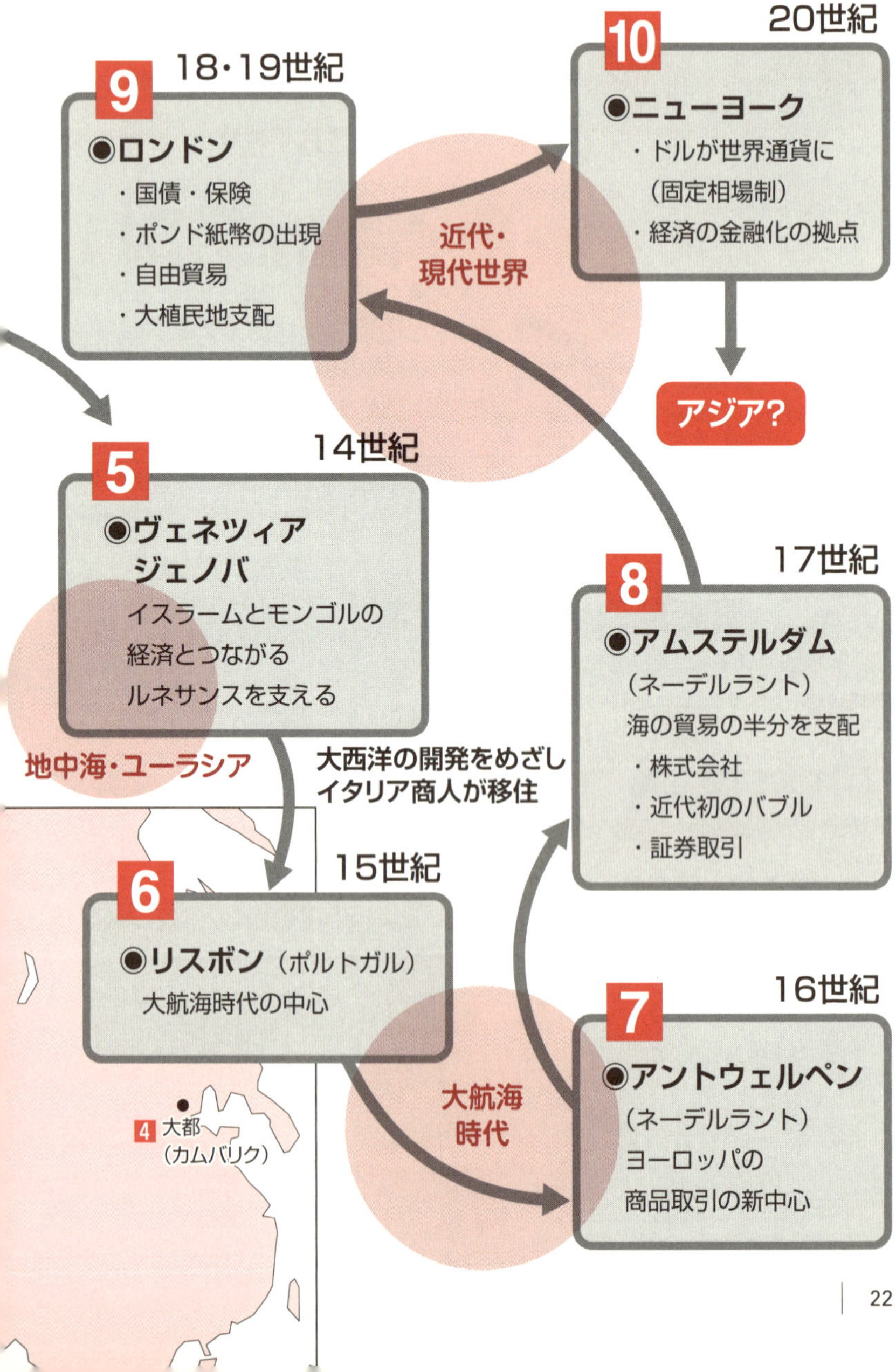
20世紀
10
◉ニューヨーク
・ドルが世界通貨に
（固定相場制）
・経済の金融化の拠点
アジア?
18・19世紀
9
◉ロンドン
・国債・保険
・ポンド紙幣の出現
・自由貿易
・大植民地支配
近代・
現代世界
14世紀
5
◉ヴェネツィア
ジェノバ
イスラームとモンゴルの
経済とつながる
ルネサンスを支える
地中海・ユーラシア
大西洋の開発をめざし
イタリア商人が移住
17世紀
8
◉アムステルダム
（ネーデルラント）
海の貿易の半分を支配
・株式会社
・近代初のバブル
・証券取引
15世紀
6
◉リスボン（ポルトガル）
大航海時代の中心
16世紀
7
◉アントウェルペン
（ネーデルラント）
ヨーロッパの
商品取引の新中心
大航海
時代
4 大都
（カムバリク）

◆世界史における「経済の中心」の移り変わり

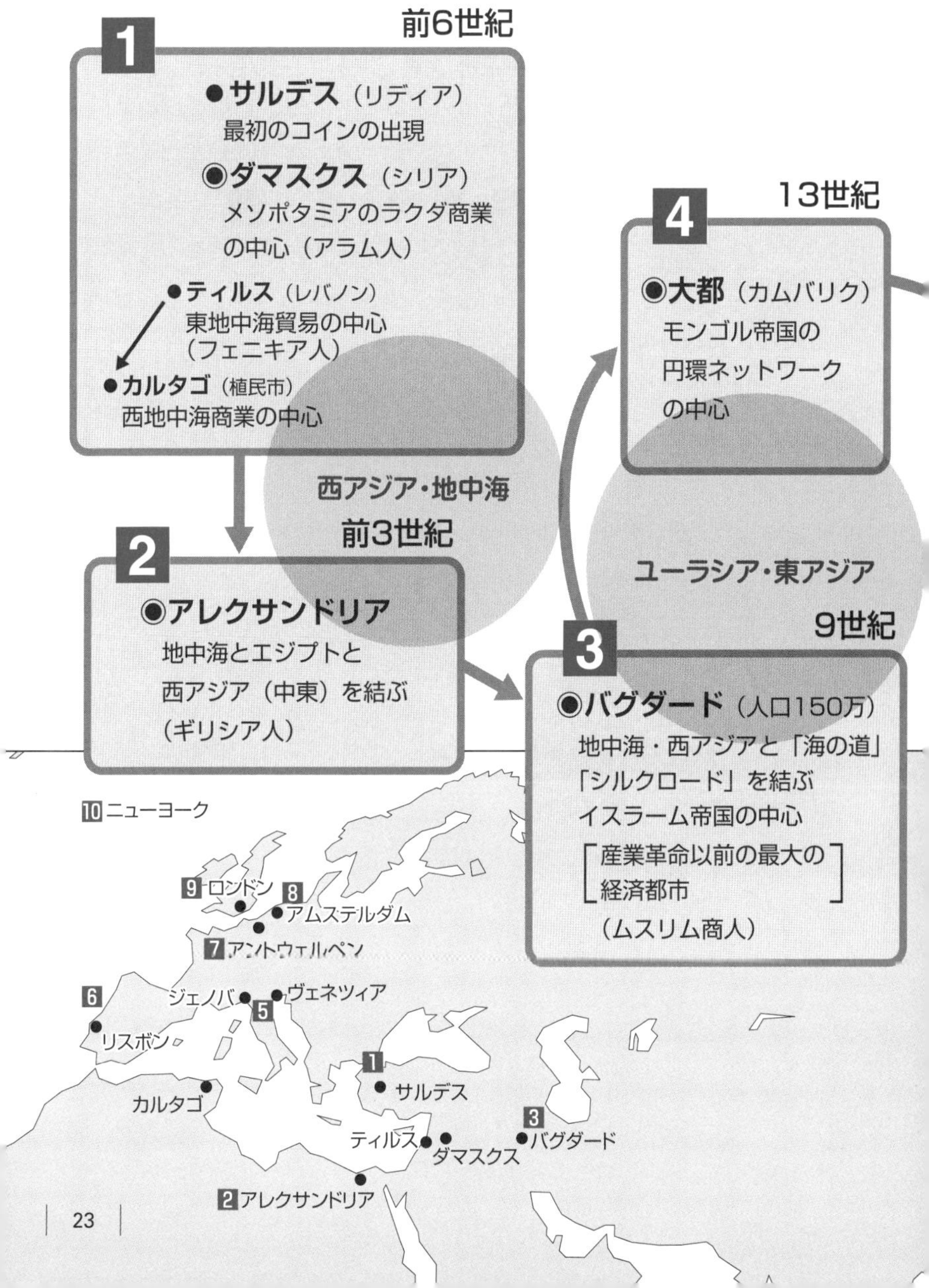

前6世紀
1
●サルデス（リディア）
最初のコインの出現
◉ダマスクス（シリア）
メソポタミアのラクダ商業
の中心（アラム人）
●ティルス（レバノン）
東地中海貿易の中心
（フェニキア人）
●カルタゴ（植民市）
西地中海商業の中心
西アジア・地中海
前3世紀
2
◉アレクサンドリア
地中海とエジプトと
西アジア（中東）を結ぶ
（ギリシア人）
9世紀
3
◉バグダード（人口150万）
地中海・西アジアと「海の道」
「シルクロード」を結ぶ
イスラーム帝国の中心
［産業革命以前の最大の
経済都市］
（ムスリム商人）
ユーラシア・東アジア
13世紀
4
◉大都（カムバリク）
モンゴル帝国の
円環ネットワーク
の中心
10 ニューヨーク
9 ロンドン
8 アムステルダム
7 アントウェルペン
6 リスボン
ジェノバ
5
ヴェネツィア
カルタゴ
1 サルデス
ティルス
ダマスクス
3 バグダード
2 アレクサンドリア

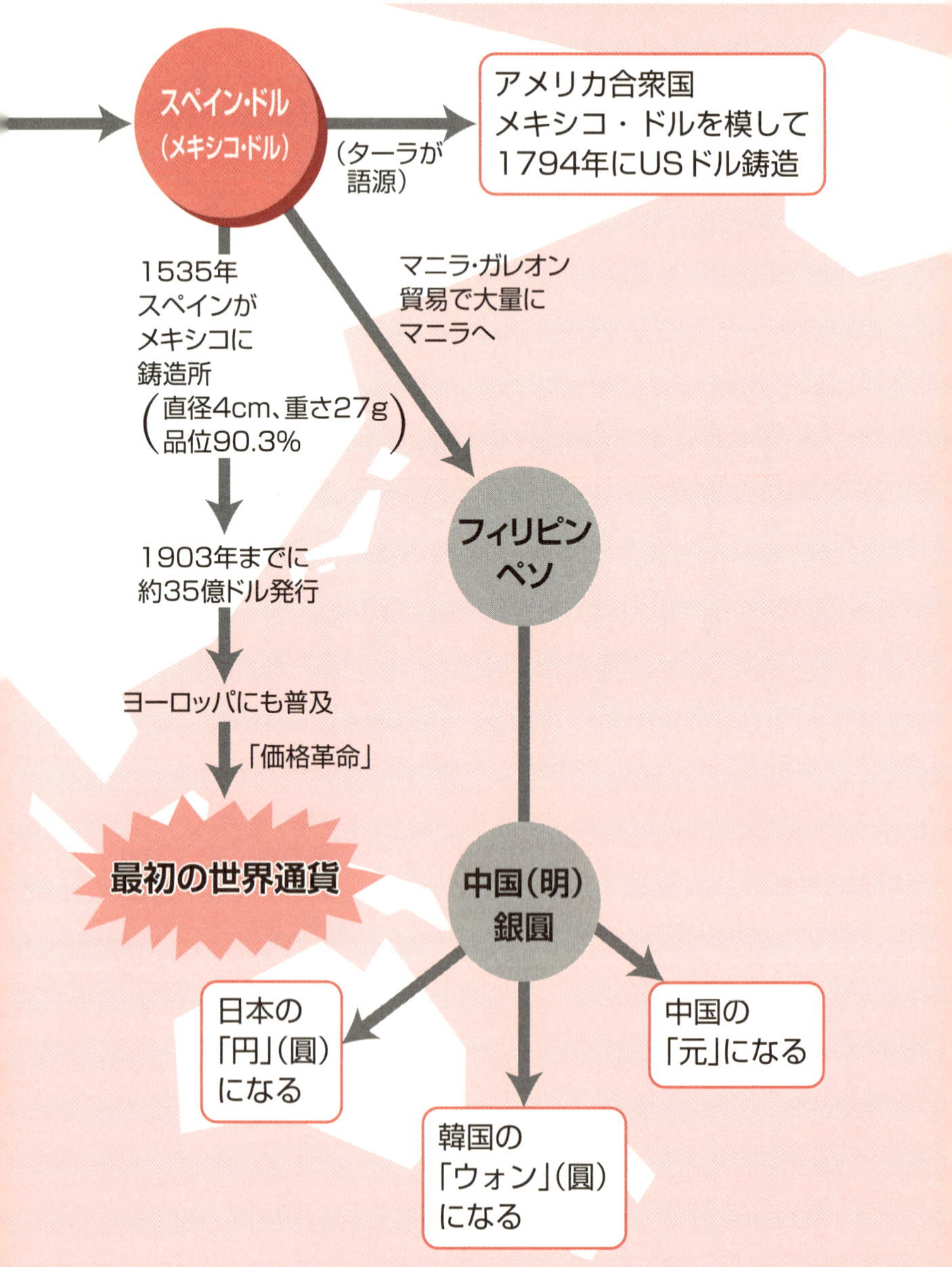

スペイン・ドル
（メキシコ・ドル）
（ターラが語源）
アメリカ合衆国
メキシコ・ドルを模して
1794年にUSドル鋳造
1535年
スペインが
メキシコに
鋳造所
（直径4cm、重さ27g
品位90.3%）
マニラ・ガレオン
貿易で大量に
マニラへ
1903年までに
約35億ドル発行
ヨーロッパにも普及
「価格革命」
最初の世界通貨
フィリピン
ペソ
中国（明）
銀圓
日本の
「円」（圓）
になる
韓国の
「ウォン」（圓）
になる
中国の
「元」になる

◆銀貨と金貨から見る世界史

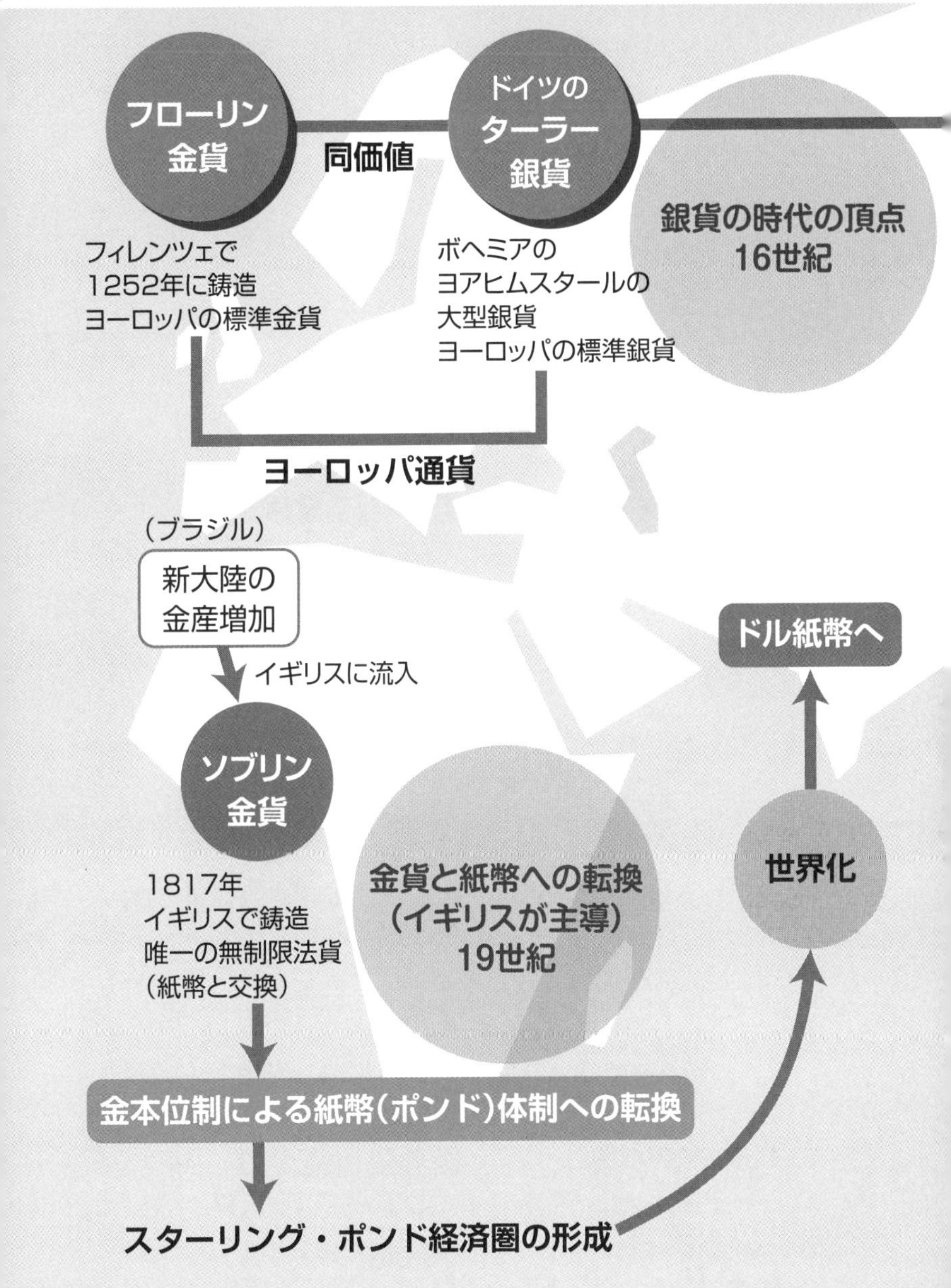
フローリン金貨
同価値
ドイツのターラー銀貨
銀貨の時代の頂点
16世紀
フィレンツェで
1252年に鋳造
ヨーロッパの標準金貨
ボヘミアの
ヨアヒムスタールの
大型銀貨
ヨーロッパの標準銀貨
ヨーロッパ通貨
（ブラジル）
新大陸の金産増加
イギリスに流入
ソブリン金貨
1817年
イギリスで鋳造
唯一の無制限法貨
（紙幣と交換）
金貨と紙幣への転換
（イギリスが主導）
19世紀
世界化
ドル紙幣へ
金本位制による紙幣（ポンド）体制への転換
スターリング・ポンド経済圏の形成

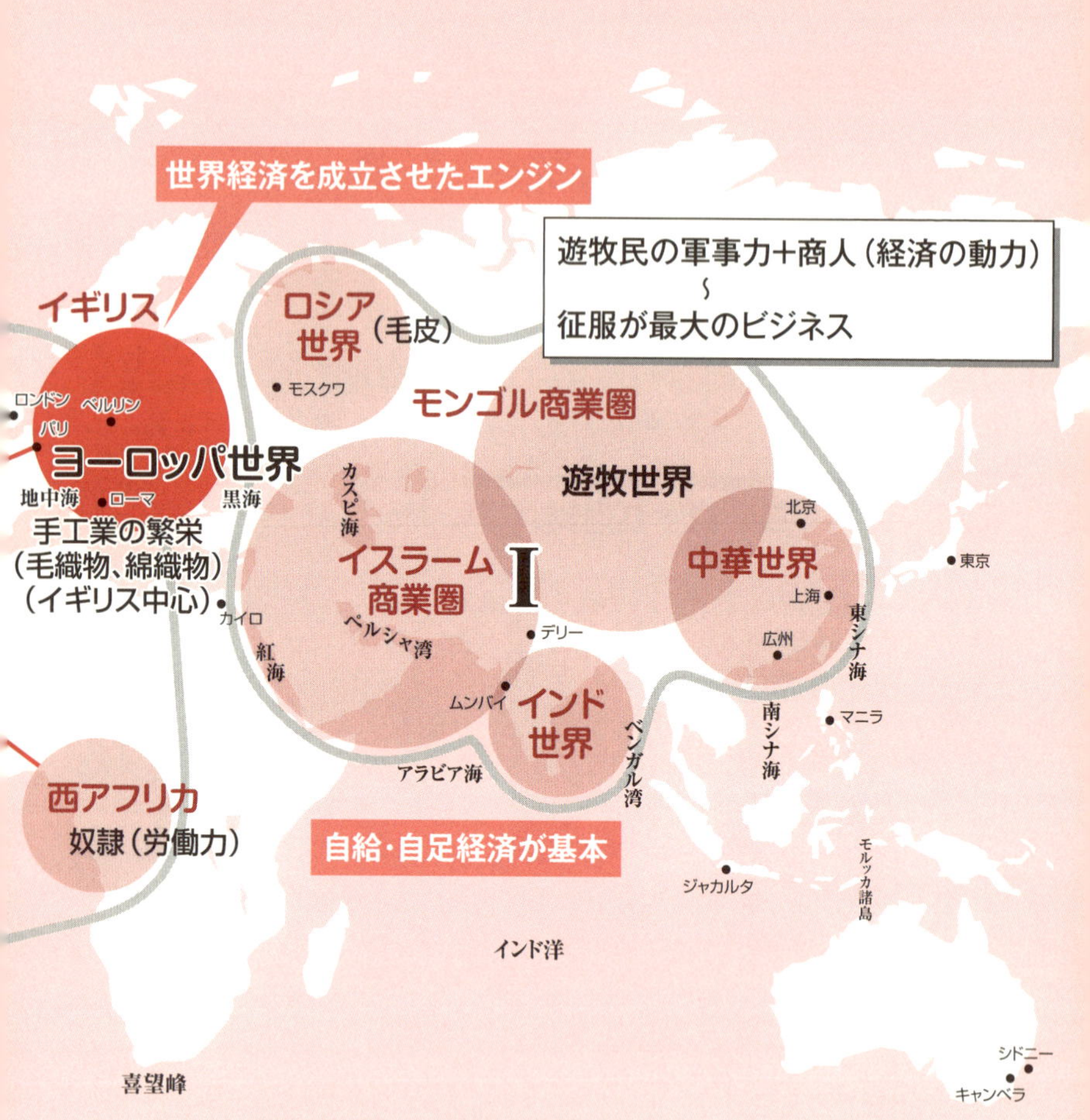

イギリスで18世紀末に産業革命が起こり、
IIのパワーが飛躍的にアップ
I（とくにインド・中国）の経済の従属化

資本主義経済の世界化
I + II
→
世界史上最大のイギリス帝国の成立
（現代世界の原型）

◆２つの異種経済の接合による世界経済の

※上段の1～51の数字は「世界経済の転換点」を示す。

世界経済の転換点		年	出来事		
ヨーロッパ	アメリカ・アジア		ヨーロッパ	アメリカ	アジア
1　4000年続いた銀貨の時代		前1000	前1760頃 ハンムラビ法典が編纂される		
2　トルコでコインが誕生	4　中国で大量の銅銭発行	前500	前550 ペルシア帝国成立 前330 アレクサンドロス、ペルシア帝国を倒す		前221 秦の始皇帝が中国統一
		1	前27 ローマ帝国成立		前202 漢成立
		100	96 ローマの五賢帝時代始まる（～180）		
		200	226 ササン朝成立		
		300			320頃 インドにグプタ朝成立
3　悪貨によりローマ帝国が滅亡(476)		400	395 ローマ帝国、東西に分裂		
		500	476 西ローマ帝国滅亡		
		600	610頃 ムハンマドがイスラーム教を創始		589 隋、中国大陸を統一 600 遣隋使派遣 618 唐成立

◆「世界〈経済〉全史」略年表①

年代	テーマ	出来事
700	5 インド洋開発で経済が爆発（8〜9世紀）	710 平城京遷都 750 アッバース朝成立 794 平安京遷都
800		800 カール（フランク王国）、西ローマ皇帝となる
900		909 エジプトにファーティマ朝、成立（シーア派） 960 宋成立 962 神聖ローマ帝国成立
1000	7 最初の「紙幣」誕生（11世紀）	
1100		1096 第1回十字軍 1192頃 鎌倉幕府
1200	8 ユーラシア経済圏成立	1206 チンギスのモンゴル統一 1258 アッバース朝滅亡 1271 元建国
1300		1336 室町幕府 1368 明建国
1400	6 数字・簿記の進化	大航海時代 1453 ビザンツ帝国滅亡 1492 コロンブスがアメリカ大陸到達 1498 バスコ=ダ=ガマがインドに到達
1500	10 経済の中心がネーデルラントへ 12 メキシコ銀貨が世界通貨に 13 明に銀が大量に集まる	1517 宗教改革始まる 1519 マゼラン世界一周へ 1526 ムガル帝国成立（インド）

世界経済の転換点 ヨーロッパ	世界経済の転換点 アメリカ・アジア	年	出来事 ヨーロッパ	出来事 アメリカ	出来事 アジア
		1550			
					1573 安土桃山時代
			1581 オランダ独立戦争（～1648）		
			1588 イギリス、スペイン無敵艦隊を撃退		
11 プランテーションが登場		1600	1600 イギリス東インド会社設立		
15 世界初の株式会社誕生			1602 オランダ東インド会社設立		1603 江戸幕府
16 英国がヨーロッパの海を制す			1642 イギリスのピューリタン革命		
14 世界初のバブル発生					1644 明滅亡、清の中国支配
20 サトウ消費が拡大		1650	1652 第一次英蘭戦争		
17 国債で戦費調達					
21 保険と株取引誕生					
22 英ポンド紙幣の発行（1694）				1688 名誉革命（イギリス）	
9 遊牧帝国の強権支配（18世紀初め）		1700			
18 南海会社泡沫事件					
19 資本主義の拡大（大西洋三角貿易）					
24 資本主義の教科書誕生（1776）		1750	産業革命		
23 国民経済の誕生			1763 英の北米支配が確定		
25 欧州にハイパーインフレ（1795）				1776 アメリカ独立宣言	
27 産業革命			1789 フランス革命		

◆「世界〈経済〉全史」略年表②

26 金本位制の確立とポンド紙幣

28 石炭と蒸気機関の時代へ

29 鉄道の力でヨーロッパが一体化

36 銀行乱立で経済発展が遅れた米国

32 英海洋帝国が覇権

30 第二次産業革命(1870〜)

31 英金融帝国の出現

33 アジア三角貿易

34 アヘンで中国経済が崩壊

37 米国が移民の力で成長

35 アフリカ分割

38 米国が海洋帝国化

40 第一次大戦で米国が躍進

39 FRBの成立

41 独への報復政策

43 世界恐慌が勃発!

44 ブロック経済

45 ブレトン・ウッズ体制の成立

42 大量生産方式の登場

47 世界企業の海外移転

46 ニクソン・ショック

48 プラザ合意でドル安・円高へ

49 アジア通貨危機

50 リーマン・ショックで世界金融恐慌に

51 ギリシャ危機

1800 | 1850 | 1900 | 1950 | 2000

1806 ナポレオン大陸封鎖令

1840 アヘン戦争

1857 ンパーヒーの乱

1861 アメリカ南北戦争

1868 明治維新

1869 スエズ運河開通

1879 エジソンが電球を発明

1898 米西戦争

1912 中華民国成立

1914 第一次世界大戦勃発

1919 パリ講和会議

1920 国際連盟の成立

1928 蔣介石が国民党政府樹立

1929 世界恐慌

1932 イギリスがブロック経済圏を形成

1939 第二次世界大戦勃発

1949 中華人民共和国成立

1950 朝鮮戦争

1965 ベトナム戦争

1971 ニクソン・ショック

1973 第四次中東戦争

1985 プラザ合意

1989 天安門事件、ベルリンの壁崩壊

1991 湾岸戦争

2008 リーマン・ショック

序章

「経済の血液」貨幣の二つの流れ——銀貨と中華世界の銅銭

1

メソポタミアで銀貨が誕生？

The 51 points to understand the world economy

交換手段としての貨幣が必要だった「牧畜民」

今から五〇〇〇年前に文明が成立し、都市を中心に灌漑《かんがい》インフラが整備されて穀物の大規模生産が始まります。

ところがメソポタミアでは、乾燥が厳しいために穀物を栽培できず、農業民から手に入れなければならない多数の牧畜民が生活していました。

商人や政治支配者は、こうした牧畜民に穀物を安定して供給しなければならず、古くから商業が発達しました。同時に、**安定したモノとモノの交換を保証する「引換証」が必要になりました**。そうした中で、かさ張らず、腐らない「銀」などの金属片が、優れた「引換証」（貨幣）になることが気づかれたと思われます。

そのようにして姿を現すのが、商業に支えられた**「金属貨幣」**です。貴金属は、いつでも必要なモノに交換できるという「信用」が確立されると、広く使われるようになりました。

長い間、ムギ、ナツメヤシ、毛織物などが物々交換の仲立ちとなる貨幣**（物品貨幣）**の役割を果たしてきましたが、商業が広域化するにつれて扱いが便利な金属貨幣の優位性が明らかになっていったのです。

経済を読むPOINT

経済の基礎は分業で、農業民と牧畜民の間で貨幣は交換を媒介する道具として不可欠だった。言ってみれば貨幣はモノとモノとの交換の「引換券」であり、メソポタミアでは粘土板、エジプトではパピルス、フェニキアでは皮革が貨幣として利用された時期があった。

商人が選んだ「銀」

商人は、山岳地帯から運んできた、変質せず、持ち運びに便利な銀を、牧畜社会と農業社会を結びつける便利な交換の道具として利用しました。

牧畜民は、銀を持っていれば商人から穀物を手に入れることができましたから何とも便利です。銀の地金は袋に入れるなどして、重さにより取引に使われました。「シケル」（約八・三グラム）という重さが、基準になります。

それを、**シケル貨幣**と呼ぶことにしましょう。

シケル貨幣を発行し、循環させた商人は、地金を貨幣に変えるわけですから経済の胴元となり、大きな利益を得ました。

銀は賞味期限のない（老けない）貨幣ですから、やがて財産として蓄積されるようになります。富の蓄積が簡単になり、社会格差が拡大していきました。

銀は約四〇〇〇年前に貨幣として使われはじめ、「金で価値を裏付けされた紙幣」が経済の中心になる約一五〇年前まで、主な貨幣であり続けました。

経済を読むPOINT

貨幣の価値の源は「信用」。商人は信用により銀の安定供給と循環を管理し、貨幣制度を定着させた。

ファラオが独占したエジプトの「金」

古代で最も豊かな農業社会のエジプトは、東西を砂漠、南北を瀑布と海に囲まれた閉鎖的社会だったために物々交換が二〇〇〇年間以上も続き、金属貨幣の出現が大幅に遅れました。

ナイル川の上流ヌビア地方は、古代世界の「金」の九割を産出したのですが（エジプトでは銀が産出されず金より高価でした）、**金は退蔵されて貨幣にはなりませんでした。**金は、身体が太陽神と同じように金でできていると自称したファラオ（王）が独占して、宗教的に利用したのです。

若くして死んだツタンカーメン王の墓から、黄金製のマスクをはじめとする膨大な量の金の副葬品が出土したのはそのためです。

エジプトの金は、ファラオの宗教性を際立たせる、現在のブランド品のような権威財としてファラオにより独占されたのです。

経済を読むPOINT

エジプトでは土地の広さから推定穀物収穫量を割り出し、その約一割の収穫税が課された。

「貯蓄」民族と「投資」民族の違い

農業民と牧畜民は、まったく対称的な貨幣観を持っていました。

牧畜民は、反芻《はんすう》により草原の堅い草を消化でき、オスの周りでメスが群居する家畜（ヒツジ、ヤギ、ウシ、ラクダ）を飼って生活しており、一家族が生活するには、ヒツジにすると二〇〇頭程度が必要でした。そこで牧畜民の財産は、動く資産（動産）としての家畜になりました。

ヒツジ（家畜）の頭が、英語で「資本」を意味するキャピタル（capital）の語源です。ヒツジはムギと交換できる生きた「貨幣」で、ヒツジの頭数が牧畜民の財産を示しました。牧畜民は厳しい自然環境の下で家畜に子を生ませることで財産を殖やしました。**「子」を殖《ふ》やすことは「利子」を得るのと同じ**であり、資産運用による利殖に通じました。

他方で農業民は、余った穀物を不時の災難に備えて蓄えました（貯蓄）。資産は、せいぜいのところ土地などの不動産でした。

日本人の貯金好き、日本企業の過大な内部留保などは、日本が純然たる農業社会だったことに由来します。資産運用に長けたユダヤ人は、もともとは牧畜民だったのです。

経済を読むPOINT

投資も貯蓄も文化の一部と言える。そのため、日本人のような農業民族がいきなり投資能力を身につけることはなかなか難しい。

恐れられた利子のとてつもない破壊力

経済学の教科書に書かれている貨幣の機能は、①価値の交換の手段、②価値の計測の手

世界経済の1転換点

前7〜19世紀半ば

四〇〇〇年続いた「銀貨」の時代

メソポタミアに始まる「銀貨の時代」は、一九世紀中頃まで約四〇〇〇年間続き、その後、「紙幣の時代」に移ります。貨幣は本来は「交換証」に過ぎませんでしたが、富の蓄積の手段にもなりました。経済学者アダム・スミスは、「富とは貨幣ではなく貨幣で買える商品である」と述べています。

段、③価値の保存の手段、の三つになります。

ところがそれだけではなく、貨幣には第四の機能がありました。それが**利子を取ることによる自己増殖**です。その機能が**「金融」**につながり、資本主義経済の誕生につながります。

メソポタミアでは、利子を取って「お金」を貸し付ける金融業者の活躍が古くから顕著でした。

例えば、三八〇〇年前に制定された**「ハンムラビ法典」**（バビロン第一王朝のハンムラビ王が発布）では、金貸しが一定以上の割合の利子を取った時には元金が没収されるという、利子制限の厳しい条文があります。

そうした制限は、利子が貧富の差を拡大し、まだ規模が小さかった共同体社会に大きなダメージを与えることを防ぐために必要だったのです。

古代にはピケティ（「世界の所得と富の分配の不平等化の進行」を説いた）のような経済学者はいませんでしたが、危険な「利子取得」を野放しにはしませんでした。ユダヤ教、キリスト教、イスラーム教が、ともに**共同体内の利子取得を禁止**しているのは、そのためです。

しかし、ローマ帝国により故郷から追放されて亡国の民となった**ユダヤ人の宗教は、例外として他民族に対する金貸しを認めました。**それが、ユダヤ人が世界史上の代表的な金貸しになった理由になります。

社会が地球規模に拡大した現代ですから問題はないだろうと思われるかもしれませんが、インターネットの普及とグローバル経済により社会格差は天文学的に拡大してしまい（例えば八人の大富豪が三六億人の貧しい人々と同じ富を所有しているなど）、「貨幣による貨幣の増殖」が問い直されなければならなくなってきています。

経済を読むPOINT

資本主義以前において、貨幣が利子を取って自己増殖することは貧者の没落を招き、社会の存立を脅かすとして嫌われた。資本主義はまったく逆で、貨幣の自己増殖を基礎にして社会が成り立っている。ハンムラビ法典では利子は、オオムギの貸し付けで三三パーセント、銀で二〇パーセントに制限されていた。

2 「コイン」と「通貨」の誕生

The 51 points to understand the world economy

ちょっとした才覚で大儲けした王

「コイン」が発明されることで貨幣は一挙に使い勝手がよくなり、国がコインを大量に発行するようになります。

コインの出現に伴って起こった多面的な社会変化が、**「コイン革命」**です。

簡単に言うと、「銀貨が飛躍的に使いやすくなり、王が貨幣の発行権と管理権を握る時代の幕開け」ということになります。

前七世紀、当時の経済の中心「東地中海、シリア」の周縁、現在のトルコ西部のリディア（前七〜前六世紀）で世界で最初のコイン（銀貨）が発明されました。それを最初に行ったリディア王の**クロイソス**は、刻印により品位と重さを保証する金貨、銀貨を発行し、

■紀元前7世紀頃の西アジア

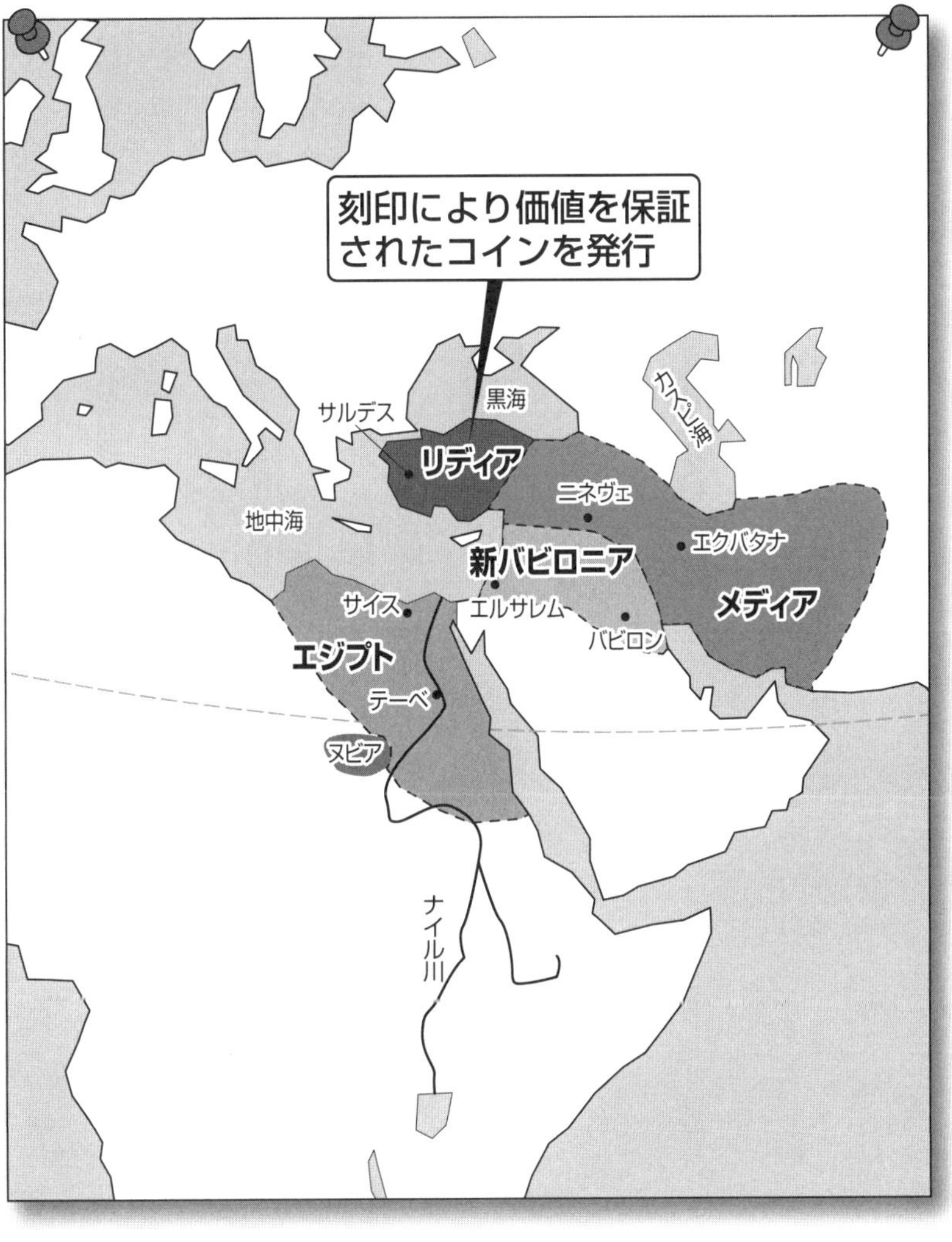

大金持ちになりました。

彼は**刻印することでコインの品質と重さを保証し、「信用」が目に見えるようにした**のです。コインは枚数を数えるだけで取引ができましたから、商業の規模が著しく拡大していきます。

わかりやすく言うと、クロイソスはコインという「ブランド品」を造って大きな利益を得たのです。偽金は、偽ブランド品ということになります。

それまでは「金属貨幣の製造は商人の儲け口」だったのですが、「コイン革命」により、王がコインに刻印を入れることによる「信用」の貸し出しを、大きな収入源とするようになります。

コインの製造で大金持ちになった「クロイソス」は、英語で大金持ちの代名詞になりました。「大金持ち＝rich as Croesus」という言い方があります。

経済を読むPOINT

刻印で価値を担保されたコインは、その便利さにより経済の規模を飛躍的に拡大し、王が経済に介入するための有力な手段となった。

世界経済の 2 転換点

前7世紀

トルコで「コイン」が誕生

前六七〇年頃、世界最古のコインはトルコのリディアで鋳造され、前六世紀に世界初の帝国ペルシア（アケメネス朝）が通貨として広域支配に利用しました。

大帝国を作った小さなコイン

前六世紀、エジプトからイラン高原、インドのインダス川流域に至る大領域を支配した最初の帝国が、ペルシア帝国（アケメネス朝）です。

ペルシア帝国では、「モノとヒトのネットワークづくりの道具」、**「統治の道具」としてコインが大きな役割**を果たしました。

今でもそうなのですが、お金は生活の隅々にまで浸透していきますから、王が発行するコインはヒトとモノを結びつけ、社会の広域化、複雑化に貢献したのです。ちなみに、**帝国などの広域で流通を強制されたコインを「通貨」と呼びます**。

通貨は、発行することで莫大な富が獲得でき、日常生活の中でヒトとモノのネットワークを作る機能を持っていましたから、ペルシア帝国の王にしてみれば一石二鳥の働きをするコインは「小さいがパワフルな臣下」だったのです。コインが帝国を永続させます。たかが貨幣、されど貨幣です。

経済を読むPOINT

コインはモノのやり取り、徴税、軍費の調達を容易にしたが、刻印が価値を保証したことから通貨の発行、管理権が商人から王の下に移った。

世界経済の3転換点

5世紀末

悪貨によって国を滅ぼしたローマ帝国

ローマ帝国は、コインの悪鋳というインフレにより滅亡します。コインの悪鋳は、見通しのない紙幣の増刷と同じ現象になります。

長期インフレで沈んだローマ帝国

ローマ帝国でも、コインの発行を皇帝が独占しました。英語で「お金」のことをマネーと言いますが、その語源は女神ジュノー（ギリシャ神話ではゼウスの妻のヘラ）の別名モネタ（Moneta）に由来します。

ローマ帝国では、モネタの神殿が独占的にコインの鋳造を行ったのです。

地中海周辺の軍事征服が終わっても、帝国維持のための膨大な軍事費を負担しなければならなかったローマ帝国の主要な財源は、すべての取引に一律一パーセントかけられる**物品税**でした。しかし、それでは膨大な出費に対応できず、**帝国は継続的にコインの貴金属含有量を落とすことで財政を維持するしかありませんでした**。

帝国の最盛期の五賢帝時代（九六～一八〇）も財政支出の半分が、軍事費です。「すべての道はローマに通ず」という言葉がありますが、道路建設も壮大な失業兵士の救済事業でした。

銀貨は次第に質を落として、最後には、五パーセントしか銀を含まない実質的な銅貨に変わったと言われますから、その財政難はすさまじいものがあったのです。

銀の目減りは貨幣の価値を減らします。それを現代風に言い直せば、紙幣の増刷と同じことになり、インフレをまねいたのです。

ちなみにインフレは英語の動詞「inflate」（膨らませる）からきており、通貨発行量を膨らませることを指しています。ローマ帝国は、今風に言うと長期のインフレで滅亡したと言えるのです。

経済を読むPOINT

コインの悪鋳は、皇帝が手っ取り早く富を得る手段としてくり返し利用された。悪鋳は現代的にはインフレになる。

3

銅銭が支えた中華帝国

The 51 points to understand the world economy

漢字に秘められた古代の経済

東の黄河流域では、主穀のアワの栽培が、ムギ作りとは異なり、灌漑のためのインフラ整備をさほど必要としなかったため、メソポタミアのような治水・灌漑事業による権力の成長は見られず、「戦争に勝ち残った者」が神の代理人とみなされました。

中国初の王朝「殷」では、金属ではなく、南海産のタカラガイが貨幣として使われていました。商人が、外から持ち込んだ**貝殻貨幣**を行き渡らせたのです。

漢字の祖先になるのが殷の時代の甲骨文字ですが、経済と関係が深い文字のヘンやツクリに「貝」が使われているのはその名残です。

例えば、「貨」「財」「寶（宝）」「買」「貸」「資」「貯」「預」などの文字には、すべて「貝」が顔をのぞかせています。

殷（「商」と自称）が周に滅ぼされた後、土地を失った殷人は、商いで身を立てるようになりました。それが**「商人」の語源**とされます。

また西アジアと同様に、古代中国でも農業民と牧畜民が共存していたようです。「善」「美」「祥」などのプラス・イメージの漢字が「羊」のツクリを持っていることが、それを示しています。

経済を読むPOINT

古代中国では、金属貨幣の前に貝殻貨幣が使われる時代があった。

武帝の大戦争を支えた銅銭

前三世紀、秦《しん》の始皇帝は、文字、貨幣（コイン）、度量衡《どりょうこう》、車軌《しゃき》（車軸の幅）などを統一し、二〇〇〇年も続く中華帝国の土台を築きました。

始皇帝は、貨幣を安価な銅で大量に造った重さ約八グラムの「**半両銭**《はんりょうせん》」に統一し、その価値は天の神に支配を委託された皇帝が定めるとしました。しかし、一挙に銅銭を流通させることはとても不可能で、戦国時代に各地で発行されていた青銅製の貨幣もそのまま使用を認めました。

中国の本格的な通貨は、前二世紀に前漢《ぜんかん》の武帝《ぶてい》が価値を定めた「**五銖銭**《ごしゅせん》」で、一二〇年間で何と約二八〇億枚も発行されました。

中国では鋳物の技術が発達していたことから、安い鋳物の銅銭が洪水のように大量に発行されたことに特色があります。西アジアでは叩いてコインを作るために手間がかかり、価値の高い銀貨が主に使われたのです。

五銖銭は唐代初めに廃止されるまで、七〇〇年間も流通しました。

武帝は大変に戦争好きな皇帝で、モンゴル高原の匈奴《きょうど》との間に大戦争を繰り広げ、朝鮮半島北部、ヴェトナム北部、「西域」を軍事征服しましたが、その長期で大規模な戦争を可能にしたのが、大量に発行された銅銭だったのです。

経済を読むPOINT

中国の貨幣観は西アジアとは異なって、極めて政治的だった。天の神の代理の皇帝（天子）が勝手に貨幣の価値を定めたのである。

「民」を圧殺する「官」

中華世界では「天命思想」を背景に皇帝が大掛かりな支配機構を作り、多くの部族を統一しました。

「天の神」（天帝）に模された天子（王、皇帝）の権力が強大になり、神の威光を利用して民衆から徹底的に収奪しました。二〇〇〇年以上の間、民衆は無権利状態に置かれることになります。

現在の共産党政権に至るまで、**「官」の優位、「民」の無力が中国社会の特色**であり、「官」の強力な権力支配から経済が自立できず民間では**裏経済が発達**しました。「民」が生み出

世界経済の4転換点

前3世紀〜

中国では鋳物の銅銭が大量発行された

始皇帝は中華帝国の通貨の土台となる「半両銭」（半両は重さ約八グラム）に貨幣を統一しましたが、本格的な通貨となったのは漢の「五銖銭」です。中国では、安価な銅の鋳貨が大量に発行されたことに特色があります。

す富が、帝国の絶えざる収奪の対象とされたからです。
強大な権力が民衆の生活を食いつぶしたのです。

中国では、格差がどうしようもなく大きくなり、「民」の生活が成り立たなくなると民衆の蜂起が広がってその時代の王朝が倒されました。

秦が「陳勝《ちんしょう》と呉広《ごこう》の農民反乱」をきっかけとする群雄の蜂起、後漢が「黄巾《こうきん》の乱」、隋《ずい》が隋末の農民反乱、唐《とう》が「黄巣《こうそう》の乱」、元《げん》が「紅巾《こうきん》の乱」、明《みん》が「李自成《りじせい》の乱」、清《しん》が「辛《しん》亥《がい》革命」により、それぞれ瓦解《がかい》しています。

経済を読むPOINT

中国では伝統的に、神の代理人である皇帝と取り巻きの官僚により、「民」が一方的に支配された。ただ、天変地異と民衆の蜂起は、皇帝に対する天の神の不信の現れとみなされたため、皇帝は自然と社会の変化に神経をとがらせ史書（天の神の意思の記録）を編纂したのである。そうした、「裁きとしての歴史」が中国、韓国の歴史観の特色である。

第1章

ユーラシアの大帝国と大規模経済の出現

1 ユーラシア規模に拡張していく商業

The 51 points to understand the world economy

歴史の大きな流れを見てみよう

古代の世界経済は、アジアの乾燥地帯で最初に成長し、次第に周辺の湿潤地帯に広がりました。

現在では**東アフリカの大地溝帯《だいちこうたい》が人類進化の「場」（世界史の源泉）となった**ことは定説であり、氷河期の寒さを逃れるために人類の祖先が大地溝帯を北上し、大地溝帯の北の出口のシリア、ヨルダンから「アジアの大乾燥地帯」に新たな生活の場を広げたことも定説です（「グレート・ジャーニー」と言われる）。

東アフリカから移住した人口の大多数は、地中海、西アジア、中央アジア、黄河流域の乾燥地帯に滞留し、さらに周辺地域への移住が進むことで経済が膨張しました。

開発のルートは、次のようになります。

①　西アジア・エジプト（ムギ経済）↓地中海↓ヨーロッパ
②　インダス川流域（ムギ経済）↓ガンジス川流域（コメ経済）↓ベンガル湾・東南アジア（コメ経済）
③　黄河流域（アワ経済）↓長江流域（コメ経済）↓東シナ海・南シナ海（コメ経済）

歴史も人生と同じで、偶然によって思いがけない事件が次々に起こりますが、基本的には、**「乾燥地帯から湿潤地帯へ」**が、**世界史の基本的な流れ**になります。

湿潤地域で農業の開発が遅れたのは、歴史の流れの支流に位置しており、植物が生い茂り過ぎたためです。つまり、開発が難しかったのです。

そのように考えると、日本人は乾燥地帯から始まる「世界」について考えるのが、結構苦手な地理的関係にあるのかもしれません。

前六世紀から前一世紀にかけて、四大文明が生まれた**大河流域の大穀倉地帯の穀物を広い地域に循環させるためのシステム、つまりペルシア帝国、マウリア朝、秦・漢帝国、ローマ帝国の四大帝国が成立**します。

七世紀になると、それらを継いだビザンツ（ローマ）帝国、ササン朝（ペルシア帝国）、唐帝国が衰退期に入り、それまでの秩序が崩れていく変動期に入ります。

その時期に大部分が砂漠からなるアラビア半島で、**ムハンマドがイスラーム教団を創設**（六一〇年頃）。教団が率いるアラブ遊牧民の軍事征服により地中海南岸、西アジア、中央アジアが一つの経済圏にまとめられていきます。

経済を読むPOINT

四大文明が栄えたエジプト、イラク、パキスタン、中国の陝西省《せんせい》は、いずれも現在では経済の後進地域になっている。世界史を俯瞰すると「中心」は常に移動しており、現在もその過程にある。

遊牧民の時代とともに商業が大爆発

七世紀から一四世紀は、遊牧民のアラブ人、トルコ人、モンゴル人が次々と軍事征服によるユーラシア規模の大帝国を築いた時代でした。イギリスの歴史家トインビーは、そうした時代を**「遊牧民の爆発の時代」**と呼んでいます。

「パックス・イスラミカ」（イスラームの平和）を出現させたアッバース朝（七五〇～一二五八）と「パックス・モンゴリカ」（モンゴルの平和）を出現させたモンゴル帝国（一二〇六～一四世紀中頃）が、代表的な遊牧帝国になります。

■世界史の大ざっぱな流れ

年代	出来事
	アフリカから人類が誕生 ↓ 四大文明 ↓
前6〜 前1世紀	四大帝国（ペルシア、マウリア朝、秦・漢、ササン朝） ↓
7〜14世紀 遊牧帝国	「遊牧民の爆発の時代」 ●アラブ人（イスラーム帝国） ●トルコ人（セルジューク朝→オスマン帝国） ●モンゴル人（モンゴル帝国）
15半ば〜17世紀	大航海時代
17〜18世紀	大西洋三角貿易の隆盛
18世紀後半	産業革命　●アメリカ独立 ●フランス革命
18〜19世紀	植民地獲得競争
19世紀	ウィーン体制
20世紀	第一次世界大戦 ヴェルサイユ体制 世界恐慌 第二次世界大戦 冷戦

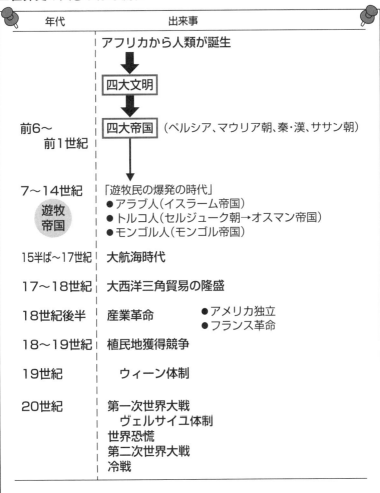

遊牧民は「水」に恵まれず穀物生産ができないことから、商人への依存度が高く、この時代には**商人の活躍がヒートアップして広域商業が活性化**しました。

イスラーム帝国の時代に「草原の道」「シルクロード」「海の道」が商人により一つに結びつけられ、**モンゴル帝国の時代には中央アジアの草原地帯とインド洋が結びつくユーラシアの円環ネットワークが成長**をとげました。

その結果、地中海・ヨーロッパには、インドのサトウ、米、綿花のほか、中国の羅針盤、火薬、印刷術、中国並びにアジアの海の情報が伝えられ、大航海時代が準備されていくことになります。

経済を読むPOINT

遊牧民の富は、身につける宝石などの装身具だった。そのため戦争に勝っても戦利品の富を持って移動。征服した都市の支配は定住民に任せ、税を取った。

イスラーム教団による征服ビジネス

イスラーム教は、七世紀前半にシリアとの間のラクダによる商業に従事していた**商人ムハンマドが創始した一神教**です。二〇〇人ほどからなる教団（ウンマ）の周りに、多くのアラブ遊牧部族が結集していました。

ムハンマドが急死すると教団を結束させることが困難になり、教団を引き継いだ**カリフ**（ムハンマドの後継者の意味）は、七世紀後半にジハード（聖戦）という宗教的よそおいの下にアラブ遊牧民の軍事力による**征服ビジネス**（**大征服運動**）を始めます。

広い地域の征服に成功すると、戦利品の五分の一がカリフのものとなり、残りは遊牧部族の間で山分けされました。農業ができず生産力が低い状況にあったため、征服は遊牧民の主要なビジネスの一つだったのです。

教団は遠征によりビザンツ帝国からシリア、エジプトを含む北アフリカを奪い、ササン朝（ペルシア帝国）を滅ぼして、地中海南岸からイラン高原に至る大帝国（ウマイヤ朝）を建設します。

ここに、地中海（金貨中心）と西アジア（銀貨中心）の経済が統一されます。イスラーム経済圏ができあがり、唯一神アッラーの名の下に価値づけされた銀貨、金貨が広い地域に広がりました（**金銀複本位制**）。

経済を読むPOINT

征服とは、ある集団（部族など）が他の集団を武力により支配下に置く行為を指すが、その過程で王国、帝国が形成される場合もあった。ユーラシアの乾燥地帯では、現在のＩＳ（イスラーム国）のように広域にわたる部族の征服の歴史が一貫してくり返されてきた。

スンナ派とシーア派の抗争は格差が原因

イスラーム教団が「征服バブル」に沸く中で、征服で大儲けをした有力部族と、恩恵を受けられなかった部族、新たにイスラーム教に改宗した被征服部族の間の対立が強まりました。

貧者は、イスラーム教団の理念（神アッラーの前にあらゆる人間は平等、シーア派）に拠《よ》り所を求めます。それが**教団が定めてきた前例や慣行を重んじる「スンナ派」と、ムハンマドの娘婿アリーの一族による変革を主張する「シーア派」**ということになります。つまり、「格差」が宗教的なよそおいの下にイスラーム世界を分裂させたのです。

やがて莫大なシリアの富を支配するウマイヤ家中心の「富者の連合」、ウマイヤ朝が倒され、シーア派、ペルシア人の支援を得たムハンマドの叔父の一族（アッバース家）がイラクを中心に「アッバース朝」を建てます。

実は、政治変動により首都がイラクに移されたことが、次に述べるようなイスラーム経済の躍進をもたらすことになります。

経済を読むPOINT

スンナ派とシーア派の対立の根底には、征服ビジネスがもたらした部族間の格差の拡大があった。

広がるインド洋商業

アッバース朝は、経済の中心をシリアから、ペルシア人が多いイラクに拠点を移し、新首都**バグダード**（ペルシア語で「神の都」の意味。アラビア語では「平安の都」の「メディナ・アッサラーム」と呼ばれる）を築いてペルシア人との協力体制を築きました（七六二年に遷都）。

この**バグダードへの遷都が、世界史と世界経済に新しい流れを生み出しました。**

イスラーム世界の中心がシリアからイラクに移動したことで、①東地中海、シリアの伝統的な商業圏と、ペルシア商人が発達させてきた②「海の道」「シルクロード」「草原の道」が結びつき、一挙に経済がユーラシア規模に広がったのです（**中世経済のグローバル化**）。

とくに、夏と冬で風向きが周期的に変わる「モンスーンの海」のインド洋が、ムスリム商人により開発されたことの意味は大きく、ひと回りもふた回りも大きな「第二の地中海」として経済を活性化させました。

コメ、サトウ、レモン、ライム、バナナ、綿花などが、インドから西アジア、地中海沿岸に伝えられます。海運が経済の中心になる中で、「海図のない航海」を意味するアラビア語起源の「リスク」も使われるようになります。

インド洋が開発されたのは、

①定期的に風向きが西からと、東からに変化するモンスーン（アラビア語で「年中行事」の意味）が利用できる、
②インド半島が赤道近くまで南下しているため、アフリカ、インド半島に東西を囲まれた内海に近い海になる、
③周辺に多様な文明が存在する、
が主な理由でした。

一隻の帆船（**ダウ**）は数百頭のラクダが運ぶのと同じくらいの荷物を積めましたから、商業規模は一挙に拡大し、**海と陸の商業が連動**するようになりました。

経済を読むPOINT

インド洋はローマ帝国の時代に「エリュトゥラ海」と呼ばれ、すでに季節風（モンスーン）貿易が行われていたが、イスラーム帝国ではペルシア湾を中心に東アフリカからインド、東南アジアに至る大交易圏となり、陸の交易路をはるかにしのぐことになる。

ヨーロッパ世界の誕生

バグダードが完成したのは、唐で「安史《あんし》の乱」（七五五〜六三）が起こる少し前のことでした。唐の長安の衰退期がアッバース朝のバグダードの興隆期にあたるわけです。

■バグダードにより経済圏がユーラシアに広がった

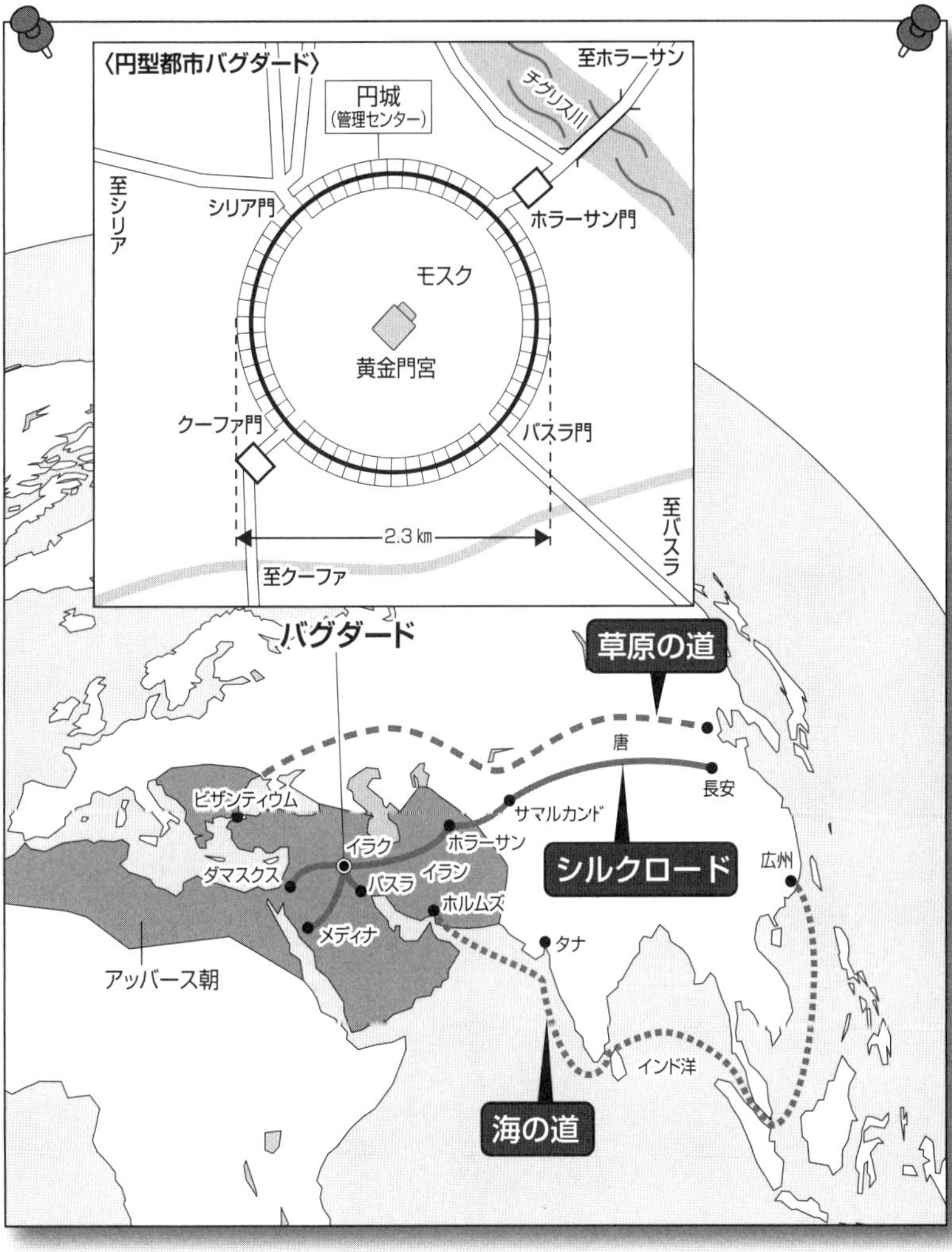

イスラーム勢力の地中海進出が続いた八〇〇年に、キリスト教世界の中心はアルプス以北に移りました。この年、フランク王国（現在のフランス、ドイツ）の王カール（カール大帝）がローマで教皇から西ローマ皇帝として戴冠します（**カールの戴冠**）。

一般的には、そこから教皇と皇帝が聖俗の支配を分け合う西ヨーロッパの歴史が始まったとされます。

それについてベルギーの歴史家ピレンヌは、**「ムハンマドなくしてシャルルマーニュ（カール大帝）なし」**と述べています。

ちなみに寒冷なヨーロッパの経済は成長が遅れ、バグダードの人口が約一五〇万人と推定された時期に、フランク王国の首都アーヘンの人口は三〇〇〇人程度にしか過ぎませんでした。

ヨーロッパの気候が、農業には適さなかったのです。北緯四五度といえば北海道よりもさらに北になりますが、ヨーロッパではフランス南部に当たるのです。

経済を読むPOINT

ヨーロッパ、中国などに視点を固定させると、世界の変化の過程を全体として把握することができなくなる。あらかじめ視点を固定させてしまう東洋史、西洋史が世界経済の変化を全体的に捉えられないのは、そのためである。

世界経済の5転換点

8〜9世紀

インド洋の開発で経済が爆発的に成長した

八世紀から九世紀にアッバース朝の下で、インド洋を中心とするユーラシア規模の「陸・海の商業圏」が形成され、ユーラシア経済は新たな段階に達しました。

2 イスラーム経済の大規模化と十進法、複式簿記の登場

The 51 points to understand the world economy

商業の拡張が起こした「数の世界」の大変化

商人は「数字の世界」で生きています。商品の取引量が多くなれば当然のことですが扱う数字も大きくなり、計算も大変になりました。大規模なムスリム商人の活動を支えたのが、現代数学の基になる数字と計算法だったのです。

広域に経済が拡張されたことで、イスラーム世界では扱う数字が一挙に膨大になりました。インド数字を改良したアラビア数字の普及と、「位《くらい》取り」など計算法の発達で、数学が長足の進歩をとげます。

ちなみに、数式で用いられる等号（＝）は、商人が商売に使うハカリの釣り合いがとれた状態を意味するとされます。

現在、世界中で使われているアラビア数字と「ゼロ」ですが、インドの数字がイスラー

ム世界で改良されて八世紀から九世紀に「アラビア数字」になり、そのうちの北アフリカで変形された数字が、ヨーロッパに伝えられました。ヨーロッパでアラビア数字の使用が始まるのは、一〇世紀頃のことになります。

経済を読むPOINT

ローマ数字、漢数字とアラビア数字の違いは、「位取り」が組み込まれているか否かである。

経済を効率化した十進法

アラビア数字が移植される前のヨーロッパではローマ数字が用いられていましたが、一〇本の指と手のひらをもとに組み立てられたローマ数字には位取りがなく、複雑で大規模な商取引には適しませんでした。

大きな数は、ローマ数字では長大な記号の羅列になってしまったからです。

それに対して、位取りと結びつくアラビア数字では〇から九までの一〇個の記号を用いて、どんな数の表記も計算も簡単であり、計算過程が記録されるために検算も容易でした。

それを可能にした十進法は、ローマ数字になじんでいた学者、商人にはまさに魔法に見えたようです。

経済を読むPOINT

代数学（algebra）は、アラブの数学者フワーリズミーの著作の中にある一辺から他辺への移項を意味する「アルジャブル」に由来する。

イスラームが起源の銀行・小切手

銀行業や簿記、会計技術、小切手も、「リスク」というアラビア語と同様にイスラーム世界からイタリア半島に伝えられました。イタリア諸都市の繁栄は、イスラーム世界とキリスト教世界が混在する地中海での交易がもたらしたのです。

「銀行」を意味する英語の「bank」の語源は、イタリア語の「banco」ですが、**もともとの語源は両替用のテーブルを意味するアラビア語**です。リスク（海図のない航海に由来）、小切手のチェック（check）、倉庫、雑誌のマガジンなども同様に、語源はアラビア語になります。

イスラーム世界に広まった小切手は、十字軍の時代にイェルサレムへの巡礼者の保護にあたったテンプル騎士団により取り入れられました。

騎士団は巡礼者たちの金貨、銀貨を受け取って預かり証を発行し、それと引き換えに金貨、銀貨を支払いました。

騎士団は、現在のカード会社のように、引き換えの際には手数料を取りました。

■数字の変化

〈ローマ数字〉

I	II	III	IV	V	VI	VII	VIII	IX	X	XX	XL	L	…
1	2	3	4	5	6	7	8	9	10	20	40	50	…

C	CC	CCC	CD	D	DC	DCC	DCCC	CM	M	MM
100	200	300	400	500	600	700	800	900	1000	2000

例）568 の表記は

500 = D　60 = LX　8 = VIII ➡ DLXVIII

〈インド数字、アラビア数字〉

●インド

٠ ١ ٢ ٣ ٤ ٥ ٦ ٧ ٨ ٩

●アラビア

0 1 2 3 4 5 6 7 8 9

〈『算術、幾何、比及び比例総覧』（1494 年）〉

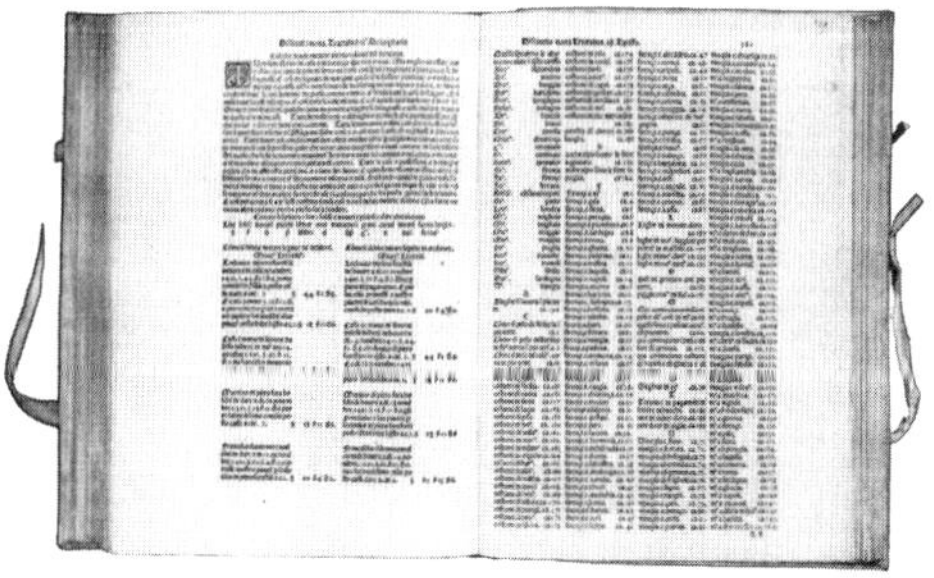

（専修大学図書館所蔵）

複式簿記紹介論文の最後のページ。金銭貸借取引の仕訳を例示することで締めくくられている。（専修大学図書館の.HP より）

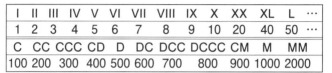

です。

パチョーリと複式簿記

商業の規模が大きくなり、大量の貨幣が行ったり来たりするようになると、資産の状況が把握しにくくなりました。年寄りの思い込み、記憶違い、物忘れなどは、昔も今も同じです。

そこでイタリア商人は、資産管理のための複式簿記をイスラーム経済から取り入れることになります。

「借方」と「貸方」を釣り合わせる簿記の発想は「秤」に基づいており、「等号を基礎に据える代数学」と同じです。

簿記は、ルネサンス初期のフレスコ画家ジョットが活躍した一三〇〇年頃にイタリアに初めて伝えられ、一三四〇年にジェノバで**「複式簿記」**として定着しました。

一四九四年になると、「複式簿記の父」と称される数学者パチョーリが、数学と商業数学の入門書の『算術、幾何、比及び比例総覧』を出版します。

その著作の一部分で、パチョーリは簿記の技法をわかりやすく解説。一六世紀になるとグーテンベルクの活版印刷技術により、その小冊子が大量に印刷され、オランダ語、ドイツ語、フランス語、英語にも翻訳されました。

パチョーリが「複式簿記」の技法を簡潔に表したのは、コロンブスが大西洋航路を開発

世界経済の6転換点

10世紀〜

数字・簿記の進化により経済が大規模化

アラビア数字、手形、小切手、複式簿記などはイスラーム社会で発達し、イタリア商人、ユダヤ商人などの手でヨーロッパに伝えられました。その導入が経済の大規模化の基礎を整えたと言えます。

し、次いで大規模な遠征隊が西インド諸島に向けて派遣された（コロンブスの第二回遠征）翌年のことでした。

一六世紀は商業の中心が地中海から大西洋岸に移り、一挙にヨーロッパ商業が規模を拡大する**「商業革命」**の時代でしたが、パチョーリはそうした時代に、近代商業への道を指し示したと言えます。

複式簿記とともに、「資産」「負債」「利益」などの概念が普及しました。一六世紀の商人にとって、複式簿記は自分と他人の経営状況を正確に映し出す「魔法の鏡」だったのです。

この複式簿記が改めて重視されるようになるのは、貨幣が貨幣を増殖させる資本主義経済が本格的に花開く産業革命以後の時代です。

経済を読むPOINT

ユダヤ教が『旧約聖書』で外国人に対する利子取得を認めていたため、イスラーム教徒、キリスト教徒が入り混じる地中海世界で、貨幣を道具と考えるユダヤ人が金融、両替、為替などで活躍した。

資本主義経済の先駆けフッガー家

イタリア諸都市の繁栄と北海海域のオランダ、イギリスの台頭の中間に位置するのが、南ドイツのアウグスブルクで活躍した**フッガー家**です。

フッガー家はフィレンツェの銀行家メディチ家とたびたび対比されますが、金貸しが嫌われた時期に公然と金融によりヨーロッパを支配しました。そうしたことから、フッガー家をユダヤ系商人とする説もあります。

とにかく、その活動は当時の商人の活動の枠をはるかに超えていたのです。

フッガー家の歴史は、ハンス・フッガーが織工になるべく農村を出てアウグスブルクに移り住み、ヴェネツィアから織布の原料を購入するようになったことから始まります。フッガー家はやがて、ドイツで需要が多い香辛料貿易にも手を広げました。

一五世紀、孫のヤーコブ二世の時代になると、フッガー家はヨーロッパの鉱産資源の支配に乗り出して一挙に躍進します。

ヤーコブ二世は、一四八五年から九五年の一〇年の間に、**チロル銀山の銀の先買権、スロバキアの銅山、シレジア（ポーランド）の金山の支配権を獲得し、同時にアントウェルペンなどに進出して貨幣の時代に向かうヨーロッパ金融の主導権を握りました。**

やがて教皇庁の財務の管理を任される御用銀行になります。彼は教皇庁の財政難を克服し、神聖ローマ皇帝の選挙資格を持つ選帝侯の地位につく際に用立てた貸付金を回収するために**ドイツで大々的に免罪符（カトリック教会が、買うことで罪を償えるとしたお札）を販売**し、一五一七年に始まる宗教改革のきっかけを作ります。

また一五一九年にはスペイン王カルロス一世が、神聖ローマ皇帝（カール五世）に選出される際の選挙資金を貸し付け、ジェノバの銀行に次ぐスペイン王室への巨額融資を行いました。

一五一九年にスペイン王室はポルトガル人の航海士**マゼラン**を雇い、当時、まだあいまいな地理認識しかなかった南米の最南端を経由して、高価な香辛料の産地マラッカ（香料）諸島に至る航路を開く探検事業を企画します。その資金を提供したのもフッガー家でした。この航海で、マゼランが太平洋を発見するに至ったのは、周知のことです。

後述するように、新大陸から安価な銀が大量流入したことで、ドイツの銀山経営が行き詰まり、宗教戦争でスペインをはじめとする諸侯が軍事費の借金を踏み倒したことで、フッガー家は没落していきました。

経済を読むPOINT

フィレンツェのメディチ家は利子を両替手数料に読み替えて体面を保った。教皇や神聖ローマ帝国皇帝を相手に堂々と金貸しをやったところに、フッガー家の特色がある。

3 イスラーム世界の「手形」と中華世界の「紙幣」

The 51 points to understand the world economy

貨幣不足が信用経済を拡大させた

一〇世紀は、商業の広域化、大規模化によって、西アジアでも中国でもコインの使用量が飛躍的に増加した時代でした。

当然、銀貨、銅銭が極端に不足するようになり、紙で作る「手形」や「紙幣」が目覚ましい発達をとげます。**紙に「価値」を持たせて金属貨幣の代用とする信用経済の始まりで**す。

イスラーム世界では「手形」が、中国世界では「紙幣」が、出現することになります。西のイスラーム世界では商業のユーラシア規模での拡大が銀不足の理由でしたが、東の宋と南宋（現在の中国）では、**ムギの数十倍の生産力を持つ長江流域のコメ社会に経済の中心が移った**ことが理由になりました。一挙に経済規模が膨張し、銅銭の提供が間に合わなくなったのです。

経済を読むPOINT

経済の規模が拡大するにつれて、ハード・マネー（銀貨）に対するソフト・マネー（信用貨幣である小切手、手形）の比重が増加するが、その起源はイスラーム世界にある。

コインの代わりに活用された「手形」

イスラーム世界では銅銭の代用として、手形、小切手の使用が広がりました。**手形は多様な応用が可能で、ヨーロッパの国債などの有価証券に引き継がれました。紙幣も手形が変形したもの**です。

アッバース朝（62ページ）での手形、小切手の普及の度合いは大変なもので、バグダードで発行した小切手をモロッコ（アフリカ北部）で現金化することができるほどでした。手形はペルシアから引き継がれましたが、商人の「信用」により価値が保証され、金貨、銀貨と同等に扱われました。

商人は**「信用」が経済の根幹**ということを熟知しており、イスラーム教の宗教的戒律の下で、手形の信用が損なわれないように努力しました。信用が失われれば、「架空の銀貨」の手形により組み立てられた貨幣システムが一挙に崩れてしまうからです。

こうした信用経済は、地中海、イタリア半島を経てヨーロッパに伝えられました。英語で「借金」を意味するクレジット（credit）が、ラテン語のクレド（credo、「私は信じる」の意味）に由来することが、金の貸し借りと信仰との関係を示しています。

ちなみにバグダードとモロッコの距離は、バグダードと唐の長安よりも離れていますので、アッバース朝ではユーラシア規模の広域決済システムが作動していたことがわかります。

経済を読むPOINT

小切手は作成した時期にそれに見合う資金が用意されているのに対し、手形は振り出し人の信用で、それに見合う資金がなくても特定の日まで支払いを延ばすことができた。ただし、指定された期日に資金を用意できないと「不渡り」として社会的信用が一挙に失われた。

中国で世界初の「紙幣」が誕生！

北宋時代（九六〇～一一二七）になると、江南（中国南部）のコメが豊作なら、中華世界の食糧がすべてまかなえるという時代に変わりました。江南の開発で経済規模が倍増したのです。そのために銅の産出量が少ない北宋では、コインが圧倒的に不足しました。内陸に位置している僻地《へきち》の四川《しせん》では、銅銭の代わりに重い鉄銭が使われるようになります。ただ、重く価値が低い鉄銭は、高額取引には不向きでした。

そこで四川の金融業者は、鉄銭の代わりに**「交子《こうし》」**という手形を常用するようになります。

その利便性に気がついた宋政府は、紛争を利用して「交子」の発行権を商人から取りあげ、手持ちの鉄銭をもとに**「交子」を紙幣（架空の鉄銭）として発行しました。それが、世界初の紙幣**です。

一三世紀の元の時代になると、銅銭の使用を一切禁止し、**貨幣をすべて「交鈔《こうしょう》」という紙幣に一本化**しました。

征服者にとっては、簡単に作れて儲けが大きい紙幣が便利だったのです。

フビライに役人として仕えたヴェネツィア商人マルコポーロは紙幣を見たことがなかったため、『東方見聞録』でその巧みな合法的略奪に舌を巻いています。

世界経済の 7 転換点

11世紀

世界初の「紙幣」は四川で生まれた

一一世紀に北宋の四川で世界初の紙幣、「交子」が発行されました。モンゴル人の国、元は銅銭の鋳造を一切禁止し、紙幣（交鈔）を唯一の貨幣として流通させた世界初の国です。

元が滅亡すると、「交鈔」は紙くずの山に変わってしまいました。紙幣はモノとの「交換証」に過ぎませんから、発行元がつぶれると単なる紙になるのは当然のことだったのです。

当時、紙幣のみの流通になったことから膨大な量の銅銭がそのまま地金《じがね》（金属材料）とされましたが、それを銅銭として利用して儲けたのが堺・博多の商人です。

経済を読むPOINT

ヨーロッパでは、一六六一年にスウェーデンの民間銀行ストックホルム銀行が発行した紙幣が最古の紙幣とされる。七年後に破産した後、同行は国営化され、ヨーロッパ初の中央銀行になった。

4

スーパー帝国モンゴルを成立させた地政学的要因

The 51 points to understand the world economy

大草原が生み出した大帝国

一三世紀になると、乾燥、冬の酷寒、烈風でアラビア半島と並ぶほど劣悪な自然環境のモンゴル高原にもムスリム商人が進出し、遊牧モンゴル人との間で取引を始めます。世界の変化をムスリム商人から学んだモンゴル人は、トルコ人の進出により混乱していたイスラーム世界、森林の国ロシア、次いで中国を征服し、世界の全陸地面積の四分の一を支配するスーパー帝国「モンゴル帝国」を成立させました。

中央アジアの東西八〇〇〇キロの大草原はユーラシアの背骨で、ウマを使えばユーラシア世界の大部分を統一できるという、地理的条件に恵まれていました。

最近は「地政学」という学問が流行っていますが、モンゴル帝国の成り立ちは「地政学」で考えると、わかりやすくなります。

一二〇六年、幼時に父親を毒殺されて苦難の人生を送ったチンギス・ハーン（位一二〇六〜二七）が、四五歳でモンゴル高原を統一しました。

チンギスが登場するまでのモンゴルでは諸部族の自立性が強く、不定期に開催される部族長の集会（クリルタイ）で指導者の選出、征服活動の決定などが行われる部族中心の世界でした。

恵まれない環境から身を起こしたチンギスは、戦争をくり返す中で伝統的な社会システムを一新し、**集権的な千戸制《せんこせい》**を作りあげます。

「千戸制」というシステムにより組織された強靭《きょうじん》な軍団が、見かけが貧弱な「モンゴル馬」による騎馬軍団を、世界史を転換させる大軍事勢力に変えていきました。モンゴル人の体力の凄さは、日本の大相撲で実証されていますね。

遊牧世界では「征服」が最大のビジネスですから、モンゴル帝国の成立により、膨大な富がユーラシアを循環するようになります。

経済を読むPOINT

モンゴル帝国は遊牧的統治原理に基づき、従来の地方権力を緩やかに結びつける帝国を組織した。モンゴル帝国の経済史的意義は、多様な空間を結びつける広域支配と商業の積極的な奨励策にある。帝国ではオルトクと呼ばれる特権的なムスリム商人団が、モンゴル人と組んで陸・海の大規模商業に従事した。

フビライのユーラシア・ビジネス

モンゴルの騎馬軍団は、「略奪は最大のビジネス」を地で行き、大規模な略奪を各地で行いました。そうした積み重ねが、モンゴル帝国がユーラシア経済を動かす、「パックス・モンゴリカ」の時代を出現させていきます。

第五代ハーンのフビライ（位一二六〇～一二九四）は、一二七九年、細々と余命を保っ

■モンゴル帝国とイタリア商人が結びついてユーラシア経済圏が成立

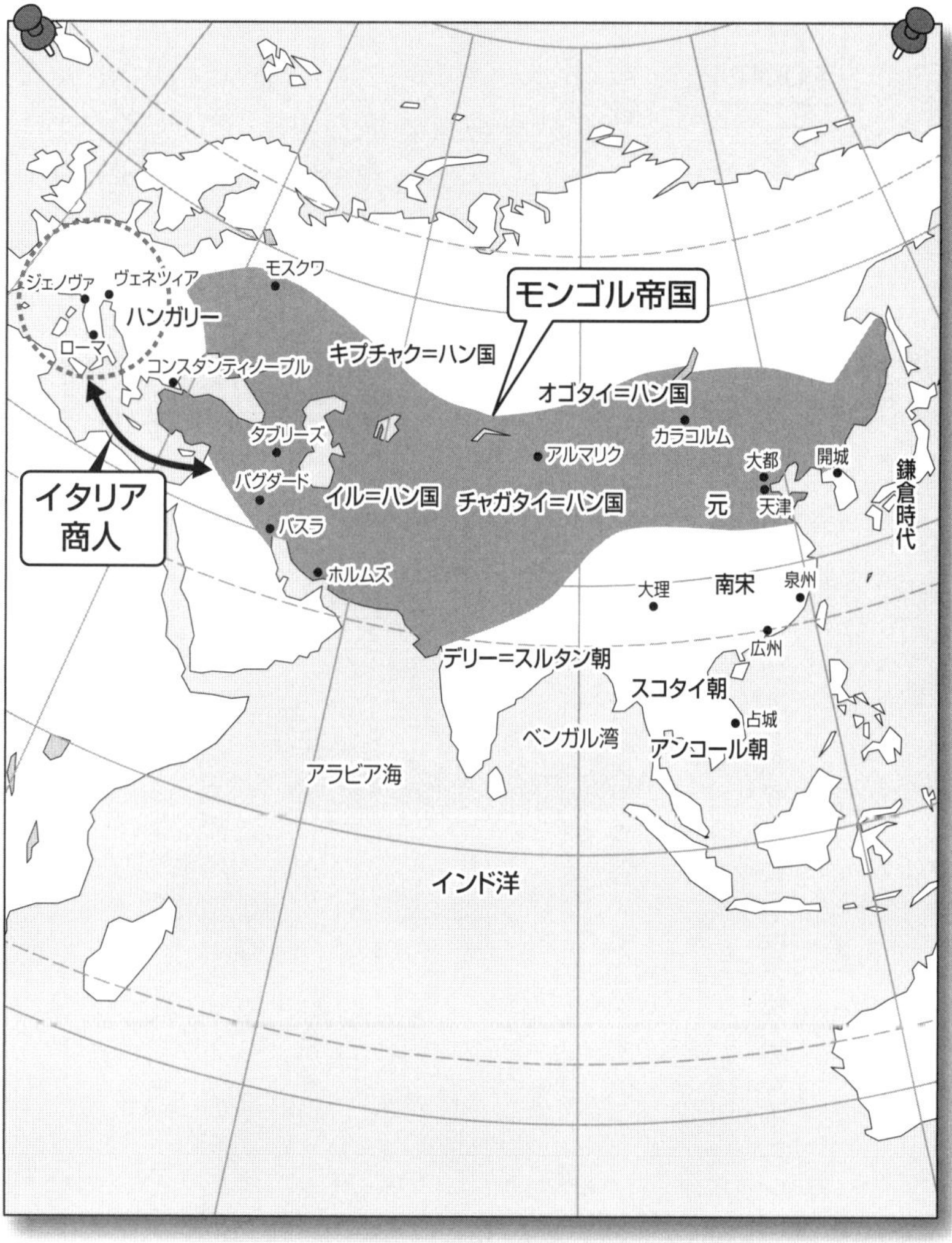

ていた南宋を滅ぼし、中華世界全体をモンゴル帝国に組み込みました。その結果、**イスラーム経済と中国経済が、モンゴル帝国の下で統合された**のです。

戦略家だったフビライは、ペルシア湾と中国の沿海部をつなぐ「海の世界」と「草原の道」による「陸の世界」をつなぐユーラシア規模の大商圏を整え、それを自分自身が建設した政治・経済都市である大都（北京）につなげました。

現在、中国政府が提唱している「一帯一路」（393ページ）の政策は、征服者フビライのユーラシアを視野に入れた商業戦略がモデルになっています。

この時代は、「草原の道」と「海の道」を結ぶユーラシアの陸・海の「幹線」が互いに結びつくことで、**経済空間が一挙に拡大した経済の躍進期**だったのです。

ジェノヴァ、ヴェネツィアなどのイタリア商人は、陸と海からモンゴル商業圏に参入し、数え切れない「無名のマルコポーロ」がユーラシア各地と交易することで富を蓄積しました。その富が大商人の華麗なイタリア・ルネサンスの支援を可能にしたのです。

経済を読むPOINT

海路では台湾海峡に面した福建の泉州とペルシア湾口のホルムズ、陸路では大都（現在の北京）とイランのタブリーズのそれぞれ二つの港と都市がユーラシア経済の拠点になった。

世界経済の 8 転換点

13世紀

ユーラシア経済圏の成立による東西文明の交流

「草原の道」と「海の道」を結ぶモンゴル帝国の円環ネットワークがユーラシアを一つに結びつけました。その結果、東西文明の交流が盛んになって中華文明がヨーロッパに多面的に伝えられ、「大航海時代」の条件が整えられていきます。

「一帯一路」の起源

モンゴル高原と中華世界の接点に位置する**大都（現在の北京）**、イラン北西部の「草原の道」の要衝に新たに建設された新都**タブリーズ**がモンゴル人によるユーラシア商圏の二大センターになりました。

フビライがモンゴル高原から中国に入る入り口に、二五年の歳月をかけて建設した周囲二八・六キロの中国風の帝都、大都（中国語ではダイドゥ、トルコ語では帝都の意味でカムバリク）は、元帝国の首都だったのみならず、ユーラシアの経済センターでもありました。

北京が、本格的に世界史に登場したのは、ユーラシア経済の全盛期だったのです。

天津に流れ込む白河から北京に至る通恵河という閘門式運河が開かれたことで、渤海と北京が水路でつながりました。北京の中の湖（積水潭）の北岸に建設された斜外市という港は、南シナ海、インド洋の商業ルートとつながる国際港でもあったのです。

マルコ・ポーロの『東方見聞録』は、北京について、「外国巨価の異物、および百貨のこの城に運びこまれること、世界で比肩する都市を見ない」、「カムバリク（大都）の周辺には距離がまちまちだが、二千余の都市があって、そこから品物を売りにきたり、必要なものを買って帰ったりする」などと記しています。

経済を読むPOINT

現代の中国が提唱している「一帯一路」（393ページ）も「真珠の首飾り戦略」（香港から東南アジア、インド、アラビア半島を経由してアフリカ東岸に至る海路）も、国境が定かでなかったモンゴル帝国時代のユーラシアの「円環ネットワーク」を踏まえた、ユーラシアでの覇権確立をめざす二一世紀の政策である。

現在につながるアジアの強権国家

モンゴル帝国が崩壊した後、ユーラシア各地に「ローカルなモンゴル帝国」（遊牧帝国）が再建されて、一九世紀、二〇世紀まで続きました。その時代に中央アジアの遊牧世界は、勢力を伸ばしたロシア帝国と清帝国により分割されて姿を消します。

遊牧民の時代は終わりを告げ、**シベリアを征服したロシアと、中華世界と広大な周辺地域を支配する清の両帝国が、アジアの大草原と森林地帯の二大強国になった**のです。

一九世紀から二〇世紀初頭にかけて、「ローカルなモンゴル帝国」はイギリスなどのヨーロッパ勢力に内部対立、抗争を利用して滅ぼされましたが、各地に浸透した遊牧帝国の枠組みそのものは失われませんでした。現在でも、ロシア、中国、西アジアでは、軍事優位の強権国家の遺風が色濃く引き継がれています。

一八世紀初頭の歴史地図を見ると、「ローカルなモンゴル帝国」の並存が一目瞭然になります。

①トルコ人が支配する**オスマン帝国**と②**ムガル帝国**、

③遊牧系女真人（満州人）の**清帝国**、

④北の大森林地帯を統合した**ロシア帝国**、

の四つの帝国が「ローカルなモンゴル帝国」に当たります。

清は、モンゴル人と対抗関係にあった満州の遊牧民の女真人《じょしん》が建設したローカルなモンゴル帝国であり、ロシア帝国の軍隊はトルコ系のコサックが主力でした。ですから、大きく見るとモンゴル人に代わり、トルコ人と女真人の軍がアジア世界をほぼ二分したのです。遊牧民による広域支配のノウハウ、軍事力が引き継がれたわけです。

イギリスが中心になって諸帝国が征服された後、衰退過程のロシアと中国では社会主義が取り入れられましたが、社会主義はものの見事に変質してしまって力を失い、伝統的な強権体制が復活しています。

第二次世界大戦後の「民族独立」、「社会主義」の拡張でユーラシアの旧世界が一新されたように一時期は考えられていましたが、欧米勢力の後退が顕著になったリーマン・ショ

世界経済の 9 転換点

14世紀〜現代

アジアで生き残った遊牧帝国の強権支配のスタイル

アジアでは、トルコ人、ロシア人、女真人（満人）が「ローカルなモンゴル帝国」を再建。それらの帝国は滅びますが、帝国を支えた強権支配の発想は引き継がれていきます。

ック以後のユーラシアでは伝統社会の復活が急ピッチで進んでおり、西アジア、中国、朝鮮半島などでの古色蒼然たる社会の再生に驚かされることがあります。

経済を読むPOINT

ロシア革命の指導者レーニンが唱えた共産党の「民主集中制」は、社会主義とアジアの伝統的な軍事力による強権支配を融和させる役割を果たした。社会主義はアジアの伝統社会の上にうまく乗っかったのである。

第2章

大航海時代によるヨーロッパ経済の勃興

1

海から始まる資本主義経済

The 51 points to understand the world economy

大航海時代と世界経済の転換

「大航海時代」は、日本海の八八倍強の大西洋に航路が開拓されることから始まります。

ポルトガルのエンリケ航海王子のアフリカ西岸の探険事業をきっかけにして、大西洋の風系・海流が明らかにされ、一四九二年、コロンブスの大西洋横断航路の発見が開発を飛躍させました。

その後、アフリカ大陸の最南端の喜望峰《きぼうほう》、アメリカ大陸南端のマゼラン海峡を経由する航路が開発されて、地表の七割を占める大海域が結びつき、それまでの**ユーラシアの陸地を中心とする経済が**、**三大洋（大西洋、インド洋、太平洋）を中心に五大陸を結ぶ経済へと大躍進**しました。

帆船は、ラクダやウマとはケタ違いの輸送力を持ちましたから、商業の規模も一挙に拡大し、ヨーロッパ経済が大幅に成長します。

また、大西洋の海域を「我らの海」として商業開発を進めたスペイン、オランダ、イギリスは、アメリカ大陸の諸文明を征服し、大規模な移民、大農場（プランテーション）の経営、銀山の開発などで多くの経済資源を獲得し、新大陸を「第二のヨーロッパ」に変えていきました。

ここで海を中心に世界史を概観しておきますと、

① **「古代の海」の地中海が**ローマ帝国という商業帝国を成長させ、
② **「イスラームの海」のインド洋が**イスラーム商業圏を、
③ **「ヨーロッパの海」の大西洋が**近代の世界資本主義を成長させました。
④地表の三分の一を占める**太平洋は、アジアと新大陸を結ぶ「二一世紀の海」**、として、これからのアジア経済の躍進の時代につながることになります。

大航海時代には、それまでユーラシアの西の辺境に位置していた未開の大西洋が商業をベースに開発されることで資本主義という新たな経済の仕組みが誕生するきっかけが生み出されました。

大西洋の歴史は一九世紀後半に世界の四分の一を支配するイギリスの大経済圏を生み出

しますが、そうしたイギリスの繁栄は、アメリカ合衆国に引き継がれることになります（300ページ）。

経済を読むPOINT

現在の世界地図のイメージを消し去って、大航海時代の大西洋を考えなければならない。大西洋、新大陸は地中海やインド洋とは異なって周辺に文明がほとんどないまったくの辺境であり、ヨーロッパ商人は人工的な経済システムを作りあげるしかなかったのである。

寒冷地と暑熱地が生み出した経済

大航海時代に、ヨーロッパ経済に大西洋という新たな空間が加わりました。**海へ向かう新たな時代を開いたのが、人口約一〇〇万人の小国ポルトガル**です。

大航海時代以降、世界経済は「ユーラシアの陸・海の経済」の時代から「三つの大洋が五大陸を結ぶ経済」の時代に大転換していきます。

それまであまりぱっとしなかったヨーロッパが、一七世紀、一八世紀に世界経済を主導する経済勢力へと成長できたのは、大西洋と新大陸があったからです。

大モンゴルも、一九世紀に世界の四分の一を支配した海の帝国イギリスと比べるとまったく見劣りしてしまいます。

■地球をつなぐ「海の世界」

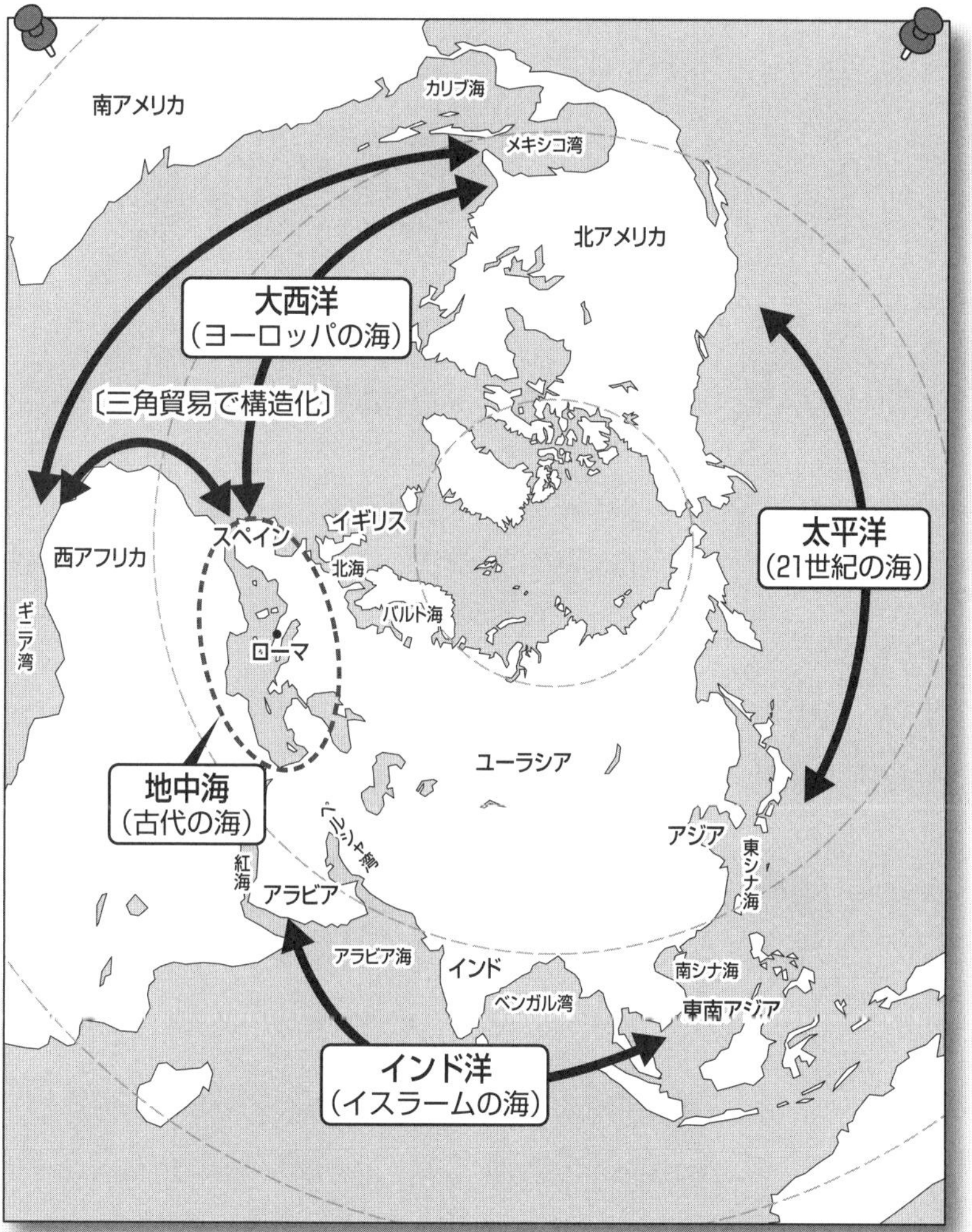
南アメリカ
カリブ海
メキシコ湾
北アメリカ
大西洋
(ヨーロッパの海)
〔三角貿易で構造化〕
イギリス
北海
バルト海
スペイン
西アフリカ
ギニア湾
ローマ
地中海
(古代の海)
太平洋
(21世紀の海)
ユーラシア
ペルシャ湾
紅海
アラビア
アジア
東シナ海
アラビア海
インド
ベンガル湾
南シナ海
東南アジア
インド洋
(イスラームの海)

歴史的積み重ねが浅い大西洋では、新しい産業と商業が必要でした。しかし、商業の発達に都合のよい条件にも恵まれていたのです。

モノの乏しい寒冷なヨーロッパの市場と、亜熱帯のカリブ海、アフリカをうまく組み合わせれば、大きく儲けることができました。

サトウ、綿花などは大西洋経済のヒット作物となり、奴隷を労働力として新大陸で大規模に栽培され（プランテーション）、ヨーロッパの市場で大量に売りさばかれたのです。**サトウ、綿花を利用して「貨幣により貨幣を増殖させる経済」、つまり資本主義経済が成長していきます。**

経済を読むPOINT

大西洋の貿易は、「世界の第二の広さの内海」のカリブ海（第一の広い内海は地中海）と中継拠点カナリア諸島の間の交易であり、大西洋の季節風海域と直接的につながる北海の周辺（オランダ、イギリス）がヨーロッパ経済の新たな中心になった。

資本主義経済を簡単に言うと？

大西洋では、「資本主義」という新しい経済システムが成長しました。

資本主義経済を簡単に言うと、土地と労働力の商品化を基礎とし、**「貨幣を働かせて最大利潤を上げる貨幣の自己増殖の仕組み」**です。

それには商業の広域化、大規模化が前提になりました。

ユーラシアの経済では自給自足を原則とする農業、牧畜が基礎で、軍事力により土地や家畜を囲い込むことが富を増殖させる最大の方法でした。しかし**辺境の大西洋では、自らが商品を作り、売りさばく必要があり、サトウなどの商品作物を大量に栽培する「プランテーション」が経済の基礎**になったのです。

大航海時代以後の長い期間、世界はユーラシアの伝統経済と大西洋世界の資本主義経済が共存する状態が続きましたが、一九世紀になると、資本主義経済が鉄道・蒸気船・電信を利用してユーラシアの伝統経済を一気に抜き去ることになります。

ヨーロッパ経済の中心は、大航海時代以後、ユーラシアとつながるベネツィア、ジェノバなどの北イタリア諸都市から、大西洋とつながるネーデルラントのアントウェルペン（アントワープ）、アムステルダムに移りました。そうした大規模な経済変動を**「商業革命」**と呼びます。

経済を読むPOINT

貨幣で動かされる資本主義経済が大西洋周辺に出現した理由は、それがヨーロッパの外縁部に新しく組織された社会だったことによる。ヨーロッパから見ると、大西洋は特定の人々が活動するオフショア（域外の地）だったのである。

白人クラブによる植民地支配

「レコンキスタ」（国土回復運動）と呼ばれる、キリスト教徒がイスラーム教徒から土地を奪還する動きの中で建国されたスペイン、ポルトガルは保守的なカトリック国で、「カトリック以外は人にあらず」という考えが支配的でした。

そうした偏見に基づいて、メキシコ以南のアメリカ大陸がスペイン、ポルトガルの植民地とされ、先住民が奴隷的に支配されていきます。それは、明らかに大航海時代の負の側面です。

後発のオランダ、イギリスは、スペインとポルトガルが陸の論理に基づき、一四九四年の「トルデシリャス条約」で大西洋を東西に二分割したのに対して、海の公共性を主張して「公海」とみなし、「海の経済」の場を何とか確保しました。

しかし、先住民に対する差別はオランダ、イギリスにも引き継がれ、**北アメリカ、オーストラリア、アフリカなどが、「白人クラブ」が支配する植民地にされていきます。**

大航海時代以後にヨーロッパ諸国は、アジアの伝統的農業社会、アメリカ、アフリカ、

世界経済の10転換点

16世紀

経済の中心はネーデルラントへと移動

大航海時代の後、資本主義経済が成長する大西洋を取り込むことでヨーロッパ商業が急成長。経済の中心は地中海の北イタリア諸都市から大西洋岸のアントウェルペン、アムステルダムに移ります（商業革命）。

オセアニアの先住民社会を植民地にしますが、優位に立ったのがヴァイキングの歴史を継承したイギリスでした。

経済を読むPOINT

植民地はもともとは集団的移住地、開拓地を意味したが、大航海時代以後は「属領」「領土」の意味になった。一九世紀後半には欧米の強国が世界の大部分を支配する地球規模の植民地体制が出現。二つの世界大戦でヨーロッパが没落すると、アメリカ主導のワン・ワールド体制となり、植民地は徐々に消滅した。

2 大規模な「植物」の交流の時代

The 51 points to understand the world economy

「植物」の壮大な交流が始まる

生態系の変動を伴う「新大陸」と「旧大陸」の間の壮大な動・植物の交流を、アメリカの歴史学者アルフレッド・クロスビーは、**「コロンブスの交換」**と呼びました。

大航海時代に「新大陸」から「旧大陸」に伝えられた植物には、トウモロコシ、ジャガイモ、サツマイモ、キャッサバ、カボチャ、トマト、ピーマン、トウガラシ、インゲンマメ、ピーナッツ、採油用のヒマワリ、カカオ（チョコレート）、バニラ、パイナップル、アボカド、パパイヤ、

などがあります。

それらの移植、大規模生産、商業取引が世界経済の成長を促し、他方で旧大陸の植物が新大陸でプランテーションにより大規模に生産されて、地球の生態系が大きく変化したのです。

北ヨーロッパと「貧者のパン」

新大陸（北米・南米大陸）の痩《や》せた土地や寒冷な土地でも育つトウモロコシ、ジャガイモがヨーロッパに、サツマイモが東アジアに、キャッサバ（根のデンプンがタピオカ）がアフリカにもたらされ、主要な食糧として取り込まれることでそれぞれの地域の生活の安定に寄与しました。

とくにアンデス山脈の標高二〇〇〇メートルから三五〇〇メートルの冷涼な高地で栽培されていたインカ帝国の**ジャガイモ**は、北部ヨーロッパ経済の成長に貢献しました。

ヨーロッパでは当初、ジャガイモという食材が理解されず、芽の部分が毒を持つことからジャガイモは人体に有害だとか、豚が食べるもので人間が食べるようなシロモノではないと考えられていました。

しかし、やがてジャガイモは寒冷な気候、氷河による表土の侵食により土地が荒れているヨーロッパに合った作物と考えられるようになり、ドイツ、北欧で「貧者のパン」として普及しました。

味が淡泊なジャガイモの調理法にも、色々と工夫が凝らされるようになります。

イギリスのジャガイモを使った代表料理に、揚げたジャガイモとタラ、カレイなどの安価な魚を組み合わせた「フィッシュ・アンド・チップス」があります。

一八八〇年代に登場したフィッシュ・アンド・チップスは味のよさからロンドンを中心に全国化し、一九一〇年にはイギリス全体で二万五〇〇〇軒のフィッシュ・アンド・チップスを売る店があったと言われるほどです。

蒸気トロール船により広い海域から集められた、肥料にされるしかないような魚が、ジャガイモと組み合わされることで貧しい大衆の食卓に進出したのです。

イギリスで生産されるジャガイモの一割、イギリスの漁獲高の二〇〜二五パーセントがフィッシュ・アンド・チップスに姿を変えたとされます。

イギリスの大衆は、フィッシュ・アンド・チップスとしてしか魚を食べなかったと言いますから、ジャガイモはイギリス大衆の食生活に大きな変化をもたらしたことになります。

経済を読むPOINT

高緯度地帯の中世ヨーロッパは、経済の後進地域だった。大航海時代もヴァイキングの活動と同じで、外部に成長の場を求める経済の脆弱性を背景としていたのである。

ヨーロッパ人が改造した「新大陸」

一方、ヨーロッパからはムギ、羊、牛、馬などが新大陸にもたらされました。プランテーション（106ページ）の普及もあり、「新大陸」の経済は「旧大陸」以上に劇的に変化していきます。

この時期、新大陸の大多数の先住民が「旧大陸」から持ち込まれた天然痘（疱瘡《ほうそう》）の流行で命を落としました。

広大な土地で、ヨーロッパ人が必要とする「旧大陸」の作物、家畜が大規模に栽培、放牧され、新大陸は長い時間をかけてヨーロッパ人のための原料と食材の生産基地に姿を変えていきます。

ヨーロッパで栽培できない亜熱帯の多様な植物が、「新大陸」で商品として大量に栽培されたのです。現在のブラジルやカリブ海に住む大量の黒人はサトウ栽培のために、アメリカ南部の黒人は綿花の栽培のために、奴隷貿易によりアフリカから連行された黒人奴隷の子孫です。

多くの利益が得られるニューギニア原産のサトウキビをはじめ、藍、綿花、タバコなどの商品作物の生産が進み、商品作物を大規模に生産する農場（**プランテーション**）が広がっていきました。そこから、「商品としての農作物」を大量に栽培する資本主義的農業が成長していきます。

経済を読むPOINT

プランテーションとは、一七世紀、一八世紀に植民地化が進む時期に、熱帯、亜熱帯の広大な農地に大量の資金を投入し、大きな儲けを生み出すサトウなどの作物を栽培した大規模な農園を指す。

世界経済の11転換点

17世紀

プランテーションが資本主義経済に直結する

「大航海時代」以後、「商業の海」となった大西洋では、サトウキビ、綿花などのヨーロッパ市場向けの商品作物を大量に生産する「プランテーション」が広がりました。

3

「新大陸」の銀が結びつけた大世界

The 51 points to understand the world economy

最初の世界通貨「スペイン・ドル」

一六世紀の後半、新大陸で産出された大量で安価な銀は、西アジアや中国の貨幣不足を緩和しただけでなく、世界規模のインフレを起こし、経済を活性化させました。

一五四五年、インカ帝国が放棄していた**「ポトシ銀山」**（ボリビア）がスペイン人により再発見され、世界最大の産出量を誇る、ず抜けた銀山に成長しました。

ポトシは、富士山よりも高地に建設された鉱山町に、労働力としてのインディオが集められたことで、二〇～三〇年のうちに当時のヨーロッパ最大の都市のパリと肩を並べる大都市に成長します。

メキシコでも、「サカテカス」などの巨大銀山の開発が進みました。一五五六年、水銀アマルガム法による精錬法が移植されると低品位の鉱石も精製されるようになって産出量が激増し、一六世紀後半から一七世紀にかけて新大陸の大量の銀が世界を巡るようになります。

新大陸の銀を効率的に運ぶ手段として、最盛期のスペインは一五三五年にメキシコに鋳造所を建設し、新大陸の銀を原料にスペインのレアル銀貨（レアルは「王朝」「王立」の意味）の八倍の大型銀貨（直径四㎝、重量約二七グラム、八レアル）の鋳造を始めました。

この銀貨は、一般的にはスペインが鋳造させたので**「スペイン・ドル」**、メキシコの独立後は**「メキシコ・ドル」**と呼ばれました。

一三世紀以後、ヨーロッパでは経済の成長とともにフィレンツェで鋳造された良質の「フローリン金貨」が標準的な金貨となったのですが、金の産出量が少なかったために品不足となり、ボヘミア（現在のチェコ）のサンクト・ヨアヒムスタール（「タール」は「谷」の意味）で造られたフローリン金貨と等価値の大型の銀貨、「ターラー銀貨」がフローリン金貨に代わり広く流通しました。

良質のターラー銀貨は、一六世紀以降、数百年の間、ヨーロッパの標準通貨であり続けました。

それが、一般的な銀貨の呼称ダラー（ドル）の語源になりました。

オランダでは、ターラーは「ダアルダ」、それを受けたイングランドでも「ダラー」と呼ばれました。つまり、ターラー銀貨がオランダでもイングランドでも使われていたのです。

そこに一六世紀に、スペインがメキシコの鋳造所で大量に鋳造させた良質の銀貨（純度約九〇パーセント）、スペイン・ドル（メキシコ・ドル）が大量に流入します。**スペイン・ドルは、ヨーロッパだけでなく、「新大陸」でも、アジアでも流通する銀貨（世界通貨）になっていきました。**

後にも先にも、地球規模で流通した銀貨はこれだけでした。二〇世紀の初頭に至るまで、スペイン・ドルは実に累計三五億五〇〇〇万ドルもの膨大な量が発行されています。

一七八三年にイギリスから独立したアメリカは、イギリスのポンドではなく銀貨のスペイン・ドルをもとにUSダラーを鋳造して通貨としました。

アメリカのドルも、スペイン・ドル（メキシコ・ドル）を引き継いだのです。独立後の一七九四年に最初の「一ドル銀貨」が鋳造されています。

二〇一三年に、この時の硬貨の見本がオークションに出されたのですが、一〇〇〇万ドル以上の値がつきました。当時のイギリスは銀貨不足に悩んでおり、アメリカはメキシコ鋳造の銀貨を手本にドル銀貨を造ったのです。

世界経済の12転換点

16世紀

メキシコで造られた銀貨が当時唯一の世界通貨に！

スペインはメキシコで銀貨を鋳造させ、世界通貨として広く流通させせました。イギリスから独立したアメリカでは、ポンドではなく「スペイン・ドル」（メキシコ・ドル）が貨幣として取り入れられました。スペイン・ドルは、ポンドに先んじた「最初の世界通貨」だったのです。

スペイン本国では、ドルは「ペソ」と呼ばれましたが、メキシコ、キューバ、アルゼンチン、フィリピンなどでは現在も「ペソ」という単位が用いられています。

多くのスペイン・ドル（メキシコ・ドル）はマニラ・ガレオン貿易（116ページ）でマニラに送られ、明帝国に流れ込みましたが、ドル銀貨が円形であったところから、中国では**「圓銀」**あるいは「墨銀」（メキシコの銀）と呼ばれました。

この「圓」は難しい漢字ですので、中国では同音の「元」の字に置き換えられ、日本でもこの「圓」（円）が後に通貨単位になりました。韓国の「ウォン」も、漢字に直すと「圓」になります。アジアの通貨の円、元、ウォンも、スペイン・ドルから派生しているというわけです。

まさに**スペイン・ドル（メキシコ・ドル）が、銀貨時代の唯一の世界通貨**だったことがわかります（25ページ図）。

そう考えると、銀貨による貨幣システムを金貨を本位貨幣とする紙幣のシステムに置き換えたイギリス、あるいはイギリスの財政を支えたユダヤ商人のエネルギーのすごさを感じます。

経済を読むPOINT

二〇一五年現在の世界の外貨準備に占める通貨のシェアは、米ドルが約六三・八パーセント、ユーロが約二〇・五パーセント、円が三・八パーセント、英ポンドが四・七パーセント。人民元は管理変動相場制で価格変動の値幅が制限されているためシェアは一パーセントである。

銀の大量流入で起きたヨーロッパの価格革命

「大航海時代」まで、ヨーロッパの銀の大部分を占めた南ドイツ産の銀は、年産量が約三万キロ程度でした。

ところが、一六世紀後半にアメリカ大陸の植民地からスペインに流入した銀は年に二〇万キロを超え、しかも、旧インカ帝国の強制労働制度を利用して掘り出されたために、とても安価でした。

一六世紀末には、アメリカ大陸からヨーロッパに送られた輸出品の何と九割五分を銀が占めたと言われます。

一六世紀後半のヨーロッパは、宗教改革を引き継いだ宗教戦争の時代であり、新大陸の莫大な銀を集めたスペインは、その八割を傭兵により担われた宗教戦争の戦費として注ぎ込みました。

それでも足りず、スペインはたびたびデフォルト（債務不履行）をくり返します。

そうしたことからヨーロッパに新大陸の銀が大量に出回るようになり、一〇〇年の間に銀価を約三分の一にまで低下させる長期のインフレ（**価格革命**）が続きました。

それまで物価が安定した時代が続いていたヨーロッパでは、資産価値が持続的に低下するようになり、商工業者が活躍する時代（インフレの世紀）に入っていきます。

南ドイツの銀山が、価格競争に敗れて衰退。ヨーロッパ経済を牛耳ってきた南ドイツの鉱山資本フッガー家（75ページ）の時代が終わりを告げました。アジア貿易も、新大陸産の銀に頼るようになっていきます。

経済を読むPOINT

スペインは国家収入の七割を宗教戦争に浪費し、たびたびデフォルトを起こした。フェリペ四世の時代（一七世紀初め）には、歳入の八倍の借金を負うに至る。そのためスペインに大金を貸し付けたジェノバなどのイタリア諸都市も没落することになった。

アジアのシルバー・ラッシュ

ポルトガルは、アメリカ大陸からもたらされた安価な銀を西アジア、インド、中国に輸出し、有利な条件で貿易を進めました。石見《いわみ》銀山の開発により、一六世紀の日本が最盛期

■ヨーロッパにおける小麦価格の推移(小麦100ℓの価格を銀の重量〈g〉に換算)(左メモリ)

■新大陸からのヨーロッパへの銀流入量(右メモリ)

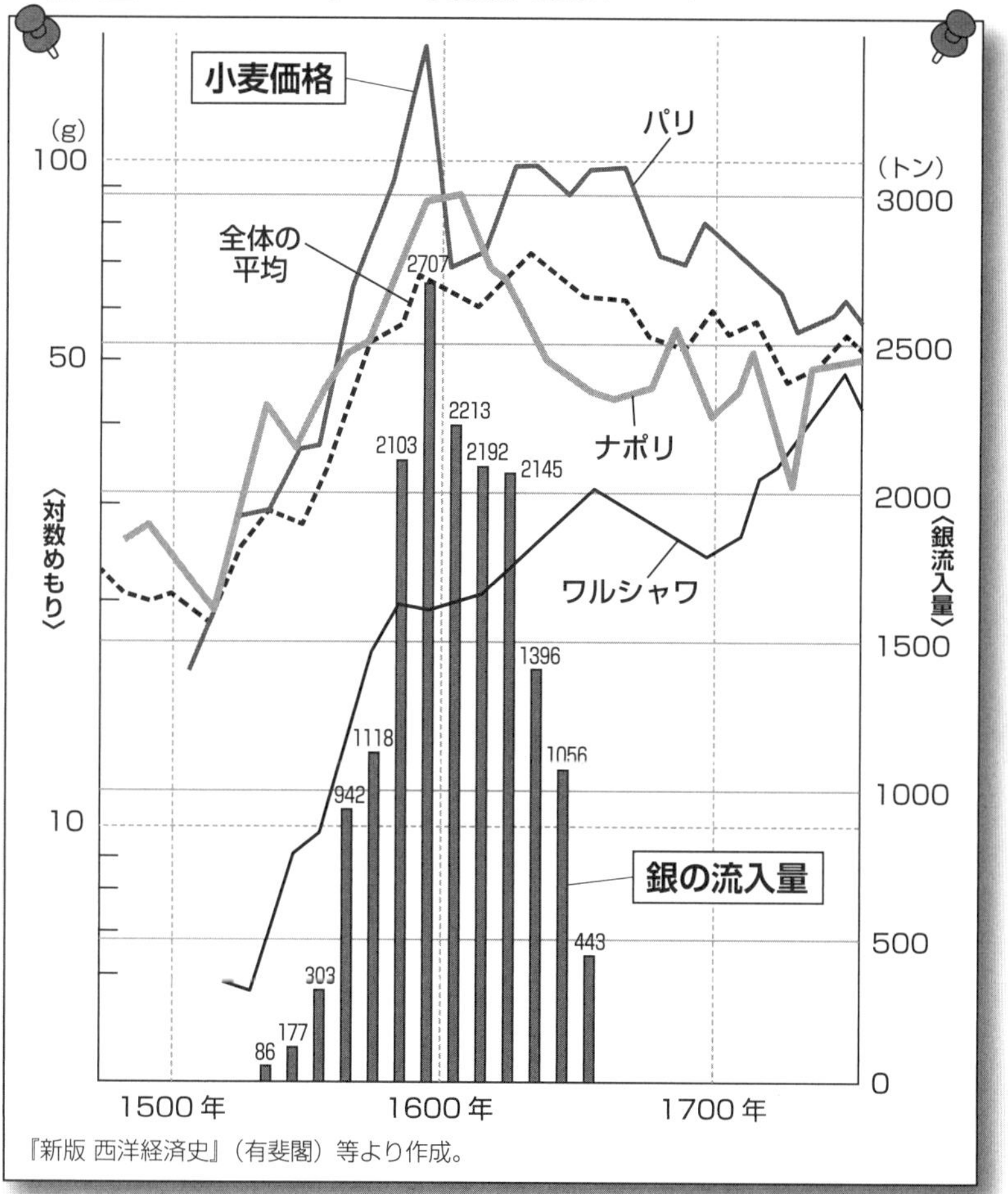

『新版 西洋経済史』(有斐閣)等より作成。

に世界の三分の一の銀を産出する有数の銀産国になると、ポルトガル人は日本の銀も中国との貿易に利用します。

一六世紀後半には、スペインもメキシコの太平洋岸の良港アカプルコとフィリピンのマニラの間を大型帆船ガレオンで定期的に結ぶ**「マニラ・ガレオン貿易」**を開始し、アメリカ大陸の安価な銀（メキシコ・ドル）の三分の一をアジアに持ち込みました。当時はアジアの銀が高く、安価な新大陸の銀は三倍の購買力を持ったのです。

明の福建地方の商人は、安価な銀を求めて台湾海峡を通ってマニラに渡り、絹・陶磁器などの物産を銀と交換しました。

明の物産は、マニラから黒潮に乗って日本沿岸を北上、三陸沖から偏西風に乗ってメキシコのアカプルコに運ばれ、その後、カリブ海、大西洋を渡ってヨーロッパに運ばれました。メキシコ・ドルが、太平洋、カリブ海、大西洋を結ぶ地球規模の貿易をうながしたのです。

経済を読むPOINT

新大陸の銀は、東回り（ポルトガル人の貿易）と西回り（スペイン人の貿易）の二ルートで、初めて世界の諸地域の経済を一つに結びつけた。

世界経済の13転換点

16世紀末

明の支配を補完した大量の銀

一六世紀後半から一七世紀にかけて新大陸の銀が大量にヨーロッパに流入して長期のインフレ（価格革命）が起こり、東アジアでも石見銀山の銀、マニラ・ガレオン貿易による大量の新大陸の銀がシルバー・ラッシュを引き起こし、明に膨大な量の銀を蓄積させました。銀は、明の帝国統治の重要な道具になります。

新大陸からの銀を徴税に利用した明帝国

インド洋、太平洋、大西洋をつなぐ新しい銀の流れは大量の銀を中国にもたらしました。

宋代以降、深刻な銅不足を銅銭を紙幣（交子、交鈔）に切り換えることで何とか乗り切ってきた中華帝国（80ページ）にとって、大量の銀の流入は好都合でした。

明は、従来の銅銭に代えて商品としての銀によって税を徴収することになります（重さで取引）。ヨーロッパでは貨幣経済を成長させた銀貨が、中華帝国では王朝により地金という商品としてコントロールされ、封建支配の補強に利用されたのです。

一六世紀末、明で**「一条鞭法《いちじょうべんぽう》」**という税制が実施され、地税と人頭税を一括して銀で納税させる方式が取られるようになりました。農民は、穀物を売って銀を買い、政府に納税したのです。

明の後を継いだ清帝国（一六四四～一九一二）も、**「地丁銀《ちていぎん》」**という同様の徴税法を実施。こうして蓄積された大量の銀がアヘン戦争期にアヘンの代金として大量に流出し、深刻なデフレが中国の近代史を色どっていきます（252ページ）。

経済を読むPOINT

明帝国は中華思想に基づく朝貢貿易と海禁政策をとり、時流を理解せずに「倭寇」として民間商人の対外貿易を取り締まり続けた。

第3章

海の経済のレールを敷いた小国オランダ

1

海の経済に特化した小国オランダ

The 51 points to understand the world economy

オランダが世界貿易の半分を支配

一六世紀の後半に、ヨーロッパ経済の中心は、ヴァイキングが活躍した海、北海《ほっかい》の周辺に移ります。造船業、海運業、海図・地図の出版により海の経済を定式化し、**世界貿易の半分を支配するようになるのが小国オランダ**でした。

オランダは海水面より低い土地が多い低地の小国で、国土の四割が洪水の危険にさらされるという厳しい状況にありました。

一六世紀後半から一七世紀中頃までの八〇年間、オランダは宗主国だった「太陽が没することのない国」スペインとの間で**「オランダ独立戦争」**（一五六八～一六四八）を断続的に戦い、その過程でスペイン経済を掘り崩していきます。

厳格なカトリック国のスペインが一五世紀末に「ユダヤ教徒追放令」を出すと、追放されたユダヤ人の一部がアムステルダム（23ページ図）に移住しました。彼らが地中海経済圏に広がっていたイスラームの「手形」を移植したことが、オランダ経済の成長に役立ちました。海運に要する資金の調達が容易になったのです。

ニシンが産卵に訪れなくなって獲れなくなり、塩漬けニシンをヨーロッパに供給できなくなった「ハンザ同盟」（北ドイツの都市同盟）の盟主リューベック（バルト海に面する北ドイツの都市）に代わり、オランダは北海での流し網漁で獲ったニシンの塩漬をヨーロッパ全土に販売することで経済成長のきっかけを作り（123ページ）、造船業、海運業、商業、出版、金融などを総合させて一気に経済を成長させました。

一七世紀前半、オランダは倍以上の利益が上がる**バルト海南岸の穀物を地中海に運ぶ貿易（母なる貿易）**と、ヨーロッパ域内の多様な貿易をリンクさせて巨利を得、さらにアジア、新大陸との貿易にも進出しました。

オランダ人は、ブラジルのサトウ貿易を支配し、賄賂《わいろ》と密貿易で新大陸のスペイン植民地に経済進出し、東南アジア、東アジアではポルトガルを追い落として香料貿易、日本での貿易の主導権を奪い取りました。

経済を読むPOINT

オランダは、世界の海を商業活動の場にするために、「公海」の主張でスペインに対抗。測量による海図・地図を多数出版して海路（海の道路）作りを体系化した。道路と違って海の道は、海図により示された。後にイギリスの海軍は、それを引き継いで海図の普及に努めた。海図が、海洋覇権の道具になったのである。

ニシンの塩漬と勃興する造船業

一六五〇年頃、オランダはイギリスの四倍から五倍の船を所有し、商船の数もイギリス、スペイン、ポルトガル、ドイツを合わせた数を上回っていたとされています。

オランダ人は、ニシン漁船を改良し、重くかさ張った積み荷を運ぶために喫水線が浅く、幅広い船体と平底の一〇〇トンから九〇〇トンの貨物船を造り、他国の半分程度の安い運賃で貨物を運びました。

オランダ船の安い船賃の秘密は、消耗の激しいニシン漁船を次々と建造するために造船技術の革新が積み重ねられて、安く船が造れるようになったことによります。

一七世紀末のオランダの造船コストは、イギリスに比べて四〇パーセントから五〇パーセントも安かったと言われます。当時のオランダの造船業は世界一だったのです。年間二〇〇〇隻の造船能力を誇りました。

商船を大規模に動かして商売をするためには大量の貨幣が必要になりましたが、ユダヤ人が持ち込んだ手形取引、**アムステルダム為替銀行（134ページ）の口座上での記号化された貨幣のやりとりで預金が通貨とみなされたことで、貨幣不足が補われました。世界初の「預金通貨」の出現です。**


オランダの造船業が盛んになった理由を探っていくと、キリスト教で肉を食べるのが禁じられた「四旬節」（復活祭前日までの日曜日を除く四〇日）のタンパク源とされた、体長約三〇センチのニシンにたどり着きます。

先に述べたようにニシンは、一四世紀頃はバルト海の入り口に位置するデンマーク領の狭い海峡に産卵のために大挙して押し寄せ（最盛期には一万トン近く）、それをリューベックなどのハンザ同盟の商人たちが塩漬けにし、樽に詰めてヨーロッパ各地に販売し大きな利益を上げました。

ところが、そのニシンがデンマーク領に押し寄せなくなり、一五世紀以降、ニシン漁場が外洋の北海に移りました。そこで、一月から三月にかけて北海西部の漁場で多くのオランダ漁船が流し網漁でニシンを捕獲するようになったのです。

ニシンは船上で内臓を取り除いて塩漬けや酢漬けに加工されてヨーロッパ各地に送られ、

莫大な利益を上げました。

経済を読むPOINT

宗教改革で、オランダは勤労と禁欲を重んじるカルバン派（ゴイセン）の新教国となり、スペインとの八〇年間に及ぶオランダ独立戦争を戦うことで海洋国家としての経済成長をとげた。

2 世界初のバブルはチューリップの球根取引から

The 51 points to understand the world economy

「投資時代」の到来

価格革命（114ページ）による長期のインフレは、貨幣の価値を下落させたため、投資が盛んになりました。

投資は、単純に貨幣を貸し付けて利子を取ることではなく、本来は生産、流通などに貨幣を投入して経済活動を組織することで利益を得る行為です。

しかし、この時期の投資は、儲かると思われるモノをあらかじめ買っておき、時間差で利益を得ようとする「投機」にかぎりなく近い行為でした。投機とは偶然に得られる大きな利益をあてにする根拠の乏しい投資を指します。

しかし、投資と投機の間の境はあってないようなもので、投資は、ともするとリスクが高いけれども収益が大きい投機に傾き、時にバブル（過熱した投機）を引き起こします。

資本主義経済にはバブルとバブルの崩壊（信用破壊、経済収縮）がつきものですが、**世界初のバブルになったのが、オランダのチューリップの「球根バブル」**とされています。

新大陸からの安い銀が、大量に継続的に流入して激しいインフレを起こす時代になると、資産の目減りが大きくなり、資産価値を維持するための投資が必要になりました。大航海時代以後に、海の経済活動が多様になったことも投資ブームを助長します。

しかし、一七世紀のオランダの大衆には、有望な投資先がなかなか見つかりませんでした。

そこで、行き場を失ったお金が特定の対象物の投機に向かいます。

くり返されるバブルの始まり

この時期、ヨーロッパの庭園に植えられる花の大部分は、地中海の花々でした。中でも地中海東部に自生するチューリップは庭植えされ、「宮廷の花」として特別に愛好されました。オスマン帝国で流行した花が、チューリップだったのです。

オランダではチューリップの品種改良が盛んに行われ、二〇〇〇種類以上の多様な形、色柄のチューリップが栽培されるようになります。マニアの間で、貴重な品種のチューリップの球根は極めて高い値段がつきました。そこで、チューリップの球根の投機が始まります。

オランダ商人はイスタンブールに赴《おもむ》き、四季折々のチューリップの球根を争って高値で購入しました。やがてチューリップの球根は、「愛好」の対象から「投機」の対象へと変わっていきます。

一六三四年から三七年にかけて「チューリップ・マニア」と呼ばれる人々が球根売買を始めますが、それに庶民の「お金」が流れ込んでバブル状態になり、球根の値段が面白いように上がっていきました。

球根を転売するだけで、楽をして富が得られたのです。大損をしてからリスクの存在に気づくのは、今も昔も同じかもしれません。

何でもそうですが、取引が普及すると投資も容易になっていきます。「一定の価格で球根を手に入れる権利」の売買、つまりオプション取引も登場し、家や道具を担保にして「お金」を借りることも可能になりました。一獲千金をめざす庶民の描く夢が、バブル（過剰流動性）をどんどんと膨らませていきます。

例えば、アブラムシに寄生するウィルスによる突然変異で生まれた「ブロークンチューリップ」と呼ばれる斑入りのチューリップなどには、三〇〇〇ギルダーという驚くべき高値がつきました。三〇〇〇ギルダーは、裕福な商人の一年間の収入にあたる金額ですから、庶民が夢を膨らませたのも無理がないことです。

経済を読むPOINT

オプション取引とは、特定の商品を、あらかじめ決められた日に、あらかじめ決められた値段で受け渡しする権利の売買である。

そして訪れたバブルの崩壊

しかし幻は消え去るものであり、熱狂は冷めるものです。

やがて突然に、バブルの崩壊が訪れます。

一六三七年二月、それまで急騰していたチューリップが突然値を下げはじめました。今時の言葉で言うと、目先の利く人が「利益の確定」に走ったのです。

値段が下がり始めると、損をするのではないかという恐怖が募り、大勢の人々が「ろうばい売り」に走って球根の価格が大暴落しました。短期間で、多くの庶民が破産していきます。

価格が暴落した球根を引き取る、引き取らないでもめごとも頻発しました。

そうした状況を見て政府がチューリップの取引を規制する法律を定めると、今度はそれがバブルの崩壊に弾みをつけました。どこかの国でも四半世紀前に、体験したことですね。

資本主義経済の下では、こうしたバブルがくり返し起こります。

世界経済の14転換点

1637年

世界初のバブルはオランダの「チューリップ・バブル」

資本主義経済にバブルとバブルの崩壊はつきものですが、一七世紀前半のオランダの「チューリップ・バブル」は世界史上最初のバブルとされています。そして、一九世紀後半以降、バブルが多発するようになります。

経済を読むPOINT

世界史教科書に出てくる主なバブルを列挙すると、次のようになる。

①**チューリップ・バブル**（一六三七）　世界初のバブル

②**南海泡沫事件**（一七二〇）「バブル」の語源になった国債がらみのバブル（151ページ）

③**大不況**（一八七三）　産業革命の普及、植民地体制により生み出された二〇年間のバブル。このバブルを期にイギリスの金融帝国化が進み、イギリスとドイツの対立が激化するようになる（225ページ）

④**世界恐慌**（一九二九）　ナチスの台頭、第二次世界大戦に結びつくバブルの崩壊（319ページ）

⑤**日本のバブル**（一九八九）　高度経済成長後に長期の経済低迷をもたらした（357ページ）

⑥**IT（情報通信革命）バブル**（二〇〇〇頃）　インターネットの普及を過大視したバブル。アメリカ経済の不況入りの契機となる（366ページ）

⑦**リーマン・ショック**（二〇〇八）ドルが金と切り離された後に起こった。金融商品、証券の濫発がサブプライムローンの破綻で崩れた証券バブル（382ページ）

3

海難事件が誕生させた株式会社

The 51 points to understand the world economy

世界初の株式会社、オランダ東インド会社

合理的な経済的行動規範を身につけ、生活にツマしいオランダ人は、航海のリスクを分散するための組織として株式会社を考え出しました。

株式会社は海から誕生したのです。

株式会社は利潤の獲得を目的としますが、海の世界では海難事故がつきものだったために、出資者は経済状態に応じた出資を行い、倒産した時の責任を有限化しました（**有限責任**）。責任を出資額に限定することでリスクの軽減を工夫したのです。その結果、膨大な資金を集めることが可能になりました。

会社への出資証明書として発行される株券は、貨幣と換えられる証券として取引所で売

買されたため、株券が投資家の財産になりました。後になると、株式の配当だけではなく株価の値上がりも期待され、株式の売買が盛んになります。

ところで**世界初の株式会社とされるのが、一六〇二年に設立されたオランダ東インド会社**（略称はＶＯＣ）です。

東インド会社には、喜望峰からマゼラン海峡に至る広大な地域での貿易、植民、軍事の独占権が、政府から与えられていました。

オランダ東インド会社は、出資に対して三・五パーセントの利子の支払いを約束しましたが、一六〇六年には配当が七五パーセントにも達しました。そのために出資者が激増し、六年間で資本額が四・六倍に達したと言われます。

一六〇二年から九六年までに東インド会社が株主に支払った配当は平均約二〇パーセント以上で、時には五〇パーセントを超えることもありました。

経済を読むPOINT

航海にリスクが大きかった当時は、イギリスの東インド会社のように一航海ごとに決算して会社を解散するのが合理的だったが、政府の力が弱いオランダでは、港湾、艦隊、植民地の施設を会社自身が維持しなければならなかったために高配当により経営の継続が図られることになり、株式会社が誕生した。

世界経済の15転換点

1602年

オランダで世界初の株式会社が誕生

一六〇二年に創設されたオランダ東インド会社が、世界初の株式会社になりました。

近代経済都市はアムステルダムから

ユダヤ人の移住により経済が活況を呈《てい》したアムステルダムでは、世界初の為替取引銀行のヴェネツィアのリアルト銀行（一五三〇年設立）をまねて、一六〇九年に**アムステルダム為替銀行**が設立され、一六〇二年には、世界最古の証券取引所が設立されています。

政府が投機を抑制するために空売り、先物取引を禁止したことから、そうした手法がすでに用いられていたことがわかります。

空売りとは、所有していないものを値下がりを予想して売り、値下がりした後の買い戻しにより差額を利益として得る行為で、先物は将来の一定の時期に受け渡す売買契約です。一七世紀半ばになると、**「アムステルダムに、ヨーロッパの資本の半分が集中する」**と言われるような状態になりました。

外国為替の決済を行うアムステルダム為替銀行では口座振替が貿易の決済に利用され、「お金」の取引が「数字（記号）」化された貨幣の口座間の移動で済まされるようになりました。アムステルダム為替銀行の預金残高は、一六倍にまで増加していきます。

第4章

資本主義が拡大して紙幣・金融商品が登場

1

〝合法的海賊〟が許されたかつてのイギリス

The 51 points to understand the world economy

実入りが良かった海賊稼業

中世以来、ヨーロッパの主産業の毛織物業の原料の羊毛の産地は、寒冷な気候で穀物生産が不調なイギリスでした。しかし、ヨーロッパを代表する毛織物の生産地は、イギリスからの輸入羊毛に依存するフランドル地方（現在のベルギー）でした。

一言で言えば、イギリスは産業の少ない貧しい国だったのです。

イギリスのテューダー朝（一四八五～一六〇三）は、織布職人を招くなどしてフランドルの織布技術を取り入れ、一六世紀には、高品質で幅広の毛織物の製造に成功します。

また農村地帯でも、商人が農民に羊毛と織機などの道具を貸し付け（問屋制度）、農村毛織物業を発達させて安手の毛織物を大規模に生産するようになります。一六～一七世紀のイギリスでは、毛織物の輸出額が輸出総額の八割から九割を占めるに至りました。

海上では、「大航海時代」以降、イギリスの王や貴族は船乗りに特許状を与え、**私掠船**（国王から敵国の船を襲う権利を認められた海賊船）に大西洋を往来するスペインの銀船を襲わせ、スペインを悩ませました。

私掠船の活動には、大型船・武器・乗組員・資金の用意、船乗りが捕虜になった場合に釈放に尽力するパトロンなどが必要だったのですが、結局のところ手っ取り早く高収入を得られる合法的海賊だったのです。

私掠船は、平均すると三〇〇〇～四〇〇〇ポンドの収入が得られましたが、そのうちの五分の一が船長の取り分で、残額がパトロンの貴族の収入になりました。パトロンにとっては、まさに「濡れ手で粟」です。

そうしたことから、イギリスの支配層は、冒険性、略奪性を持つようになります。

一五八八年、海賊行為をくり返すイギリスを制圧するために、スペインは一三〇隻、一万人の乗組員、陸上兵力一万九〇〇〇人からなる「グラン・アルマダ」（無敵艦隊）を派遣しましたが、ドーバー海峡でドレークが率いるイギリスの私掠船、海軍に壊滅的な敗北を喫してしまいます。

それが、いわゆる天下分け目の**「アルマダ海戦」**です。その結果、**海上覇権がスペイン**

からイギリスに移りました。

経済を読むPOINT

一五七七年から八〇年にかけてドレークが率いるイギリスの海賊船団は、マゼラン海峡を経てアメリカ大陸の太平洋岸を北上してスペイン植民地を略奪し、太平洋、喜望峰を経由してイギリス人初の世界一周を行った。同時に海賊行為でエリザベス女王に国家歳入の一年半分の収入をもたらしている。

自滅した「太陽の没することのない」帝国

スペインのグラン・アルマダ（無敵艦隊）が敗北した理由として、
①指揮官の貴族が海戦を指揮した経験がなかった、
②大型艦船が主で動きが鈍かった、
③嵐が続き、気候条件に恵まれなかった、
などがあげられていますが、スペイン財政が悪化し、艦船の補充が滞っていたことも敗北の大きな理由になりました。

大航海時代以後、「太陽の没することのない国」と言われたスペインでは、
①「新大陸」から流入した膨大な銀が、オスマン帝国との戦争、オランダ独立戦争、三十

年戦争などの軍費として国外に流出、
②**ユダヤ教徒追放令**による経済能力の高いユダヤ人の国外追放、
③「新大陸」からの大量の銀の流入によるインフレの進行と国内産業の衰退、
④「アルカバラ」という取引のたびごとに税を徴収する消費税による民衆の窮乏、
などが重なって国家財政が悪化し、経済が停滞していたのです。

レコンキスタ（国土回復運動。イスラームからキリスト教徒の土地を奪い返す）という宗教戦争で建国された、あまりに宗教的な国家スペインの支配層には、「新大陸」からの安価な銀の大量流入を活かすだけの経済的才覚がなく、「新大陸」から補充される銀に頼るだけで産業と信用経済の育成を怠ってしまったのです。

フェリペ二世は、財政悪化のために四回もの公的債務の支払い不能（デフォルト、財政破綻）をくり返すという体たらくでした。

一六世紀末、スペイン王室の債務はGDPの三分の二に達していたと言われますから、財政は破綻と言える状態にあり、グラン・アルマダを支えきれなかったのです。

スペインの没落後、約半世紀のオランダの覇権期を挟んで、ヨーロッパは一七世紀末から一〇〇年にわたるイギリスvsフランスの植民地戦争（178ページ図）の時代に突入します。

新たに起こったイギリス、フランス（人口がイギリスの三倍）の長期にわたる戦争での戦費はイギリス財政の悪化をまねき、そのため**イギリス政府は財政をユダヤ人に委ね、彼らが戦費調達のための、国債、紙幣発行のシステムを作り上げていきます。**

経済を読むPOINT

「太陽が没することのない国」スペインは、ヨーロッパ規模の宗教戦争でカトリック側に立ち、戦費の負担で慢性的財政難に悩まされ、ジェノバなどのイタリア諸都市からの莫大な借金をしばしば踏み倒した。それがイタリア経済の衰退の一因となった。

水夫を雇う金もなかったイギリス海軍

ところで、スペインに代わって海上覇権を握ることになるイギリスの王立海軍の台所事情も、決して芳《かんば》しくはありませんでした。

エリザベス一世（位一五五八〜一六〇三）の統治期に制定された「海軍維持法」以来、イギリス海軍の水夫の大半は強制徴募《ちょうぼ》で集められています。強制徴募隊（プレス・ギャング）が普通の男性を拉致、誘拐して軍艦に乗せ、ムチ打ちにより労働を強いたのです。後に海軍大臣にまで上り詰めたサミュエル・ピープス（イギリスの官僚。一六三三〜一七〇三）が暗号を使って書いた日記には、

「彼ら（水夫たち）は長期の航海から帰って来ても現金は貰えず、金券だけで解雇される。

■世界経済の中心の移り変わり

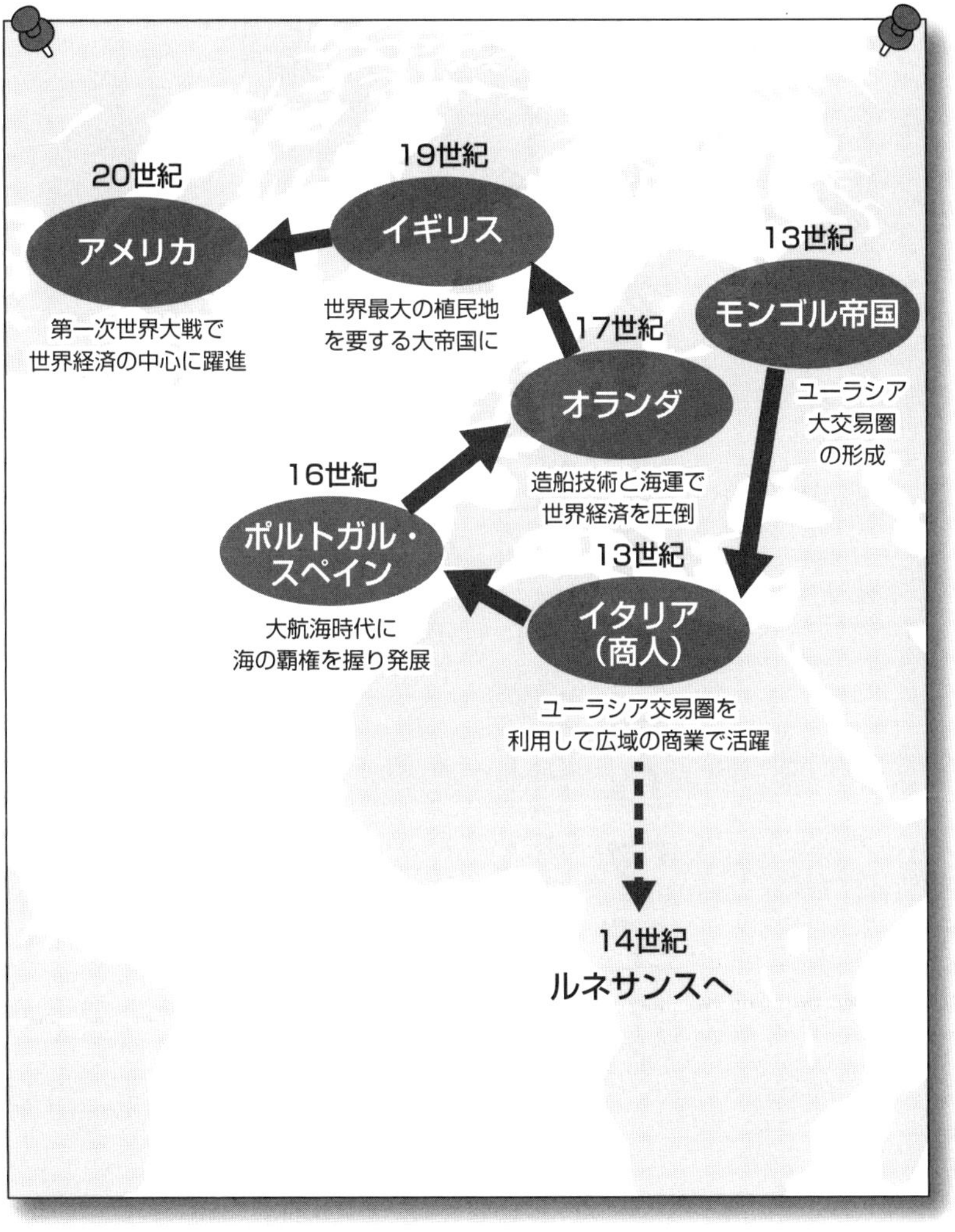

そして、この金券は宿屋や酒場で二束三文に買いたたかれ、彼らは路頭に迷うのだ」(『ピープス氏の秘められた日記──一七世紀イギリス紳士の生活』岩波書店)
と記されています。

経済を読むPOINT

一七世紀のイギリス経済を支えたのは、海賊、奴隷貿易、牧羊、毛織物業だった

2 イギリスの海外進出の基礎を築いたクロムウエル

The 51 points to understand the world economy

オランダ船を締め出し、オランダとの戦争へ

スペインとの政略結婚に巻き込まれることを恐れたエリザベス一世が死去し、スコット

ランドから「王権神授説」（王の統治権は神から与えられたとする）を唱える新王チャールズ一世が迎えられると、新王は議会を無視してイングランドに新税を課そうとしました。

それに対して、地方で実権を握る富裕なジェントリー（郷紳《ごうしん》。大地主のこと）が議会に集結。武力で議会を制圧しようとする新王との間に内戦が始まります。

内戦の中で頭角を現したクロムウエルは、ピューリタン（清教徒）の兵からなる鉄騎隊で国王軍を破り、一六四九年、チャールズ一世を処刑しました。それが**「ピューリタン革命」**です。

クロムウエルは、「主席行政官にして治安官」という独裁的権限を持つ護国卿《ごこくきょう》になり、議会の国王就任の請願を「古きよき大義」に反するとして退け、フリーの立場での独裁者となりました。実際には王冠がないだけで、国王と区別がつかない支配者だったと言われます。

クロムウエルは、イングランドの経済的停滞を乗り越えるために、アイルランド、スコットランド、さらにはカリブ海のジャマイカ島をも征服しました。さらに一六五一年、オランダ船を締め出すために、イギリスと植民地の間の商品の輸出入をイギリス船と当事国の船に限定する**「航海法」**を定めました。

オランダ船を締め出すイングランド・ファーストの政策です。ヨーロッパ経済の主導権を握っていたオランダの中継貿易は大打撃を受けました。
クロムウエルはさらに、一六五二年、イギリス国旗がオランダに侮辱されたことを口実にして**三度に及ぶ「英蘭戦争」**を仕掛け、軍備の増強を怠っていたオランダから大西洋の経済覇権を奪い取ることに成功します。
クロムウエルの死後、穏健派が多数を占めるイギリス議会はフランスに亡命していた王族を呼び戻し、「王政復古」を実現しました。

経済を読むPOINT

クロムウエルは海軍力を背景にイギリス第一主義を掲げてオランダの貿易船を締め出し、戦争によりオランダから経済覇権を奪った。利益第一主義のオランダ商人は逆らわず、そうしたイギリスに出資することで利益を得ようとした。

経済を読むPOINT

「航海法」は、中継貿易で海の経済覇権を握るオランダを追い落とすためにクロムウエルが定めた通商法。製品の産出国、あるいはイギリス船のみにイギリスの港に入港する許可を与えた。

世界経済の16転換点

16〜17世紀

英国がヨーロッパの制海権を奪う

イギリスは「アルマダ海戦」でスペインを破り、「航海法」と「英蘭戦争」でオランダを追い落とし、ヨーロッパ沿岸と大西洋の海上覇権を握りました。

3

対仏戦争の巨額戦費が誕生させた「国債」

The 51 points to understand the world economy

オランダと共闘することになったイギリス

一六六一年、フランスのルイ一四世の親政が始まってフランスがヨーロッパ最大の陸軍国になると、イギリスは、オランダと共同戦線を張らなければならなくなります。

王政復古後の親仏的なイギリス国王が議会との協調を拒否すると、議会は一六八八年に国王を廃位させ、オランダ総督に嫁いでいた王女メアリと夫のウィリアム三世を新国王として迎えることとし、前国王は国外に亡命しました。

それが**「名誉革命」**です。

新国王は、議会が定めた「権利宣言」を認めて「権利の章典」（正式名称は「臣民の権利と自由を宣言し、王位の継承を規定する法律」）として発布し、議会を国政の中心に据える立憲王政を開始しました。

名誉革命により亡命先のオランダから戻った思想家ジョン・ロックは、一六八九年に『市民政府二論』を著し、人民の財産権、幸福の保障を前提に政府への支配権の委譲がなされているため、それが阻害された時には、人民は委託した権利の返還、支配者の交替を要求できるという「社会契約説」により名誉革命を正当化しました。

ロックが説いた財産権（私的所有権）、人民主権の主張は、近代社会の基礎になっています。

アメリカ独立戦争の際の「独立宣言」、フランス革命の際の「人権宣言」は、社会契約説に基づいています。

ロックの父親がピューリタン革命の際にクロムウエルが率いた議会派の軍隊の騎兵隊長だったというのも、何か因縁めいています。

「国債」発行を教えた移住ユダヤ人

名誉革命後、フランスとの間に始まった一連の大規模な植民地戦争（第二次英仏百年戦争。178ページ図）の軍費の調達に苦しんだイギリスは、**新国王とともにオランダから移住してきたユダヤ商人の働きかけにより、「国債」の発行に踏み切りました。**

ユダヤ人たちは、三十年戦争などの一連の宗教戦争がくり返された東欧で宮廷ユダヤ人として戦争費用を捻出してきており、国家財務のエキスパートだったのです。

国債というのは、国の借金の見返りとして発行される「国が利子や元本の支払いを保証する債券」を指します。

国債で軍事費が調達されると、借金が戦費として使われるだけでなく、国債という「支払い証書」が世の中に出回りますから、倍の貨幣が社会に投入されることになりました。

現在でも国債は、企業の株式・債券、預金などとともに有力な投資先になっています。

国債が最初に発行されたのは、長期の都市間の戦争で戦費の捻出に苦しんでいたヴェネツィアなどのイタリア諸都市です。それが、ユダヤ人の助言でイギリスに移植されたわけです。

経済を読むPOINT

国債が最初に発行されたのは、ジェノバとの戦争費用の捻出に困っていた一二六二年のヴェネツィアだった。

経済を読むPOINT

議会が確実な返済を約束する国債は、商人の安定した投資先になった。二〇一二年現在の世界の債券市場の規模は約一〇〇兆ドル、株式市場の約三倍である。債券市場の中心が国債であることは言うまでもない。

世界経済の17転換点

17世紀末

国債は戦費調達の手段に使われた

名誉革命後、フランスとの戦争の戦費負担に悩むイギリスでは「国債」の制度が導入されます。それによりイギリスは莫大な戦費の調達が可能になり、フランスとの長期の植民地戦争（第二次英仏百年戦争）に勝利することが可能になりました。

国民の保証があれば借金も大丈夫

現在、政府と政府機関が発行する債券を**「ソブリン債」**（sovereign bond）と総称します。それまで国王は、戦争の際などの緊急時に金融業者・商人から借金をし、しばしば踏み倒しました。そのため王の借金は信用度が低く、商人は何かと理由をつけて貸し出しを拒んだのです。

しかし名誉革命で主権（ソブリン）が議会に移ると、国王の借金が、国の債務に変わりました。

国王ではなく議会が債務の返済を保証することになり、主権者の国民からの租税により債務が確実に返済されることになったのです。

そのため国債は、借金の返済を確約する証書として、貨幣と同様に扱われるようになります。

イギリスが海軍を増強させ、**百年に及ぶフランスとの覇権争い（第二次英仏百年戦争）に勝利できた理由は、戦時に国債が大量に発行できたことにある**と考えられています。

経済を読むPOINT

ソブリンの元々の意味は「神の至上権」だったが、それが「王の主権」、次いで「議会の主権」・「国民の主権」に変わった。つまり国民は「主権者」とおだて上げられて、巨額の国債を償還する責任を負わせられたのである。

南海泡沫事件が「バブル」の語源

国債が発行されるようになったものの、誰が国債を引き受けてくれるか（買ってくれるか）が大問題になりました。実際のところ、国債の引き受け手を探すのが一苦労だったのです。

一七一一年に設立された半官半民の「**南海会社**」は東インド会社より経営規模がはるかに大きかったのですが、経営実績の伴わない会社でした。

そこで南海会社は、株式の発行で得た資金でイギリス国債の購入を引き受けることを条件に、政府から大量の株式発行の許可を得ます。

当時は「スペイン継承戦争」（一七〇一〜一四）の莫大な軍事費がイギリス政府の財政を圧迫しており、国債の引き受け手がどうしても必要だったのです。それが、「南海泡沫（バブル）事件」の引き金になります。

南海会社は、スペインの支配下にある南アメリカでの植民地経営を請け負う会社でしたが、経営の実態はほとんどありませんでした。それにもかかわらず政府は、南海会社が引き受ける国債を自社株に転換して販売することを認可します。

南海会社は、引き受けた国債と同額の株式を発行する権利を獲得しました。

しかし多額の国債を購入するには、自社の株をなるべく高く売却して購入資金を確保することが必要だというのが、会社が儲けを上げる口実になりました。

南海会社は追加の国債の購入を引き受ける際に、首相、蔵相などに株の購入権（ストックオプション）のかたちをとる賄賂を贈り、見返りに新株の発行価格を会社が自由に決定できる許可を得ました。

つまり、政府から購入する国債の価格より株価が上がれば、それが会社の収益になるという仕組みを作ったのです。


南海会社はスペイン継承戦争の結果、イギリスがスペインの植民地での奴隷貿易の独占権を得たことを宣伝して、株価をつり上げました。

人々の間では南海会社が奴隷貿易で高利潤を上げるに違いないという期待が膨らみ、南海会社の株価は半年でほぼ一〇倍に値上がりしました。株価と国債の額面の差が拡がり、会社は大きな収益を上げます。

そうすると、南海会社のバブルに便乗する多くの怪しげな会社が設立されましたが、それらの会社の株価も高騰していきます。

しかし、戦争後もスペインの南アメリカでの貿易独占が続いて、会社の奴隷貿易が一向に軌道に乗らず、会社の経営実態が乏しいことがわかってくると熱狂は急速に冷め、株価はわずか二カ月で五分の一に大暴落。多くの投資者が、大損をしました。

■南海会社の儲けの仕組み

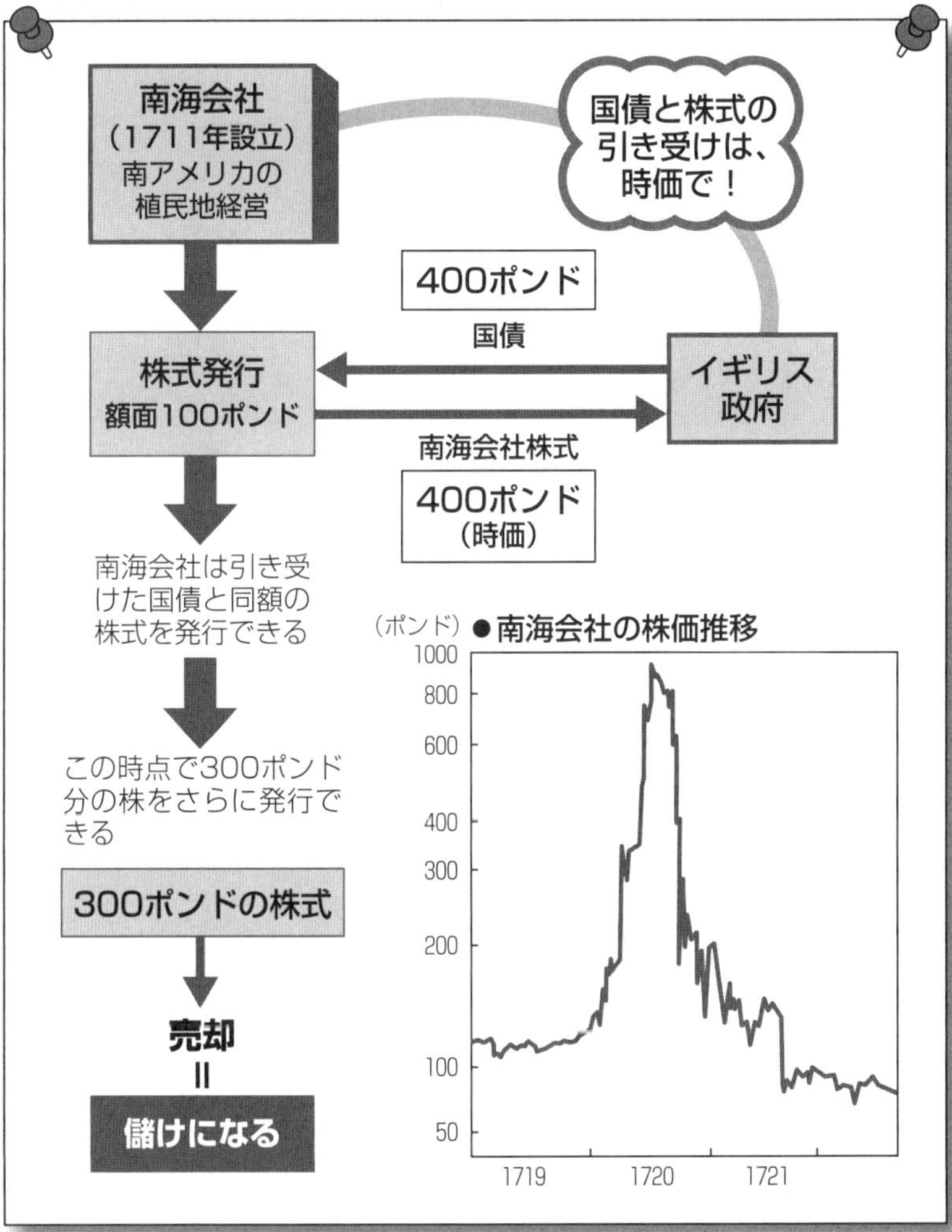

これが、イギリス最初のバブルとその崩壊です。

南海会社は実態のない話で株価をつり上げたのですから、一種の詐欺になります。現在はバブルが周期的に起こっていますが、そうした「バブル」の語源になっているのがこの**「南海泡沫事件」**（South Sea Bubble）です。

経済を読むPOINT

バブルは「根拠のない熱狂」であり、当時、造幣局の総監で冷静なはずだった科学者のニュートンも、二万ポンドもの大損をしたと言われる。そこでニュートンが残した有名な言葉が、「天体の運行は計算できるが、人間の狂気は計算できない」。しかし、直感が鋭いお雇い音楽家ヘンデルは売り抜けて、大儲けをしたと言われる。

ろくでもないものとみなされた株式会社

南海会社の役員は議会から責任を追及され、政治家の収賄が明らかになりました。この事件の後始末にあたった政治家が、初の責任内閣を組織した首相ウォルポールです。この事件で、株式会社は完全に信頼を失ってしまいました。

バブルの再発を防止するため、一七二〇年、議会では「泡沫会社禁止法」（バブル・アクト）が制定されて、七名以上の出資者からなる株式会社の設立には、議会の承認、あるい

世界経済の18転換点

18世紀初め

バブルの語源となった南海泡沫事件

国債の引き受け手を探すのが大変で、イギリスもフランスも苦労しました。一八世紀初めに起こった「南海泡沫（バブル）事件」を、同時期のフランスの「ミシシッピ会社バブル」は、ともに国債の引き受け手探しが難しかったことが背景にありました。この事件を機に、会計監査制度や会計士の制度が整備されることになります。

は国王の勅許《ちょっきょ》が必要とされることになりました。
それが、イギリスで一九世紀後半になるまで株式会社が不活発だった理由になります。

経済を読むPOINT

企業のガバナンスを監督するため、会計監査制度、公認会計士の制度も、南海泡沫事件の事後処理の過程で導入された。

4 大西洋三角貿易が持続的に成長させた資本主義

The 51 points to understand the world economy

人気の高収益商品「サトウ」の大量生産

資本主義経済は、太西洋周辺でのヨーロッパを市場とする奴隷を使ったサトウキビの大量栽培（プランテーション経営）から成長しました。

■18世紀の「大西洋三角貿易」

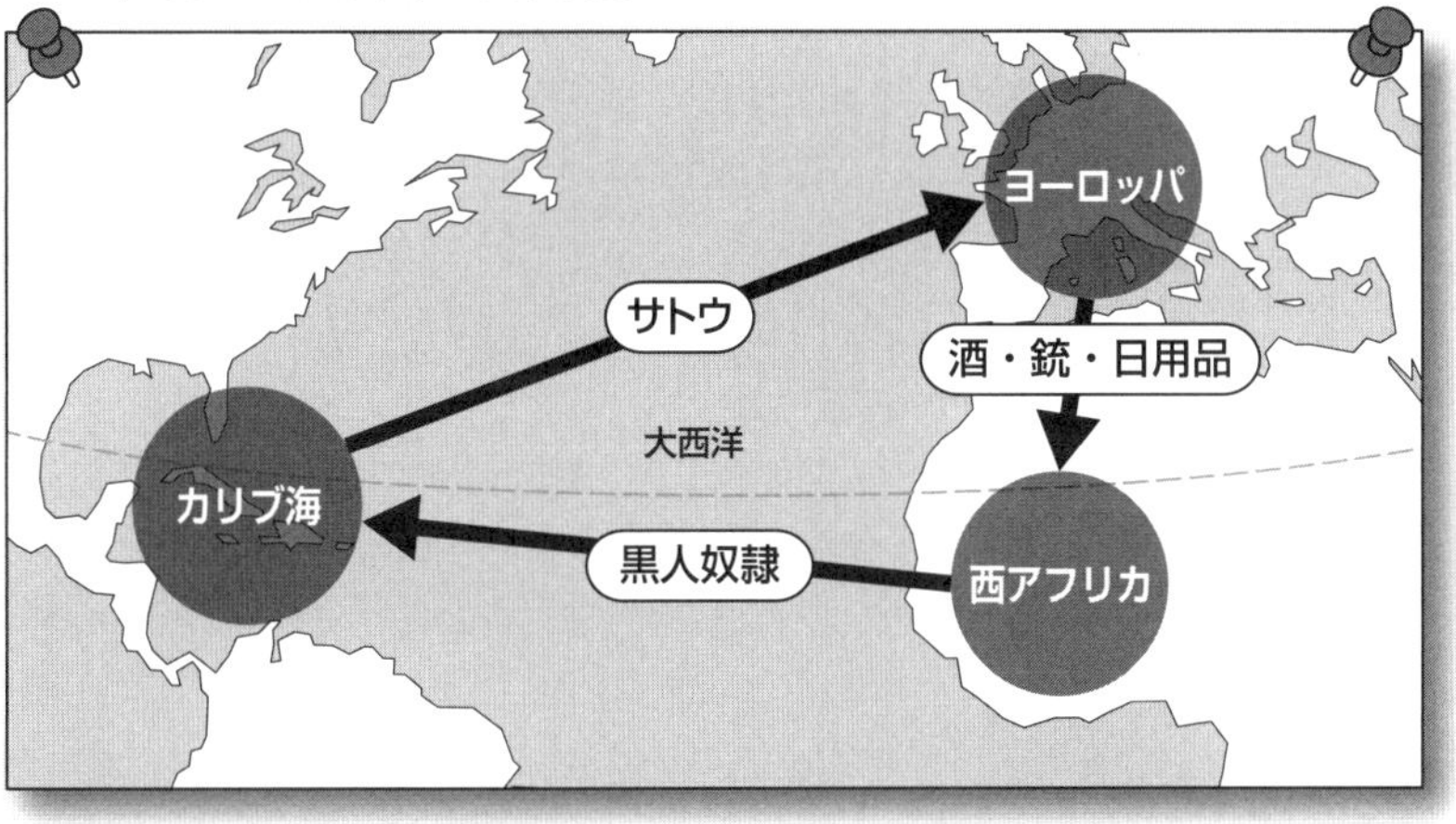

一八世紀になると、イギリス人やフランス人が、ヨーロッパ市場で売りさばくサトウキビを大量に栽培する大農場（プランテーション）をカリブ海域に広めていきます。

農場主（プランター）は、貨幣で土地と簡単な製糖施設、働き手の奴隷などを購入し、大規模生産を始めました。このように自己増殖をめざして運用される貨幣が「資本」です。

ジャマイカ島のサトウキビのプランテーションで粗糖が大量に生産され、イギリスで精製されてヨーロッパに再輸出されました。サトウの約二割はイギリスで精製され、再輸出されましたから、サトウの関税がイギリス政府の重要な財源になりました。

サトウキビは、作付けの日付をずらせば通年収穫できましたが、収穫した後に急激に糖度が落ちましたから、農場の傍らに製糖工場が付設されて、搾汁、加熱、蒸留を連続し、粗糖の生産までが行われました。そのように刈り入れ後にたくさんの人手が必要だったため、大量の黒人奴隷が導入されたのです。

とくにカリブ海域では、スペイン人が伝染させた天然痘、インフルエンザなどで八割の先住民が亡くなっており（新大陸全体では八〇〇〇万人以上と言われる）、黒人奴隷が必要になりました。現在のブラジル、カリブ海域など、かつてのサトウキビの栽培地域に黒人が多いのは、そのためです。

経済を読むPOINT

優れた甘味料としてヨーロッパ市場で需要が多いサトウが、亜熱帯産作物の最初のヒットとなり、黒人奴隷を使って大量に生産された。

資本主義経済を定着させた三角貿易

一八世紀になると、サトウがカリブ海域で大幅に増産され、それに伴いサトウキビ農場の働き手となる黒人奴隷を運ぶ奴隷貿易も盛んになります。サトウの産地の西インド諸島、奴隷の供給地の西アフリカ、そして手工業製品、日用品を輸出するイギリスを結ぶ**「大西洋三角貿易」**が規模を拡大しました。

世界経済の19転換点

18世紀

三角貿易による資本主義経済の構造化

資本主義経済は、奴隷貿易とサトウキビのプランテーション、サトウの販売を結びつける商業により拡大。それを持続的に成長させたのが「大西洋三角貿易」です。

大西洋三角貿易は、大西洋、カリブ海を「経済の海」に変えました。

大西洋経済は、ユーラシアに見られる「自給自足」を土台とする経済ではなく「商品経済」に基礎を置く経済ですから、三角貿易が資本主義経済を持続的に成長させたと言えます。

イギリスの奴隷商人は、ある意味ではサトウ産業を支える存在でした。彼らは、西アフリカの沿岸の部族に鉄砲、酒、日用品を与え、奥地で奴隷狩りをさせました。その奴隷を安く購入してアメリカ大陸に運ぶ奴隷貿易を行ったのです。

経済を読むPOINT

最初に奴隷貿易があり、それに乗っかったサトウキビ栽培とサトウ貿易は、生産地、労働力供給地、市場が大西洋の沿岸に散らばっており、海運がそれらを広域で結びつけたことにより、経済の大規模な変化を促した。

サトウ需要を喚起したコーヒー

私たちが毎日サトウをいれて飲む、**コーヒー、紅茶は、「資本主義経済と密接にかかわる飲み物」**です。最初にサトウありきで、サトウの需要を増やすために、コーヒー、紅茶の嗜好品文化が次々に育てられたのです。

イギリスは、国際競争力が低いカリブ海のサトウ産業を育てるために、サトウの販売を国内で手厚く保護しました。

そうした中で国民一人当たりのサトウ消費量は、一六〇〇年の年間四〇〇～五〇〇グラムから、一七世紀の約二キロ、一八世紀の約七キロへと激増しました。

しかし、サトウは保護関税などで高価格が維持されたため、調味料としての需要には限度がありました。

そこでサトウ商人は、増産されるサトウの販路を維持、拡大するために嗜好品文化を育て上げます。サトウの需要を増やすためのパートナーとして最初に選ばれた嗜好品は、エチオピア原産でイスラーム世界の飲料だった香りの良い「コーヒー」でした。

しかし、コーヒーの販売ではオランダ人が優位に立ちます。そこでイギリスは、清の紅茶、アメリカ大陸のカカオ（チョコレート）なども嗜好品として流行らせました。

経済を読むPOINT

オランダもイギリスもアラビア半島南部の貿易港モカからコーヒーをヨーロッパに輸出し、後にそのモカのコーヒーがオランダ、フランスにより新大陸、ジャワ島などに移植された。

紅茶で巻き返しを図ったイギリス

コーヒーはエチオピアが原産で、アラビア半島南部イエーメン地方の港モカからヨーロッパ向けに輸出されました。その後コーヒーは各地に移植されていきますが、最初はすべてがイスラーム世界からの輸入品だったのです。

オランダは、一六四〇年代にモカとアムステルダムの間のコーヒー貿易を定期化しました。その後、オランダ商人とイギリス商人が利益を競い合いますが、軍配はオランダ商人に上がります。

オランダ商人は、生のコーヒーの豆が密かに持ち出されていた南インドでコーヒーの苗木を入手して植民地のジャワ島に移植。住民に強制的に栽培させて一八世紀初めには「世界一のコーヒー商人」となり巨利を上げました。

競争に敗れたイギリスは、清から輸入する紅茶に乗り換えることになります。

イギリス東インド会社は王室に紅茶を持ち込んで、モーニング・ティーなどの貴族の紅茶文化を作りあげ、それをジェントリー（143ページ）、庶民、植民地にまで普及させることで紅茶産業を一大ビジネスに育て上げました。

現在でもサトウは、清涼飲料水、スナック菓子、加工食品などに添加され、私たちの生活に浸透しています。

世界経済の20転換点

17〜18世紀

嗜好品の導入でサトウ消費を拡大！

サトウの消費量を増大させて景気を維持するために、ヨーロッパではコーヒー、紅茶、カカオの嗜好品文化が育成され、資本主義経済を成長させました。

経済を読むPOINT

紅茶は、もともとは発酵が過度に進んでしまったウーロン茶で、清では安価に購入することができた。

5

保険も株取引もロンドンの喫茶店から始まる

The 51 points to understand the world economy

海運リスクの回避と保険の誕生

一七世紀後半になると、イギリスがオランダに代わり海上覇権を握りました（144ページ）。テームズ川を多くの帆船が上下し、ロンドンが大西洋商圏の一大センターになります。

イギリスがオランダに代わる覇権国家になると、多くの船舶がロンドンに膨大な量の物資を集中させるようになりました。そのために海難事故によるリスクをどのように軽減するかがロンドン商人の大問題になったのです。

船が損害をこうむった時の「船舶保険」、積み荷が損害をこうむった時の「積荷保険」が海運と海上貿易には欠かせなくなりました。この二つの保険を合わせて**「海上保険」**と呼びます。

保険業者は貿易商から保険料を集め、事故がなければそれを利益とし、事故が起こった場合には保険金支払いの約束を果たしました。

海上保険への取り組みはエリザベス一世の時期に始まり、一七世紀後半から一八世紀になると、現在も世界最大であるロイズ保険グループが誕生します。

保険は人々や組織が、将来起こり得る出来事から生じる損失をあらかじめ見積もり、互いに補償しあうシステムで、掛け金をはじき出すための確率計算と保険の払い手の協力体制作りが必要でした。**保険は、海上保険から始まったのです。**

海上保険に次いで火災保険、生命保険もロンドンで誕生し、イギリスは世界の保険大国に成長します。

経済を読むPOINT

「保険」は、海上貿易を安定させるためのセーフティ・ネットから始まった。

保険には正確な情報が必要

近代的な損害保険制度と株式取引について述べる際には、コーヒー・ハウス（喫茶店）から話を始めなければなりません。

コーヒーを飲む習慣は一七世紀にコーヒーとともにオスマン帝国のチャイハネがヨーロッパに伝播し、瞬く間に各国に普及しました。イギリスでもコーヒー・ハウスが庶民の社交の場として普及し、一七世紀にはその数は三〇〇〇軒にまで達しています。

世界有数の個人会員制の船舶保険業者集団「ロイズ」は、一七世紀後半にロンドンの港付近で開店した船の入港に対応するための二四時間営業のコーヒー店から始まりました。

船の所有者、保険業者、船を雇った商人などが集まったのが、テームズ川沿岸のロイズ・コーヒー店だったのです。店主のエドワード・ロイドは客寄せのためのサーヴィスとして、港に入っている商船の情報をパンフレット（ロイズレター、後のロイズ・ニュース）にして店内で配布しました。

このサーヴィスが大当たりで、海運と貿易関係者が多数集まるようになり、多くの人が「お金」を出し合って、事故が起こった時にはそこから補填する制度を作り出しました。損害保険の開始です。

一七一三年、コーヒー・ハウスの店主ロイドが死ぬと、コーヒー店の常連客が元の従業員を雇って、保険組合の「新ロイズ」を結成しました。一八七一年に組合は法人化されま

世界経済の21転換点

17世紀後半〜18世紀初め

保険と株取引はロンドンのコーヒー・ハウスで誕生

「保険」は一七世紀後半から一八世紀初頭の、ロンドンの海上保険から始まりました。

す。

イギリスが世界各地に海外拠点を持つようになっていたこともあり、ロンドンに航海情報が集中していましたから、航海の危険率の予想の精度が高く、世界初の近代的損害保険会社として、現在まで存続しているわけです。

面白いのは、コーヒー・ハウス時代の伝統を引き継いで、ロイズは保険取引の仲介を行うだけで、保険を売ることはないという点です。

経済を読むPOINT

現在は壮大な規模に膨らんでいる保険業も、その起源をたどると一七世紀の一軒のコーヒー・ハウスでの業者の談合にあった。こうしたことはすべて同様で、ソフトバンクやユニクロのように、現在でもベンチャー・ビジネスが大企業に成長することはよくあることである。

株取引もシティのコーヒー・ハウスから

ロンドンの金融街シティにおける株取引も同様で、一七世紀末にシティにあったギャラウエイズ、ジョナサンズという二つのコーヒー・ハウスでの株取引から始まりました。

株取引は特許会社の東インド会社株とロシア貿易を独占するモスクワ会社の株式から始まりましたが、一六九五年には、すでに一四〇の会社の株が、国債、証券、外国通貨とともに王立取引所（ロイヤル・エクスチェンジ）で取引されていました。

しかし、品が悪いとしてユダヤ人の仲買人は気位の高い王立取引所から締め出されてしまいます。しかたなく彼らは場所を取引所の小路に移し、近所のジョナサンズなどのコーヒー・ハウスで株取引を始めたのです。

一七四八年、コーヒー・ハウス、ジョナサンズは火災で焼失。再建されたジョナサンズが、一七七三年に**ロンドン証券取引所**になりました。

ついでに記しておきますと、「政党」も科学者の組織である「王立協会」も、コーヒー・ハウスでの社交と情報交換から成立しています。

経済を読むPOINT

一七世紀は商品取引が中心で株式の取引は、一段低く見られていた。イギリスに株取引を持ち込んだのはユダヤ人である。

6

手形の信用力が形を変えて紙幣になる

The 51 points to understand the world economy

金匠手形が紙幣の起源？

金融の中心が現在のニューヨークのウォール街に移るまで、世界金融のセンターはロンドンのシティでした。

その一角の金融街ロンバードは、イタリアのロンバルディア地方からイギリスに移住した金匠《きんしょう》（金細工の職人）が、その地で金融業に携わったことがその名の発端になっています。

イギリスの近代銀行のモデルは、一七世紀のゴールドスミス（金匠、金細工の職人）にあるとされます。

ロンドン塔に預けた商人たちの金が国王に没収される事件が起こると、商人たちは貿易などで儲けた資産を「金」に変えて、頑丈な金庫を持つロンバード街の金匠（金細工の職人）に預けるようになりました。

金匠は、金を預かると「預かり証」（**金匠手形、ゴールドスミス・ノート**）を発行しました。

「預かり証」はもちろん「金」と交換できるのですが、商人は、金をいちいち引き出さずに、「預かり証」を流通させるようになります。

そうしたことから、本来は手形の一種の「預かり証」が、「金」と同等の価値を持つ「架空の銀貨、金貨」とみなされるようになりました。

また、金匠がつけていた帳簿を利用して口座取引も行われるようになり、金匠はストックされた金を口座取引で貸し出すことにより、自己資金をまったく使わないで多額の利子を手にすることが可能になりました。それが**「信用創造」**です。

そのように金匠たちは、両替手数料で儲けを上げるイタリアの銀行とは異なる近代的な銀行モデルを作りました。

「金」を見せ金にして信用創造を利用すれば、従来の金貸しよりもはるかに膨大な利子を取ることが可能になったのです。そうした**金匠手形が、イングランド銀行が発行する紙幣の手本**になっていきます。

経済を読むPOINT

金匠手形の原型を作ったのが、ヴェネツィアの金匠とされる。金匠は信用を利用して、「紙」を「金」として流通させることができることを発見したのである。

戦費不足に付け込んだイングランド銀行

後に中央銀行となる民間の**イングランド銀行**は、戦費の調達のために商人たちによって設立されました。イングランド銀行は、政府に戦争資金を貸し付ける代わりに、紙幣の発行権を獲得した要領のよい民間銀行だったのです。

イングランド銀行は、一六九四年、カリブ海の海賊あがりとも言われるスコットランド人の貿易商パターソンの提案を政府が受け入れて、政府に戦費の貸し付けを行う銀行として創設されます。

イングランド銀行は国債を引き受ける代わりに、資本金の枠内で金貨や銀貨と交換できる持参人払いの捺印手形（実際には銀行券）を発行する権限を得ました。つまり紙幣の発行権を獲得したのです。一六九七年になると、イングランド銀行は紙幣の独占的な発行権を獲得します。

紙幣の独占的発行を許される銀行は、**中央銀行**と呼ばれます。

ちなみに中央銀行は、フランスでは一八〇〇年に設立され、日本では一八八二年に、新

世界経済の22転換点

17世紀末

英ポンド紙幣は民間銀行発行の「手形」

一六九四年、政府への戦費の貸し付けの代償に、民間の「イングランド銀行」が紙幣ポンドの発行権を獲得しました。それ以降、次第に紙幣が銀貨に代わっていきます。

興国のアメリカではＦＲＢ（連邦準備制度理事会）として一九一三年に設立されました（291ページ）。

イングランド銀行は第二次世界大戦後の一九四六年に国有化され、公的な性格を強めますが、それまでは純然たる民間銀行としてポンドの発行を一手に引き受けていたのです。

資本主義経済は貨幣の回転により動きますから、「貨幣そのもの」を「商品」として管理する商人たちは、社会の根幹を支配することになりました。

紙幣の発行を政府から譲り受けたロンドン商人が貨幣システムを通じてイギリス経済を支配し、さらにイギリスが世界の四分の一の人口を支配する大帝国に成長すると、世界経済を牛耳《ぎゅうじ》ったのです。

そうしたイギリスのポンドによる国際通貨システムを引き継いだのが現在のアメリカで、ドルも金融商人の支配下にあります。

経済を読むPOINT

銀行券は、持参人払いの「金匠手形」の発展型だが、広く見るとイスラーム世界で創造された「手形」の変形とみなし得る。当時の政府は、紙幣に対する理解に欠け、商人にしてやられたのである。

第5章

金融の時代の到来とロスチャイルド一族の台頭

1 アメリカ独立戦争と大陸紙幣

The 51 points to understand the world economy

一九世紀に起きた「環大西洋革命」とは

大西洋周辺では、一五世紀に始まる大航海時代以後、スペイン、ポルトガルが中央・南アメリカに植民地を拡大しました。

北アメリカは一七六三年、百年以上続いたイギリスとフランスの植民地戦争（178ページ図）に勝利したイギリスが植民地にしますが、その過程でイギリスには莫大な赤字国債が積み上がっていました。

戦後、イギリス政府がこの赤字国債を、一三植民地（アメリカ東海岸）への課税でまかなおうとすると、植民地の人々が猛烈に反対して**「アメリカ独立戦争」**（一七七五〜八三）が起こります。彼らは、覇権国イギリスの足を引っ張ろうとするフランス、オランダ、スペインなどの支援を受けて独立を達成しました。

イギリスから独立したアメリカには王がいませんでしたから、**国民を主権者とし、議会と大統領が統治する世界初の国家（国民国家）**が成立しました。

アメリカが独立を達成した六年後の一七八九年に、アメリカ独立戦争を軍事支援したことによる財政悪化が原因で「フランス革命」が起こり、その後ナポレオンのスペイン占領で植民地支配が弱まり、一八一〇年代から二〇年代にかけてラテン・アメリカ（メキシコ、中央アメリカ・南アメリカ周辺）諸国が独立。環大西洋地域は、ガラリと姿を変えました。

それまでの、**ヨーロッパの強国が「新大陸」を植民地として支配していた植民地支配の体制が崩れ、独立した国民国家（近代国家）が集まる「国民国家体制」に移行**したのです。

経済を読むPOINT

現在の国民国家、移民国家の原型はアメリカにある。ヨーロッパの植民地支配の体制も国民国家体制も、ともに大西洋世界から始まったのである。

近代国家と近代経済の誕生

国民国家（近代国家）は、資本主義経済の受け皿となる新しい政治制度になりました。

二〇世紀後半には、アメリカ主導のワン・ワールド構想により国民国家体制が世界化して

■イギリスvsフランスの植民地百年戦争

（年）	北アメリカ	ヨーロッパ	（インド）
1680			
1690	1689〜97 ウィリアム王戦争	1688〜97 ファルツ継承戦争	
1700	1702〜13 アン女王戦争	1701〜13 スペイン継承戦争	
1710			
1720			
1730			
1740	1744…48 ジョージ王戦争	1740〜48 オーストリア継承戦争	
1750	1755〜63 フレンチ＝インディアン戦争	1756〜63 七年戦争	（1757　プラッシーの戦い）
1760			
1770	（イギリスの優位が確立）		
1780	1775〜83 アメリカ独立戦争		
1790		1789 フランス革命勃発 1793 第１回対仏大同盟	
1800		1799 第２回対仏大同盟 1805 第３回対仏大同盟	

いきます。

一八世紀末から一九世紀の初めにかけて、大西洋周辺で起こった一連の政治変動を環大西洋革命とみなすと、国際政治の流れがはっきりします。

一七八三年にイギリス国王による支配を退けたアメリカ独立戦争と、ブルボン朝を倒したフランス革命の勃発（一七八九）はひと続きの動きであり、その背景には、北アメリカ、インドを巡る英仏百年戦争（一六八九～一八一五、ナポレオン戦争終結まで）という長期にわたる植民地戦争と、それに伴う深刻な財政危機がありました。

簡単に言うと、国王をオーナーとする主権国家に代わり、多様なヴァリエーションで議会を中心とする**「国民国家」**が形成されたのです。

そうした近代国家は、①通貨の管理と徴税、②法と司法による社会秩序の確立、③道路、港湾、教育などの整備、④他国との紛争の解決、等々で、資本主義経済の土台を固める役割を果たしました。

国民国家を基盤とする経済が、**「国民経済」**です。

経済学者アダム・スミスに代表される古典派経済学は、**自由競争**こそが最低限の費用で生産を最大化するとして、国家が自由市場を守ることの大切さを指摘しました。

絶対主義時代の、国王が自己の財産を増やすために経済を統制する重商主義政策は否定されることになります。

経済を読むPOINT

一九世紀から二〇世紀にかけて「国民国家」のシステムが段階的に地球規模に広がったが、第二次世界大戦後、アメリカがアメリカ合衆国をモデルとするワン・ワールドへの移行を主導し、南極大陸を除く陸地が一九六の国家の領土として国境により分割される時代になる。

紅茶が発端になったアメリカ独立戦争

「七年戦争」（一七五六〜六三）の一環として北アメリカで戦われた「フレンチ＝インディアン戦争」（一七五五〜六三）で、イギリスはフランスを破って覇権を確立し、スペインと肩を並べる植民帝国の地位を得ました。

その代償が、一億三〇〇〇万ポンドに及ぶ巨額の赤字国債の累積でした。

それに、北アメリカに駐屯する一万人の軍隊の駐留費用の負担も加わります。イギリスは、一三植民地での本国並みの課税（印紙税）による国債の償還を考えますが、植民地の住民は**「代表なくして課税なし」**（イギリス本国に代表者を出していないのだから課税されるのはおかしい）のスローガンの下に猛反発します。

そうした中で、イギリス東インド会社の放漫経営が新たな紛争の種になりました。過剰

世界経済の23転換点

18世紀末〜

国民国家の成立と国民経済の誕生

アメリカ独立戦争、フランス革命以後にヨーロッパとアメリカ大陸に「国民国家」が広がり、国家を単位とする「国民経済」が互いに連結する世界経済の仕組みができあがっていきます。

に買い付けた古い紅茶を、無税で植民地で売りさばこうとしたのです。

一七七三年、イギリス本国がイギリス東インド会社に植民地での紅茶の独占的販売権を与える「茶条令」を出すと、ヨーロッパからの紅茶の密輸で潤っていたボストン商人が反発。「自由の息子たち」という急進派の若者がボストン港に入港した東インド会社船の積み荷の紅茶を海中に投棄する**「ボストン茶会事件」**が起こりました。

紛争が広がる中で、紅茶は本国が植民地に持ち込んだイギリス的生活様式のシンボルとみなされ、紅茶を生活から排除する動きが広まりました。

それに対して、本国政府は報復措置としてボストン港を閉鎖し、軍政を敷きます。一七七五年、レキシントンでの植民地の民兵と本国軍の武力衝突がきっかけになり、一七七六年に一三植民地の代表からなる大陸会議で「独立宣言」が採択されて独立戦争が始まりました。

経済を読むPOINT

紅茶問題の本質は、本国（イギリス）の「有益なる怠慢」政策の下で、ヨーロッパから税金のかからない紅茶を密輸していたボストン商人の利権が、イギリス東インド会社の進出により脅かされたことにあった。

世界経済の24転換点

1776年

資本主義経済の教科書の誕生

「独立宣言」が出された一七七六年に、スコットランドの経済学者アダム・スミスが『諸国民の富』（『国富論』、An Inquiry into the Nature and Causes of the Wealth of Nations）を発刊。初めて資本主義社会を体系的に分析し、経済は「神の見えざる手」により調整されるとして、重商主義に代わる「自由放任」を説きました。

アメリカの独立戦争は、母国の生活様式から植民地が自立する戦いでもありました。

イギリス商品と生活様式を拒絶する植民地の人々はイギリス的生活の象徴として紅茶を拒絶し、紅茶モドキの浅煎《い》りの薄いコーヒー（アメリカン・コーヒー）を飲むようになります。アメリカでの大量のコーヒー消費が、ブラジルのコーヒー産業を発達させることになりました。

スターバックスが成功した理由

ヨーロッパではエスプレッソに代表されるように、コーヒーは焙煎《ばいせん》が命の「香りの飲み物」でした。しかし、にわかに考案されたアメリカの紅茶モドキには、そうした発想がありませんでした。

それに目をつけて、アメリカでコーヒー本来の「香りの文化」を普及させようとしたのが、一九七一年にシアトルで創業された「スターバックス」です。

独立戦争がにわか仕立てで作り上げたアメリカン・コーヒーを駆逐したスターバックスが大繁盛したのは、当然の成り行きと言えます。

ちなみに、同社の社名はメルヴィルの小説『白鯨』に登場する、あくまで冷静な一等航海士スターバックの名に由来すると言いますから、頭をクリアにするコーヒーのイメージ作りに有名なキャラクターが利用されたのです。

蛇足ながら、世界史はビジネスを考える際に大いなるヒントが得られる知識の宝庫です。第二、第三のスターバックスは日本からも出現する可能性も大いにあるのです。

経済を読むPOINT

アメリカの嗜好品市場は高収益を生んだ。スリランカの紅茶を産地直送でアメリカに送り利益を上げたのが「リプトン」。本場のコーヒーの導入による生活革命で利益を上げ、さらにユダヤ人の知恵を生かして世界化し、新たなビジネス・モデルを作りつつあるのが「スターバックス」である。

「価値のないもの」と言われた大陸紙幣

戦争には巨額の費用がかかります。独立戦争の際に植民地軍は、戦費の調達に大変に苦労しました。そこで大陸会議は、金・銀と兌換《だかん》できる**「大陸紙幣」**（continental）を発行し、物資の調達に当たりました。

しかし、戦費調達のためにあまりにも大量の紙幣を印刷し、金の裏付けがほとんどなかったことから、わずか四年間で大陸紙幣の価値は一〇〇分の一以下に下落しました。人は、道義や理屈だけでは財産を動かしません。植民地では、紙幣の価値が急激に下落するハイパーインフレが起こり、スーツ一着が一〇〇万ドルというような状態になってしまいました。

大陸紙幣は、「価値がないもの」の代名詞にまで成り下がってしまいました（not worth a continental＝何の価値もない）。独立後の一七九二年、合衆国造幣局が設立され、通貨の「ドル」が発行されることになります。

アメリカの人口は、一八一五年の段階ではまだ八四〇万人に過ぎず、しかも完全な農業社会でした。都市はまったくの未発達で、人口二五〇〇人以上の都市に住む人の数は人口の一割にも達しませんでした。

ですから、**アメリカ独立戦争は、市民革命ではなく植民地の農民たちが宗主国イギリスと戦った農民戦争だった**のです。貧しい農民を鼓舞したのが、「ヤンキー・ドゥードル」（日本では「アルプス一万尺」）という戦争歌でした。

日本では山登りの歌になっている「アルプス一万尺」の歌に励まされて、植民地の独立が獲得されたのです。

経済を読むPOINT

大陸紙幣は独立への情熱により担保されることを期待したが、経済の世界では「情熱」は通用しなかった。

2
フランス革命とヨーロッパ初のハイパーインフレ

The 51 points to understand the world economy

課税問題がフランス革命の発端

アメリカの独立が達成された六年後の一七八九年に、七年戦争の負担、アメリカ独立戦争への軍事支援（イギリスに対抗するため）による財政難、連続する凶作で行き詰まったフランスで、**「フランス革命」**が勃発しました。

混乱は、免税特権を持っていた貴族への課税問題のこじれから始まります。

貴族は、課税を受け入れる条件として、閉鎖されていた「三部会」（第一身分の聖職者、第二身分の貴族、第三身分の平民で構成される身分制議会）の再開を求め、三部会が招集されると、今度は参政権を認められていなかった第三身分が分離して国民議会を開催。憲法の制定を求めることになったのです。

一七八九年、ルイ一六世が国民議会を弾圧する動きを示すと、それに反発したパリ市民のバスティーユ牢獄の襲撃、パリの軍事制圧により「フランス革命」が始まりました。

国民議会は、自由主義の立場に立つ貴族、ラファイエットが起草した「独立宣言」を下敷きにした「人権宣言」を採択します。

ラファイエットは船を買い取ってアメリカに渡り、独立戦争の義勇兵となった人物で、自室の壁に「独立宣言」を貼るほどのアメリカ好きでした。ラファイエットが、アメリカ独立戦争とフランス革命を「橋渡し」したキー・パーソンです。

フランス革命は、革命に反対する周辺諸国との戦争に拡大しました。マンガ『ベルサイユのバラ』ではドラマティックに語られていますが、実際には経済の破綻により民衆は塗炭の苦しみを味わったのです。

一七九三年、ルイ一六世が処刑されてフランスは議会を中心とする「国民国家」に変わりました。しかし経済は好転せず、ロベスピエールなどの過激派の政治は民衆の支持を得られずに失敗。一七九五年、「総裁政府」が成立することにより、革命は一応のピリオドを打つことになりました。

経済を読むPOINT

フランス革命は、ブルボン朝のデフォルト（破産）から起こる革命である。

フランス革命はハイパーインフレで終わった

フランス革命は、そんなに格好のよい過程をたどったわけではありませんでした。革命の発端になった財政難を、最後まで引きずったのです。

一七八九年、革命政府は財政難に対処するため、国有化した全土の一割を占める教会の土地と教会財産を担保にして、**「アッシニア」**（利子五パーセントの「利子付き債券」）を発行し、新たな財源にしました。

フランスには国債がありませんでしたので、やむを得ない措置だったと言えます。もともとアッシニアは、教会の土地と財産の売却により支払いが約束された「国有財産の引き換え券」でした。

しかし周辺諸国との戦争が激化するとアッシニアの増刷が続き、不換紙幣に変わっていきます。革命政府はアッシニアの発行により資金を調達し、一〇〇万人の民衆の武装に役立てました。

アッシニアの発行量は、動乱が長期化する中で増え続けました。

ロベスピエールが処刑された「テルミドール九日の反動」（一七九四）で過激派の支配が終わり、統制経済が自由経済に変わると、総裁政府がアッシニアを過度に増刷したこともあり、**一七九五年、アッシニアの大暴落が起こり、ヨーロッパ初のハイパーインフレが**起こりました。

アッシニアの価値は額面の一〇〇〇分の三に大暴落し、九六年には、発行が停止されてしまいました。

アッシニアは将来的に回収される約束だったのですが、ナポレオンが回収を拒絶したことにより紙切れになってしまいます。庶民の生活は一挙に破綻しました。多くの難民が生み出されたのです。

アッシニアが発行されなくなったことでフランスでは通貨不足が深刻化し、一時期は外国の「お金」がフランスで使われるというような事態すら起こりました。

アッシニアは革命が先鋭化した時には政治資金の供給源になったのですが、最終的には大衆を不幸に陥れ、経済を大混乱させる結果になったのです。

世界経済の25転換点

1789〜95年

「アッシニア」発行と欧州初のハイパーインフレ

フランス革命時に財政を維持するために発行された「アッシニア」は過剰に発行された結果、革命末期にヨーロッパ初のハイパーインフレを引き起こしてしまいました。

経済を読むPOINT

「ハイパーインフレ」は、物価が短期間に数倍、数十倍になる超インフレ。第一次世界大戦後のドイツ、太平洋戦争後の日本でも起こった。貨幣への信頼が失われ、貨幣価値が限りなく紙の価値に近づくことで民衆の生活が破綻する経済危機の現象である。

3

ロスチャイルドの台頭と金融の時代の始まり

The 51 points to understand the world economy

ナポレオン戦争と金融時代の始まり

ナポレオンは、フランス革命後の一連の対外戦争（ナポレオン戦争、一七九六〜一八一五）に**徴兵制による軍隊**で勝利し、ヨーロッパ大陸を制覇しました。

神聖ローマ帝国（現ドイツ、オーストリア）が倒され、ナポレオンがスペインからロシアまでを制覇します。

未曾有の大戦争には莫大な戦費がかかり、どこの国も戦費を国債発行や銀行からの借金で賄います。時代は、**ユダヤ人が大活躍する金融の時代**に移っていきます。貨幣により貨幣を増殖させる金融が市民権を獲得し、国家に戦費を供給する銀行家が、勢いを増したのです。

戦費の捻出に苦しんだナポレオンは、一八〇三年に広大なルイジアナ植民地（北アメリカ）を二束三文でアメリカに売り払いましたが、それは焼け石に水でした。軍事費に苦しみながらナポレオンは一八〇六年に神聖ローマ帝国を消滅させ、王侯と貴族のヨーロッパを解体します。

同年、ナポレオンは**「大陸封鎖令」**を出し、大陸諸国とイギリスとの通商を全面的に禁止し、フランス経済の浮揚を図りました。

保護貿易を掲げてきた農業国フランスが、自由貿易を掲げる「海の帝国」イギリスをヨーロッパ市場から締め出そうとしたのです。

しかし、農業国のフランスは通商国のイギリスに代わることはできず、大陸封鎖令はあえなく失敗しました。

スペインの反乱、ロシアの離反が起こり、**モスクワ遠征の失敗**で、ナポレオンは没落。ナポレオンの軍事力は、イギリスの経済覇権を崩すことができなかったのです。

それに対して**ナポレオン時代にヨーロッパ最大の金融業者にのし上がったのが、ユダヤ人のロスチャイルド一族**でした。彼らは正確な情報により資金を運用し、一挙に資産を増殖させて、「ヨーロッパの銀行」の座を不動のものにしました。

経済を読むPOINT

ヨーロッパを揺さぶった「ナポレオン戦争」は膨大な戦費を必要とし、その調達を委ねられたユダヤ人が台頭。イギリスの自由貿易の勝利は、ヨーロッパ経済が規模を拡大していくきっかけになった。

ロスチャイルドが築いた金融帝国

ナポレオン戦争の時代に、イギリスをはじめとする反ナポレオン勢力に資金を提供するかたちで、ドイツのユダヤ人金融業者、ロスチャイルド一族が台頭し、ヨーロッパの金融を牛耳るようになります。

最も活躍したのが、二一歳の時にイギリスに移住したロスチャイルド家のネイサンでした。彼は大陸封鎖令が出されるとイギリスの機械製綿布の密輸で大儲けをし、一八一一年に金融業に転じました。

失脚してエルバ島に流されたナポレオンは島から脱出して皇帝に返り咲いた後、「ワーテルローの戦い」（一八一五）でイギリス、プロシア軍に敗北します。しかし、事前にイギリスが不利と報じられていたその戦争でネイサンは次に述べるように大儲けして、後の金融活動の原資を手にしました。

ネイサンは、伝書鳩を使った独自の情報網により「ナポレオン敗北」の情報をいち早く入手していたのですが、株式市場ではわざと人目につくように大量の公債を売却しました。事前の情報ではナポレオンが有利でしたから、それを見た投資家たちは、てっきりイギリスが敗れたからに違いないと判断して、ネイサンの「売り」に追随しました。公債の大暴落が起こります。

中でも値を下げて紙くず同然になったのが、**コンソル債**でした。コンソル債は、元金が戻らない代わりに半永久的に利息が支払われる公債です。そのためイギリスが敗北して利息の支払いが不能になれば、まったく価値を持たなくなってしまうのです。ネイサンは、紙屑同然になったコンソル債に狙いをつけて買いあさり、二千数百倍の利益を得たと言われます。

この話は、**「ネイサンの逆売り」**として有名です。ネイサンはヘッジファンドを先取りするような手法で資金を膨らませたのですが、ロスチャイルド家の五人の兄弟は、ロンドン、パリ、ウィーン、フランクフルト、ナポリにそれぞれ銀行を立てて相互に協力し、ウイーン体制（ナポレオン戦争後のヨーロッパ国際秩序）の銀行の地位を獲得しました。

ネイサンの一族は、やがてイングランド銀行の紙幣発行権を握り、ポンドを通じて世界経済を支配するようになっていきます。

経済を読むPOINT

ロスチャイルド一族に成功をもたらしたのは、紛争、戦争などの「情報」を儲けに置き換えたことである。時代は金融の時代に入り、政治、経済の諸情勢を先取りすることで、貨幣が増殖される時代に入ったのである。

4 金本位制にもどるイギリスでポンド大量発行

The 51 points to understand the world economy

金貨が支えたポンド紙幣

ナポレオン戦争の最中、イギリス政府はイングランド銀行から金が流出するのを防ぐために、紙幣と金の交換を停止しました。当然、イングランド銀行券の価値が下落して、インフレが進みます。

そこでナポレオン戦争後の一八一六年、イギリス政府は「貨幣法」で、金本位制を復活。八グラムの一ポンド金貨（ソブリン金貨）を鋳造し、ポンド紙幣と金の交換比率を、金一オンスが三ポンド一七シリング一〇ペンス半と定めました。

その後、金とポンド紙幣（イングランド銀行券）の兌換が再開され、一八二一年には金本位制が確立されることになります。

その結果、金で価値を担保されたポンドが大量に発行される時代に入っていきます。

経済を読むPOINT

イギリスの金本位制の基礎を築いたのは、一七世紀末にイギリスの王立造幣局長官になった物理学者ニュートンであり、大陸での銀価の高騰が理由だった。新たに高価な金が基準になったことで、金との引換証としての紙幣の普及が促されることになった。

保護貿易を経て自由貿易に

自由貿易は、経済的強者が勝利する貿易の枠組みで、常に経済強国が旗振り役になって推進されました。

ナポレオン戦争が終わると大陸封鎖令（193ページ）が解かれ、安価な穀物が大量にイギリスに流入するようになるのを恐れた地主層が議会に働きかけ、穀物価格が一定の水準を下回った時には穀物の輸入を制限するという**「穀物法」**が、一八一五年に制定されました。

地主の利益を守るための保護貿易の法律です。

それに対して、投資家として大成功していたユダヤ人の経済学者リカードは「すべての国は自由貿易から利益を得ることができる」として穀物法に反対し、コブデンやブライトなどの「反穀物法同盟」が反対運動を展開しました。

しかし地主の抵抗が激しく、なかなか決着がつきませんでした。

結局、アイルランドでジャガイモが疫病の流行で全滅した際に、穀物法により安価な穀物の輸入が抑えられていたために人口の一〇パーセントのアイルランド人が餓死するという悲惨な事件が起こってしまい、一八四六年に穀物法は廃止されました。イギリスは自由貿易に転換していきます。

経済を読むPOINT

ナポレオン戦争中に食料増産をめざしてイギリス農業の構造改革、経営規模の拡大がなされていたため、穀物法が廃止されてもイギリスの農業にはほとんど影響が出なかった。穀物法を巡る対立の現代版が、ＴＰＰ論争である。

世界経済の26転換点

1821年

金本位制の確立とポンド紙幣の普及

イギリスで、ナポレオン戦争により停止されていたイングランド銀行発行のポンド紙幣と金の兌換が回復し、「金本位制」が復活。金に価値を裏付けされたポンド紙幣は、イギリスの覇権確立とともに世界通貨になっていきます。

5

経済の自立が達成できなかったラテン・アメリカ

The 51 points to understand the world economy

白人支配が持続したラテン・アメリカ

アメリカの独立戦争、フランス革命、ナポレオンによるスペイン支配の影響もあり、一八一〇年代から二〇年代にかけて、ラテン・アメリカではスペイン移民の子孫のクリオーリョ（現地生まれのスペイン人）が指導する独立戦争が展開され、一八の国民国家が成立します。

これらの国々では、スペイン植民地時代の銀貨（メキシコ・ドル）がそのまま使用され続けました。また、独立後にイギリスがスペインに代わってラテン・アメリカとの貿易を支配し、安価な工業製品を大量に流入させたこともあって、農業社会がそのまま維持されました。

議会は組織されることは組織されたのですが、私兵を持つ富裕な地主層（カウディーリヨ）が国家の私物化を狙ってクーデターをくり返し、国民主権とはほど遠い状態にありました。

一八二〇年代、イギリスではラテン・アメリカ諸国に対する**投資ブーム**が起こり、一八二八年までに、ブラジルを除く国々がイギリスに対して膨大な債務を負い、債務の返済不能に陥ります。**現在の新興国の債務危機の起源は、一八二〇年代のラテン・アメリカ諸国にあった**のです。

経済を読むPOINT

スペインから独立を達成したラテン・アメリカの経済は惰弱であり、ウィーン体制（ナポレオン戦争後のヨーロッパ国際秩序）の時期に、イギリスの経済支配が進んだ。南半球は八割が海だが、ラテン・アメリカ経済の支配とオーストラリア、南アフリカの植民地化により、イギリス一国が南半球の経済を制することになった。

第6章

二つの産業革命によるヨーロッパ経済の成長

1

大西洋市場と連動したイギリスの産業革命

The 51 points to understand the world economy

実際には地味だった「産業革命」

世界経済の大変動のきっかけになったのが、「産業革命」により蒸気機関と機械を使い、工場で工業製品を大量に生産する仕組み（工場制機械工業）が出現したことです。

それにより、都市が生産の場に変わって経済の大規模化が進み、多種かつ大量の工業製品が生み出されていきます。

産業革命は、一七六〇年代に起こった木綿工業の紡糸工程から始まりますが、その後に各種の技術革新（イノベーション）が積み重ねられたことで、産業資本主義の時代がもたらされました。

本書では、

①**綿工業におけるささやかな産業革命**がなされた時代、

②**鉄道の大建設**の時代、
③**第二次産業革命**の時代、
の三期に分け、一九世紀の産業革命を考えていきます。

イギリスの大西洋三角貿易（156ページ）を支配していたのはジェントリーや商人で、綿工業を起こした庶民の起業家とは比べものにならない規模の資金を動かし、莫大な儲けを上げていました。産業革命は、大儲けをする商業資本の地味な下請け業者から始まったのです。

現在のイギリスでは、一八世紀後半から一九世紀初頭のイギリスでは劇的な経済成長が起こらなかったとする「産業革命不在論」が有力です。

当時のイギリス経済をリードしたのは、地主で有閑階級のジェントリーでした。それが、商業、金融を重視するイギリスには産業精神が育たなかった、とする「ジェントルマン資本主義」の見解が根強い理由になります。

経済を読むPOINT

一八世紀後半のイギリスの戦略商品になった綿布（キャラコ）は、もともとはイギリス東インド会社がインドからイギリスに持ち込んだ高級織維だった。一七〇〇年、一七二〇年と、イギリス議会は「キャラコ禁止法」を出し、インド産綿布の輸入を禁じて、伝統産業の毛織物を守った。そこで綿布の生産業者は、国外に活路を求めることになる。カリブ海域のプランテーションで栽培された安い綿花を輸入して、国内で加工する綿工業が起こり、安価なイギリス綿布は大西洋市場の新しい花形商品に変わっていったのである。

素人が担った「機械」の発明

議会によるインド産綿布の輸入禁止（キャラコ禁止法）は、イギリス国内での輸出用の綿工業を育てました。西インド諸島で栽培させた綿花を原料とする綿布の生産が、奴隷貿易港リヴァプールの後背地、ランカシア地方（中心都市はマンチェスター）に広がります。

一七六〇年代、一七三三年にジョン・ケイにより発明されていた毛織物工業の道具、飛び梭《ひ》（フライング・シャトル）が織布部門で利用されるようになると、織布能力が倍になりました。

すると、綿糸の供給が追いつかなくなってしまい、深刻な綿糸不足（糸飢饉）が起こりました。手仕事による紡糸工程と効率が高まった織布工程の間のギャップが広がったので

世界経済の27転換点

1760年代〜

産業革命と鉄道建設で資本主義が本格化した

一七六〇年代、大西洋貿易と連動する綿工業の紡糸工程から産業革命が始まり、資本主義経済が本格化していきます。

す。困った業者は新しい紡績技術に懸賞金をかけました。

そうした中で、織布工・大工のハーグリーブス、理髪師、かつら製造業者のアークライト、織布工クロンプトンなどのいわば素人たちが、次々に紡績機械の改良・発明を行っていきます。

機械は、綿糸の生産を小さな仕事場から分業と協業により組織される大規模工場へと転換させました。

と言っても、一九世紀後半の工場と比較するとあまりにも小規模で、ジェントリーが金融、保険、農場への投資により得る莫大な利益とはとても比較になりませんでした。しかし、長いスパンで見ると、産業革命は世界経済そのものの姿を大きく変えていったのです。

経済を読むPOINT

イギリスは地主と商人の国でありジェントリーなどの支配層の主たる関心は、商業、金融にあった。彼らは事業のシステム化は得意だが、モノづくりには価値を置いていなかったのである。

技術革新とコンドラチェフの波

産業革命期の経済成長率は、高い時で二パーセント、平均すると一・三パーセントに過

■コンドラチェフの波

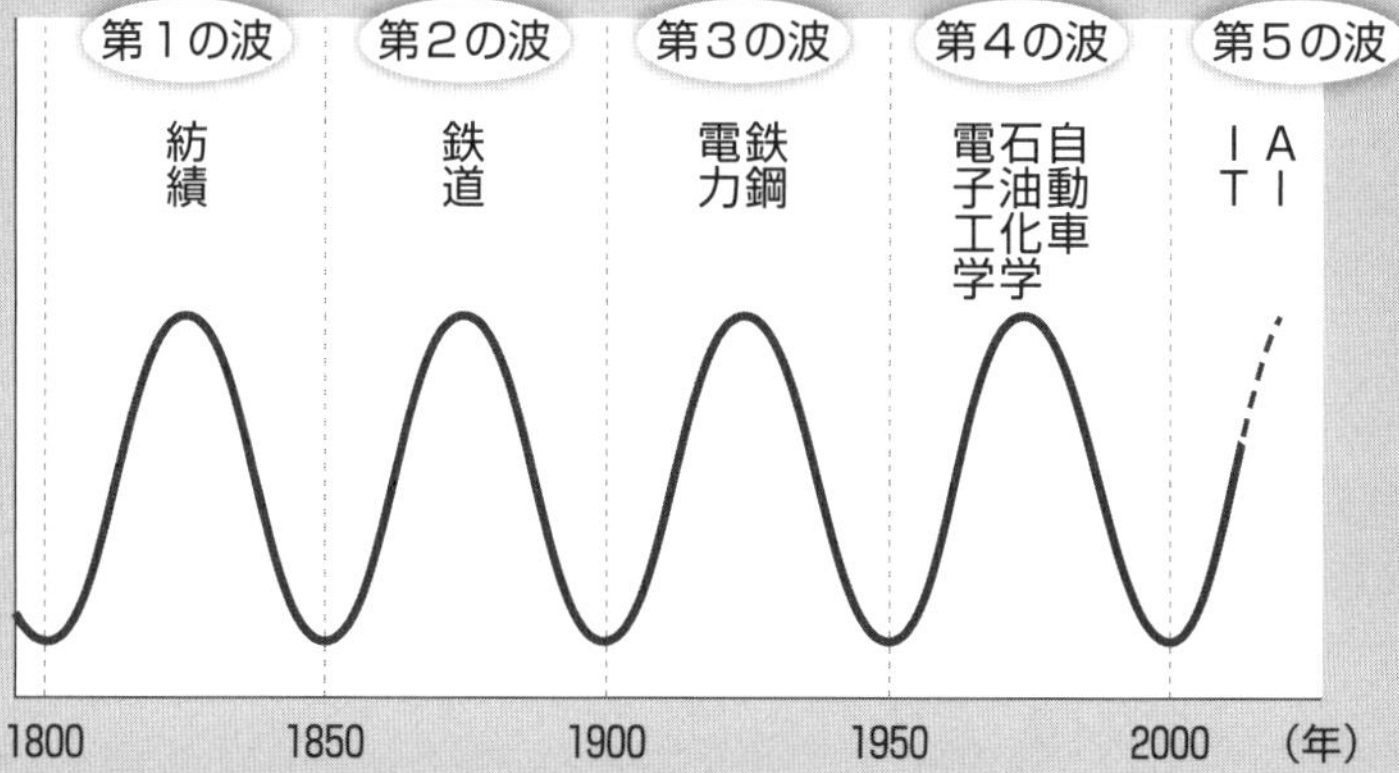

●**コンドラチェフの波（長期波動）**

50年周期の循環。ロシアの経済学者コンドラチェフが主張。その要因は技術革新。

その他の景気循環

●**ジュグラーの波（中期波動）**

約10年周期の循環。フランスの経済学者ジュグラーが主張。企業の設備投資に起因すると見られる。

●**クズネッツの波（長中期波動）**

15年から20年周期の循環。アメリカの経済学者クズネッツが主張。住宅や商工業施設の建て替え需要によると見られる。

ぎませんでした。

産業革命は、一〇〇年以上の歳月をかけて、農業に代わって工業が経済の中心に位置するようになり、技術革新（イノベーション）による、①生産性の向上、②生産量の増加、③生産分野の拡大などが積み重ねられた過程と考えられます。

初期の産業革命を出発点にして、約五〇年周期で技術変化の波が訪れたという説を展開したのが、ロシアの経済学者のコンドラチェフです。そのため、**約五〇年ごとの変化を長期波動（コンドラチェフ波）**と呼ぶことがあります。

区分の仕方には多少の違いがありますが、世界史の視点で工業の変化を考える際には、こうした大きなくくり方が必要になります。

長期波動は一般的に、①第一の波（一七八〇〜一八四〇、**産業革命**）、②第二の波（一八四〇〜一八九〇、**蒸気機関と鉄道**）、③第三の波（一八九〇〜一九四〇、**電力と鉄鋼**）、④第四の波（一九四〇〜九〇、**大量生産、自動車**）、⑤第五の波（一九九〇〜、**情報通信**）と整理されます。

経済を読むPOINT

本書では、一九世紀の工業の成長を、①産業革命、②大鉄道時代、③第二次産業革命に区分し、二〇世紀の工業の成長を④大量生産方式の出現、⑤情報革命と第三次産業革命、に分類している。

2 蒸気機関の出現と大鉄道時代の幕開け

The 51 points to understand the world economy

炭鉱排水から始まる蒸気機関

一七世紀、イギリスでは森林資源の枯渇が深刻になり、それまで使われていた薪《まき》に代わり石炭が燃料として使われるようになりました。イギリスは北海道東部（道東）と似た寒冷な気候で、植物が腐らずに泥炭や石炭に変わったため、石炭資源が豊富だったのです。

しかし、炭鉱の縦坑がどんどん深くなると、坑道に大量に浸み出す地下水の汲み出しが大問題になりました。人力や畜力では、とても対応しきれなかったのです。

そうした中で、イギリスの技師ニューコメンが、一七一二年に地下水汲み出し用の蒸気機関（大気圧機関）を発明します。

上下にしか動かない大がかりなニューコメンの蒸気機関は非能率的で動きが鈍く、一台の蒸気機関を動かすのに毎日五〇頭の馬が石炭を運ばなければなりませんでした。それでも排水は必要であり、一七六七年の炭鉱地帯ニューカッスルでは、五七台もの蒸気機関が稼働していたとされます。

貧しいために職人のギルドに入れず、スコットランドのグラスゴー大学で模型の修理、補修に当たっていた機械職人のワットは、大学にあった故障したニューコメンの蒸気機関の模型を修理する際にその改良を思いつき、蒸気機関の効率と汎用性を高めました。

一七六五年、ワットはニューコメンの蒸気機関のシリンダーと冷却器（コンデンサー）を分離し、熱効率を七倍に高めます。

シリンダーを交互に熱したり冷やしたりすることで失われていた熱の大部分が、冷却器を付けることで活かされるようになったからです。

ワットは、一七七五年に中部地方の産業界の有力者マシュー・ボールトンと提携し、蒸気機関の商品化を進めました。

彼は、ピストンの両側に蒸気を送る復動式蒸気機関を開発して上下運動を円滑にし、一

世界経済の28転換点

1781年〜

蒸気機関による化石エネルギー時代へ

一七八一年にワットが機械の動力となるように蒸気機関を改良し、「蒸気機関の時代」「化石エネルギー」の時代が始まります。

七八一年には、**遊星歯車を使ってピストンの往復運動を軸の回転運動に変える**という画期的な改良を実現させました。

機械を回転させる動力源とすることで、蒸気機関があらゆる機械と結びつくようになったのです。

ワットは蒸気機関をレンタルで貸し出しますが、その料金設定に際して、三三〇〇〇ポンド（一・六五トン）の重量を三〇センチ持ち上げる動力を一馬力とし、一馬力を単位として使用料を定めました。ワットは、なかなかのアイディアマンだったのです。

経済を読むPOINT

冷涼で森林資源に乏しかったイギリスでは燃料を石炭に依存せざるを得ず、炭鉱で排水用の蒸気機関が普及した。しかしその石炭が大西洋海域とヨーロッパの経済成長と結びつき、工場、鉄道、蒸気船のエネルギーとして活用されたことで、イギリス経済は一気に飛躍した。

産業社会を本格化させた鉄道建設

機械による綿布の生産は、繊維産業内でのできごとに過ぎませんでしたが、小型化した蒸気機関を台車に据えつけた機関車が牽引する新交通機関、**「鉄道」の普及は資本主義経済を成熟させ、世界規模に広げる役割を果たしました。**

鉄道建設は莫大な投資を必要とし、裾野の広い産業ですから、地球規模の鉄道網が形成されることで大規模な経済成長が引き起こされました。また、高速で安定した交通機関の鉄道は、世界の結びつき方を根本的に変化させたのです。

ヨーロッパを中心にして鉄道網が形成されたことで、世界の富がヨーロッパに集中する体制ができあがり、資本主義経済が地球化しました。鉄道建設は、地球規模の大改造の起爆剤になり、**「パックス・ブリタニカ」**というイギリスの経済覇権をもたらしたのです。

経済を読むPOINT

鉄道建設は裾野が広く、レール、機関車、貨車、客車の生産、駅舎、橋、トンネルなどの建設が必要だった。イギリスは、鉄道建設のための資材と技術の輸出で大成長をとげ「世界の工場」の地位を不動のものにした。

「鉄道狂時代」となった一九世紀前半

一八二五年、ストックトンとダーリントンの間の四〇キロを、スティーブンソンが作った蒸気機関車が、三五輌の客車、貨車を牽引して時速約一八キロのスピードで走破することに成功しました。内陸部にあるダラムの炭田から海岸地帯に石炭を運ぶための鉄道でした。

一八三〇年になると、ビートルズの出身地のリヴァプールとマンチェスターの間の四五キロを、時速四〇キロのスピードでつなぐ世界初の実用的鉄道が開通します。

このリヴァプール－マンチェスター鉄道は大評判で、三年の間、一日につき平均一一〇〇人の乗客を運び、貨物輸送も順調で、国庫からの借り入れ金を完済しただけでなく、株主に対して九・五パーセントという配当金を出しました。

当時の有名な女優が汽車に乗った感想を聞かれて、「飛ぶように速い」と述べたと言われます。イギリスは、一八三〇年代から四〇年代にかけて「鉄道狂時代」という鉄道建設ラッシュの時代に入っていきます。

一八五〇年代初頭には、ロンドンを中心とする放射状の鉄道網が完成しました。鉄道の総延長キロ数は、一八四五年から一〇年間で四倍になります。わかりやすく言うと、新幹線の建設による日本の高度経済成長と同じような経済現象が起こったのです。

そうした鉄道建設ブームはやがてヨーロッパ大陸に波及。ドイツの鉄道建設は一八四〇年代から六〇年代に急伸しました。鉄道会社の大規模投資が、急速な経済成長を牽引します。

鉄道は、イギリス国内市場の統一、近代国家の形成に大きな役割を果たしましたが、何よりも**大陸諸国における産業革命の起爆剤になった**ことが重要です。

世界経済の29転換点

1830～60年代

鉄道がヨーロッパをパワフルにした

鉄道建設は世界の工業化の原動力となり、ヨーロッパを中心とする地球規模の鉄道網の建設がヨーロッパ諸国の世界支配の土台となりました。

経済を読むPOINT

世界各地域の一八六〇年と九〇年の鉄道敷設距離を比較すると、ヨーロッパは五倍、北アメリカは六・五倍、ラテン・アメリカは六六・三倍、アジアは四一・四倍、アフリカは三六倍となり、ヨーロッパの周辺部で急速に鉄道建設が進んだことが明らかになる。

3

商品が氾濫する都市型生活スタイルの誕生

The 51 points to understand the world economy

「デパート」の出現で変化した取引スタイル

工業都市への人口の集中、中間所得層の成長、工業製品の大量生産、そして鉄道の普及が、商品が洪水のように氾濫《はんらん》する新しい時代をもたらしました。

それまでは商売の主役は商人で、商品には定価がつけられていませんでした。買い物は交渉と戦いの場であり、商品の値段は、商人と買い手の駆け引きによりそのつど決められていたのです。

ところが一九世紀中頃になると、**デパートという大規模な販売施設が出現**することになります。

資本主義経済の成長で商品の種類が一挙に拡大したために、交渉によっていちいち値段を決めるのが困難になったからです。

そこで、商品を買い手に見てもらい、あらかじめ定価をはっきりわかるような形で示す合理的な「デパート」が、一九世紀中頃にイギリスやフランスで出現します。

現在は、インターネット、TVショッピング、カタログ販売などの多様な販売法がありますが、当時はデパートしかありませんでした。デパートは簡単に言うと、衣料品や家庭用品を中心に、それぞれの部門ごとに商品を管理、販売する大規模な小売店舗で、別の言い方をすれば、社会で使われている「商品の百科事典」でした。

品揃えの豊富さ、価格の安さ、店に入っても購入が義務づけられないこと、などがデパートの評判を高めました。定価制度、返品制度の導入により、商品を体系的に陳列、販売する場として、デパートは成長をとげていくことになります。

もともと商品には定価がなく、売買というのは駆け引きであり、ある意味だまし合い、戦いでした。デパートがそうした取引のスタイルを変えたのです。

デパートが登場するきっかけになったのが、ロンドンで開催された第一回の万国博覧会でした。

一八五一年にロンドンのハイド・パークに水晶宮（クリスタル・パレス）という総ガラス張りの巨大な会場をしつらえて開催。第一回万国博覧会は、イギリス産業の繁栄を世界に示す展示の場になりました。

一万三〇〇〇点の世界各地からの展示品を集めた、会期一四一日の第一回万国博覧会には、延べ六〇〇万人がイギリス、ヨーロッパ各地から集まり、ロンドンの人口の二倍に達しました。

経済を読むPOINT

何でも揃うデパートの出現は、一九世紀後半の流通革命だった。自動車社会に移行した一九二〇年代のアメリカでチェーン・ストア（スーパーの原型）が広がり、ＴＶ、インターネットが利用される中で、現在は商品購入の多様化が進んでいる。

4

現代生活のルーツとなる第二次産業革命

The 51 points
to understand the world
economy

工業化される社会

現代人の生活に直結しているのは、一八七〇年代以降の**「第二次産業革命」**です。人類社会はこの時期に生活の枠組みを大きく変えて、現在に至ります。

ですからこの時期以後の経済は、現代人にも理解しやすくなります。

明治維新が第二次産業革命が始まる直前になされたことは、ヨーロッパとの開きを最小限にとどめることを可能にした、日本にとってはとてもラッキーな出来事でした。差が大きく開いてしまってから追いつくのは、とても大変だからです。

技術革新（**イノベーション**）により古い社会は破壊され、そして新しいかたちで次々に再生されていきます。

科学・技術を組織的に産業の各分野で応用する第二次産業革命により、多額の設備投資を必要とする化学・重工業に産業の中心が移りました。

出資者の有限責任による株式会社が急速に普及し、株式市場が成長。イギリスを先頭に、労働者の生活環境も改善されていきます。

現代人の生活は、第二次産業革命の延長線上にあります。

電気モーター、内燃機関、合成染料、化学肥料などの新技術群が登場し、電灯、蓄音機、電話、電信、海底ケーブル、録音機、家庭電化製品、電車、自動車、鉄道網、飛行機、大型蒸気船、冷凍船、冷凍貨車、高層建築、映画、ラジオ、カラー写真、窒素肥料、プラスチック、ダイナマイト、アスピリン、薬剤などなど、新たに登場する製品は枚挙にいとまがありません。

経済を読むPOINT

一九世紀末に、膨大な数の工業製品が「生活革命」とも言うべき総合的な変化を引き起こした。現在は、コンピューターとインターネットによる「第三次産業革命」、ＩｏＴの「第四次産業革命」というように、生活革命が急ピッチで進行中である。

世界経済の30転換点

1870年代〜

工業の全盛時代を出現させた第二次産業革命

現在、私たちの生活を成り立たせているモノの多くが姿を現したのが「第二次産業革命」であり、経済的には第二次産業革命が「現代」の起点となります。

複雑になる経済活動

お金がかかる重化学工業の出現は、もはや少数の資産家がお金を出し合って企業を起こすパートナーシップの時代が終わったことを意味していました。

まず、東インド会社などの限られた会社にのみ特権として与えられてきた**「有限責任」**が一般化し、「有限会社」が普及します。

有限会社は、投資規模の拡大を可能にすることで、資本主義経済の成長を促しました。同時に**「破産法」**が整備され、事業に失敗しても投獄されるようなことはなくなりました。

企業が大規模化すると、銀行や証券会社が大衆から資金を集め、それを資本として企業に投資する仕組みが普及して、株式会社が成長しました。株式や社債が、いつでも簡単に貨幣と交換できるシステムが整えられるにつれて、「投資」の大衆化が進みました。

他方で、銀行、企業の管理に多くの人材が必要になり、ホワイト・カラーと呼ばれる階層の形成が進みました。この時代、新たに産業の土台になったのが、鋼鉄の生産と石油の精製、さらには電力の供給でした。

一九世紀末に出現した強くて柔らかい**「鋼鉄」**は、何万トンという大型船舶の建造を可能にし、エッフェル塔（231ページ）に象徴される高層建築、大型の武器など多面的に活用され、社会の姿を一変させました。

経済を読むPOINT

イギリスの経済学者アルフレッド・マーシャルは、企業規模の拡大だけが生産効率を高めるのではなく、産業規模の拡大によってももたらされると指摘した。ヨーロッパの工業生産は、一九世紀前半には約二倍、一九世紀後半には四倍から五倍の成長をとげたとされる。

5 「大不況」に伴う欧米経済の変動

The 51 points to understand the world economy

イギリス経済の成長の頭打ち

一八七三年から九六年は、オーストリアのウィーン発の金融危機がヨーロッパからアメリカに波及し、**「大不況」(Great Depression) と呼ばれる長期かつ大規模な景気後退の**

時期になりました。

ヨーロッパでの工業品の過剰生産、安価な農産物が植民地から大量に流入したことによる農民の購買力の低下が、不景気を深刻化させたと言われています。

とくにイギリスでは食品の輸入が激増して、一八九〇年代には全輸入の四五パーセントを占めるようになり、貴族、ジェントリーの没落が進みました。

同時期に、**新技術が実用化される第二次産業革命により、鉄鋼、電機、化学などの新産業分野での急成長が進みました。**

しかし、保護貿易政策をとるドイツなどが新技術を素早く取り入れて工業を成長させたのに対して、**イギリスは工場の老朽化、企業の小規模経営という弱点を克服できず、「世界の工場」から三番手の工業国へと一気に転落**しました。「パックス・ブリタニカ」（215ページ）が衰退期に入ったのです。

経済を読むPOINT

イギリスの経済成長率は、一八六〇年代の三・六パーセントが七〇年代の二・一パーセント、八〇年代の一・六パーセントへと低下したのに対し、新興国のドイツ、アメリカの経済成長率は約五パーセントだった。

世界経済を支配したポンド

大不況期の経済は、一九八〇年代から現在に至る世界経済の変化に、とてもよく似ています。「失われた二〇年」でデジタル化に遅れた日本経済と、イギリスの苦悩が重なります。

イギリスは大不況で「世界の工場」から滑り落ちましたが、資本輸出、植民地支配、外国からの利子・配当、保険収入などが好調で、**「世界の銀行」**、**「世界の金融、サーヴィスのセンター」へと変身**し、危機を脱しました。

一八二三年の**「通貨法」**により、イングランド銀行が発行する紙幣ポンドが、同行の保有する金と銀の地金に一四〇〇万ポンド（後に一六〇〇万ポンド）を上乗せした額に制限されたことから信用を高め、ポンドは世界中で法貨《ほうか》（強制通用力を持つ通貨）の地位を獲得しました。

世界の国々、企業は、ロンドンで起債して資金を調達し、ロンドンの銀行にポンド預金口座（ポンド・バランス）を設けて決済を行うことになります。

イギリスのアメリカ、オーストラリア、カナダ、インド、アルゼンチンなどへの証券投資が急激に増え、一八七五年には一〇億ポンドを超えたのですが、二〇世紀初頭になると三〇億ポンドと三倍に増加しました。

経済を読むPOINT

第一次世界大戦が始まる時期に、イギリスは世界の土地、人口の四分の一を支配し、世界の株式の半分を保有するに至った。イギリス経済は時代とともに、①綿製品、②鉄道、造船、③金融へと乗り換えて、モンゴル帝国をはるかにしのぐ、世界史上最大の帝国になり上がったのである。

激化する植民地獲得競争

この時期に植民地を独占的な市場として支配し、安い植民地の労働力、資源により生産コストを切り下げようとする動きがヨーロッパに広がりました。

その結果、熱病にかかったように、ヨーロッパ列強の間で、植民地獲得の競争、世界分割の動きが強まりました。

そうした列強の膨張主義的な動きが、**「帝国主義」**と呼ばれます。

とくに**イギリスは、先に述べたように世界の土地と人口の四分の一を支配し、世界史上最大の経済帝国として君臨しました。イギリスが現代の世界の原型を作り上げたのです。**

しかし一度出来上がってしまった経済・産業のシステム、工場設備を更新するには、大変な時間と費用がかかります。

遅れて産業化する国は、早いスピードと安いコストで新技術に対応する工場設備を整えることができ、労働力も安いために圧倒的に有利になりました。

世界経済の31転換点

19世紀末

大不況でイギリス工業の地位が低下し、金融帝国化する

「大不況」（一八七三〜九六）を契機に、イギリスの工業がアメリカ、ドイツに抜かれ、イギリスは金融帝国に変身。植民地争奪戦が激化し、イギリスとドイツの覇権争いが始まります。

一九世紀後半に起こったイギリスの没落とよく似た現象が一九八〇年代以降に世界規模で広がり、アメリカの優位が揺らいでいます。工場の中国移転で、かつて繁栄した製鉄、自動車産業が衰退して荒廃が進むラスト・ベルト（さびついた工業地帯）はその象徴です。

経済を読むPOINT

一九世紀末から第一次世界大戦に至る経済変動は現在に通じるものがあり、その教訓は学び直す価値がある。

6 エッフェル塔の登場と牛肉の大衆化

The 51 points to understand the world economy

「鋼鉄の時代」のシンボル

第二次産業革命で、「産業のコメ」になったのが鋼鉄でした。そうした**「鋼鉄の時代」**

のシンボルとしてよく知られているのが、パリの観光名所**「エッフェル塔」**です。

一八八九年、パリで開催された第四回万国博覧会のシンボルとして、すでに高架鉄橋、駅舎、軽便鉄道の建設などで成功を収めていた土木技師エッフェルが設計、建設した高さ三〇〇メートルの鋼鉄塔は、当時世界で最も高かったアメリカのワシントンD.C.の高さ一六九メートルのオベリスクを軽く抜いて、世界一高い建造物となりました。エッフェル塔は、その後約四〇年間、高さで世界一の座を維持し続けます。

エッフェル塔は繊細で優美な鋼鉄の芸術品で、かつての脆《もろ》い鉄の時代にはとても考えられない大建造物でした。

約七三〇〇トンの錬鉄を使い、四本の巨大な支脚が緩やかにカーブを描き、三つの展望台を経て先の尖った塔を形成する姿は、作家のモーパッサンに「パリの名誉を汚す怪物」と揶揄されましたが、六〇〇〇万人もの観客が押し寄せ、パリ万博が「エッフェル塔万博」の異名をとるほどの「目玉」になりました。結局、エッフェル塔は万博終了後も保存され、パリのランドマークになります。

経済を読むPOINT

エッフェルに対しては、万国博覧会の期間中とそれ以後の二〇年間のエッフェル塔の収益を所得にすることが認められた。二〇〇二年にはエッフェル塔の入場者数は二億人を突破している。エッフェル塔は、第二次産業革命のシンボルとして、今も健在である。

グローバル化を進めた大型鋼鉄船

一九世紀のグローバル化は、鉄道、蒸気船、海底ケーブルにより進められました。

一八七〇年代以降、鋼鉄を利用した大型船の建造が進んで蒸気船の価格が安くなり、供給に限界があった木材に比べて船材の調達が格段に容易になりました。一八六八年から七九年の間に、蒸気船による輸送費用が半減し、本格的な蒸気船時代が訪れます。

蒸気船の普及で、ヨーロッパと南北アメリカの結びつきが強まり、新・旧の二つの世界が一体化しました。

一九世紀のヨーロッパの都市化は、ヨーロッパに一億人もの人口の増加をもたらしたのですが、アメリカ大陸が過剰人口のはけ口、そして「食糧庫」になりました。つまり、アメリカ大陸がヨーロッパの膨張の受け皿になったのです。

嗜好品の生産から始まった大西洋のプランテーション（106ページ）では、この時期には ムギや肉などの生活の糧が大量に生産されるようになります。

■1800年代よりヨーロッパから世界中に移住していった

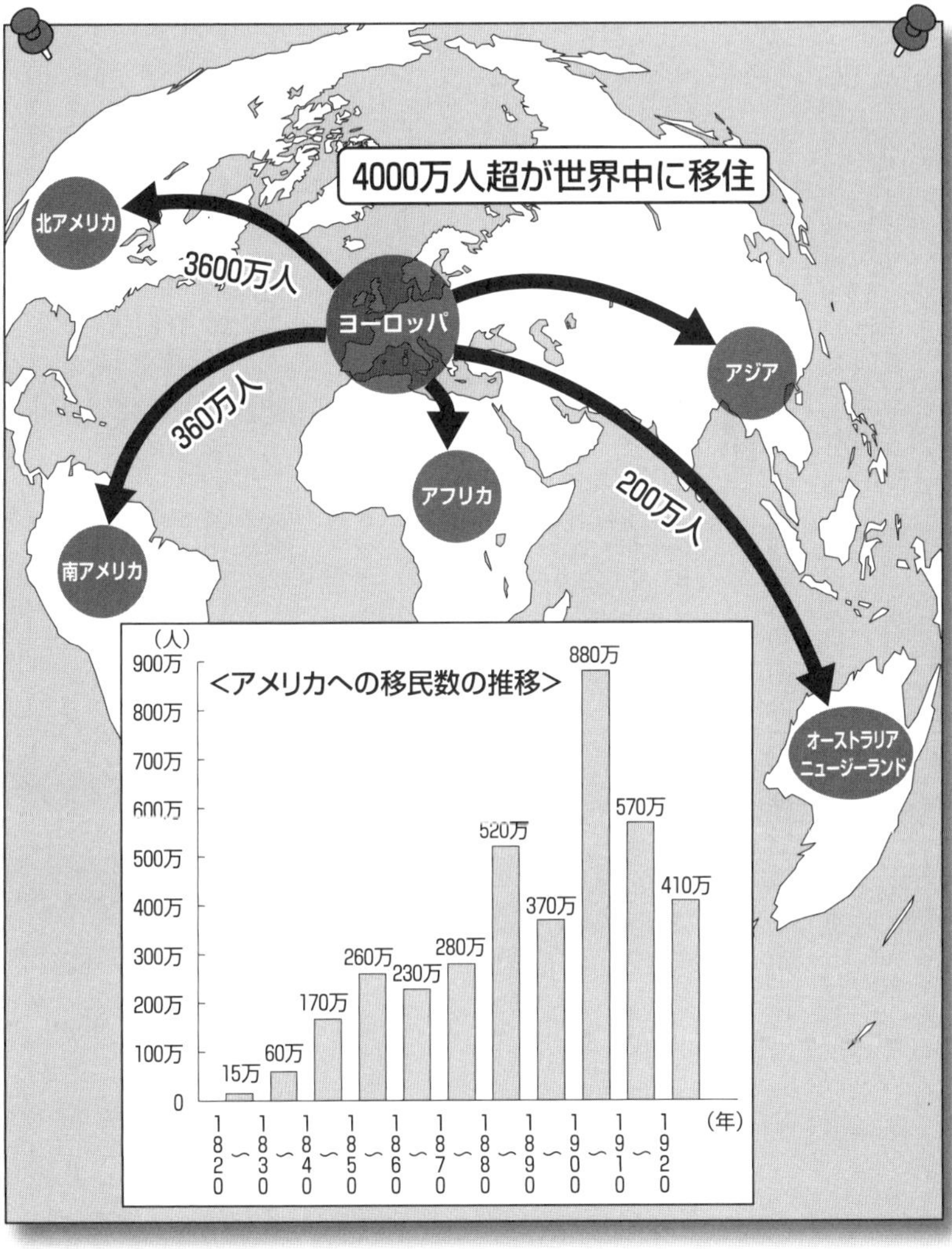

ヨーロッパからの移民が蒸気船で南北アメリカに向かったことで、アメリカ大陸は「第二のヨーロッパ」に変わりました。

海底ケーブルは、広い地域で瞬時の情報伝達を可能にしました。ロイターなど通信社の海底ケーブルによる情報網で、ヨーロッパは的確な情報でアメリカ、アジアに対する圧倒的な優位を確立しました。

ポンドとドルの為替相場を「ケーブル」と呼びますが、それは大西洋に敷設された海底ケーブルでポンドとドルが取引されていた時代に生まれた言葉です。

話は戻りますが、一九世紀はヨーロッパの人口が倍増し、四〇〇〇万人を超える人々が移民船や客船で世界各地に大規模に移住した時代でした。

一八二〇年から一九二〇年の一〇〇年間に、三六〇〇万人がアメリカなどの北アメリカに、三六〇万人以上がアルゼンチンなどの南アメリカへ、二〇〇万人がオーストラリア、ニュージーランドに移住し、アフリカ、アジア各地にも多くのヨーロッパ人が移住しました。今とは逆で、**ヨーロッパからの大規模な移民の流出が進んだ**のです。

一九世紀にプランテーションとして大規模に開発されたのが、狩猟・採集民が生活していた広大な土地でした。南北アメリカ、オーストラリア、アフリカ、東南アジアの広大な地域に一挙にプランテーションが広まっていきます。

それまで豊富に残されていた大自然が、ヨーロッパの工業都市を支える農場、牧場に姿を変えていったのです。

経済を読むPOINT

一九世紀末、鉄道、蒸気船、海底ケーブル、スエズ運河、アメリカの大陸横断鉄道などにより地球の一体化が一挙に進んだ（一九世紀のグローバリゼーション）。

牛肉を庶民の食材に変えたのは？

牛肉は一九世紀後半に大衆化しました。その背景には何があったのでしょうか。

膨大なバッファロー（野牛）の群れとそれを追う狩猟民インディアンの生活の場だったアメリカ中西部の草原地帯は、ヨーロッパからの大量移民の流入でコンバインなどの機械により大量に小麦を生産する大農場と有刺鉄線で囲まれた肉牛の牧場に変わりました。

肉牛はカウボーイに追われて最寄りの鉄道駅まで移動した後、シカゴに送られ、流れ作業で大量に屠殺、精肉されました。

後になると肉牛はシカゴに送られた後、コーンなどの飼料で肉を柔らかくした後で屠殺される方法が採用されるようになります。一八八〇年代になると、**冷凍貨車**が実用化され、シカゴで精肉された牛肉がニューヨーク、ボストンなどの都市に輸送されるようになります。

海上ではフランス人のテリエが、一八七六年、**冷凍船**フリゴリフィク号（冷凍庫の意味）により、アルゼンチンからの冷凍肉の輸送に成功しました。

以後、アルゼンチンの牧場主はイギリス資本と組んで冷凍肉のヨーロッパへの大量輸送に乗り出し、南米のアルゼンチンからブラジル南部に至る「パンパ」という六〇万平方キロに及ぶ大草原の一三〇〇万頭以上の肉牛が、ヨーロッパ市場と直結するようになります。やがて、アメリカ西部の肉牛も、アメリカのみならずヨーロッパに冷凍牛肉として出荷されました。**牛肉時代の到来**です。

かつては貴族しか食べられなかった牛肉が、ヨーロッパの主たる食材になっていったのです。

経済を読むPOINT

「牛肉」は一九世紀後半に、かつてのサトウ、綿花に次ぐ新大陸からヨーロッパ市場に向けた戦略商品になった。

第7章

史上最大のイギリス帝国による ポンドの覇権

1 総合商社のような イギリス帝国

The 51 points to understand the world economy

アジアの強権国家の黄昏の時代

大西洋世界が国民国家体制に変わり、世界資本主義の成長により経済の一体化が進んでいた時期に、アジアではモンゴル帝国の崩壊後に各地で再編された遊牧帝国（90ページ）が衰退期に入っていました。オスマン帝国、ムガル帝国、清帝国、ロシア帝国です。

トルコ人は、①東地中海を中心に多民族からなる「オスマン帝国」を建国。②インドでも中央アジアから進出した遊牧トルコ系の「ムガル帝国」が多数のヒンドゥ教徒を支配していました。

東アジアでは、「③清帝国」が中華世界を征服した後、内モンゴル、東トルキスタン、チベットなども征服。農耕世界と遊牧世界を統合する「最大の中華帝国」になっていました。

北の森林地帯では、毛皮取引で財をなした「④ロシア帝国」が、トルコ人を主体とするコサックの軍事力により面積一三〇〇万平方キロ（日本の三四倍強）のシベリアを六〇年あまりで征服。ユーラシアの六分の一を支配する大帝国に変身していました。

ロシアはナポレオンのモスクワ遠征を撃退したことでヨーロッパでの知名度を上げ、**アジアの「ランド・パワー」**の新しいチャンピオンになりました。

ところがロシアの軍事力の中心は、先に述べたようにモンゴル人とともにロシアを支配してきたトルコ系遊牧民の末裔、コサックでした。ですからロシアも実質的には、遊牧系とみなすことができます。

一九世紀に入ると、そうした諸帝国が一斉に弱体化する時代に入ったのです。

経済を読むPOINT

アジアは、依然としてモンゴル帝国のような遊牧帝国が諸地方で再建された状態であり、一九世紀は、その崩壊期にあたっていた。

自由貿易と諜報の帝国

それに対して、現在の総合商社のような正確な情報収集、諜報活動、現地勢力の対立の利用、移民、積極的な経済活動などにより世界各地に進出して、史上最大の帝国を築いたのがイギリス帝国でした。

一九世紀後半は、自由貿易、金本位制、鉄道、蒸気船、海底ケーブルによる「一九世紀のグローバル化」が進むのですが、イギリスはそれらを最大限に活用したのです。

自由貿易を掲げて**「海の帝国」**（海上貿易を中心とする開放的な帝国で海軍中心）の建設をめざすイギリスは、古いアジアの諸帝国の矛盾と内部対立を利用して、積極的な経済進出を進めました。

他方でイギリスはカナダ、オーストラリアなどに移民社会を成長させ、世界各地の狩猟・採集社会を植民地にすることで、大西洋・インド洋を中心に海洋帝国を拡げたのです。

しかし、一八七〇年代の「大不況」を契機に、生活が困窮したイギリスの労働者や農民が保護貿易を求め、世界は大国が植民地・勢力圏を競う**「帝国主義の時代」**に転換していきます。

経済を読むPOINT

ウィーンの経済学者、ポランニーの著書『大転換』（一九四四）は、グローバル化による旧来の社会への容赦ない破壊に直面して、耐えられなくなった大衆が「自己防衛」に走り、第一次世界大戦につながるナショナリズム、ポピュリズムが台頭することになるという見解を示している。

一九世紀後半に地政学が出現

国際政治が不安定になる中で、現代日本では地政学への関心が強まっています。そうした地政学の起こりは、ヨーロッパ諸国の対立が激化した一九世紀後半にありました。

ロシア（ランド・パワー）との争いの中で、イギリスでは歴史と地理を総合し、地理的な条件が国家に与える政治的、軍事的影響を地球規模の視野から考察する地政学が出現しました。

イギリスの地理学者マッキンダーは世界を、海洋国家イギリスと対抗する陸の帝国ロシアの勢力圏をユーラシアの最奥部の**「ハートランド」**、中国、東南アジア、インド、西アジア、東欧からなる海洋パワーのイギリス、大陸パワーのロシアが接触する「リムランド」、日本、フィリピンなどの海洋国家に物資を補給する「ヒンターランド」に分けて考察し、ハートランドを支配する国が世界を支配すると考えました。

■マッキンダーの「ハートランド」

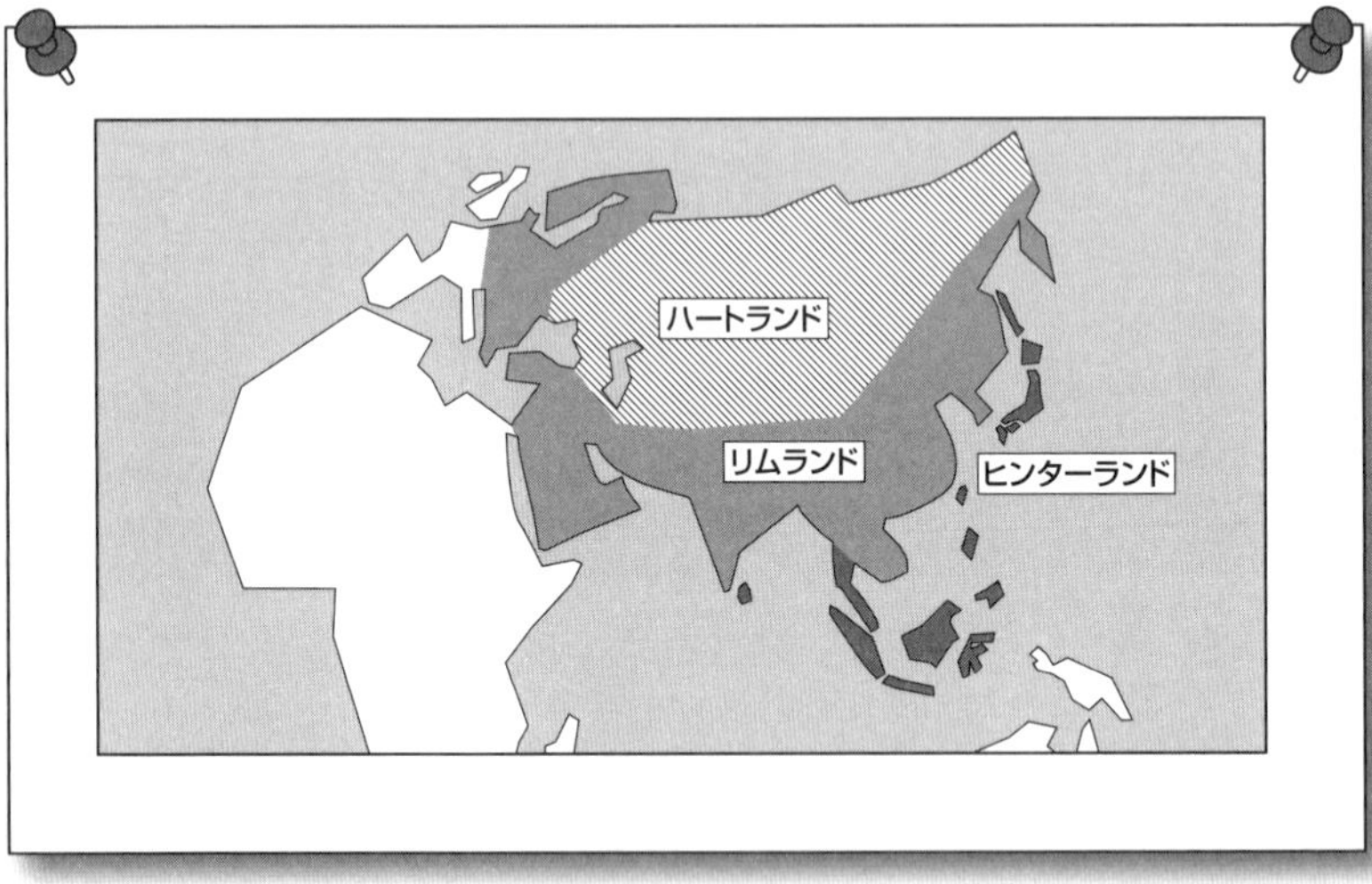

経済を読むPOINT

マッキンダーは、海洋国家で陸軍が弱いイギリスは、凍結した北極海に守られるハートランドのロシアを攻略できないと考えた。イギリスは陸上の戦いを避け、情報操作と謀略で、アジアに食い込んだのである。

イギリスとロシアのグレート・ゲーム

寒冷な気候のロシアは、資源の枯渇により、かつて栄えた毛皮交易が衰退していて、食糧の生産が困難だったことが加わり、陸軍による「南下政策」を強引に進めました。

北に位置し、侵略性が強いロシアは、中央アジア、西アジアのイスラーム世界に進出し、清との間で中央アジアの遊牧世界を二分してしまいます。

ロシアは、コサックでオスマン帝国、イランの領土を蚕食しましたが、一九世紀後半になると「アロー戦争」（一八五六〜六〇。英仏と清の戦争）を利用して弱体化した清帝国にも進出し、「アイグン条約」（一八五八年、ロシアと清が結んだ沿海州周辺に関する条約）と「北京条約」（一八六〇）により北満州と沿海州に拠点を築きました。

三つの帝国（オスマン帝国、ムガル帝国、清）とロシアでは近代化が進まず、一九世紀後半以降、海洋帝国イギリスを先頭とする新興ヨーロッパ勢力に押されていくことになります。

しかし、非力な陸軍しか持たないイギリスは、陸上ではとてもロシアに歯が立ちませんでした。

クリミア戦争から日露戦争に至る一九世紀後半の時代、バルカン半島、ウズベキスタン、アフガニスタン、東アジアの渤海《ぼっかい》周辺というようにユーラシア各地で展開された、南下するロシアとイギリスの勢力争いを「グレート・ゲーム」と呼びます。

旧来の遊牧勢力に代わってロシアがランド・パワーの中心となり、シー・パワーのイギリスと争ったのです。

経済を読むPOINT

従来、一九世紀のアジアの従属は、ヨーロッパの侵略による植民地化として単純にとらえられてきたが、アジアの主要地域が、①すでに遊牧帝国に侵略されていたこと、②ロシア帝国が、実態としては「モンゴル帝国」と同様に武力でユーラシアの覇権を握ろうとする侵略的帝国だったことの理解が必要になる。

トルコ人がアラブ人、スラブ人などを支配した「オスマン帝国」は、エジプトの自立とバルカン半島のスラブ民族運動の勃興、そしてロシアの侵略、近代化の失敗、ヨーロッパの銀行からの膨大な借金などにより、一九世紀の後半には急速に衰退しました。

最終的には、ドイツと組んで戦った「第一次世界大戦」（298ページ）での敗戦でオスマン帝国は解体され、アラブ世界は「サイクス・ピコ協定」（299ページ）によりイギリス、フランスの支配下に入ります。

世界経済の32転換点

19世紀

史上最大の海洋帝国イギリスの覇権が完成

イギリスは、経済学者アダム・スミスやリカードの提言にあるような自由貿易を掲げ、移民と分断政策によるアジアの諸帝国の掘り崩しにより、世界史上最大の海洋帝国として覇権を握りました。

2

大英帝国の土台となった「インド帝国」

The 51 points to understand the world economy

アジアの三角貿易とは

大西洋市場でキャラコ（206ページ）が戦略商品として売れに売れ、インドからの綿布輸入量が著しく増大しました。そのため、一八四〇年代から五〇年代にかけて、イギリスのインドへの銀の輸出が四倍に増加します。

また、**産業革命の紅茶ブームで清との間の「紅茶」貿易が一挙に規模を拡大**し、イギリスの銀不足が深刻になりました。

イギリスはアジアにおける致命的ともいえる銀不足を補い、紅茶を安定して輸入するために、インドを軍事征服により取り込み（シパーヒーの反乱〈250ページ〉の鎮圧）、**「アジアの三角貿易」**の体制を作りあげていきます。

それがイギリスの機械製綿布をインドへ、インドのベンガル地方で栽培されたアヘンを

■19世紀中頃、イギリスによる「アジアの三角貿易」

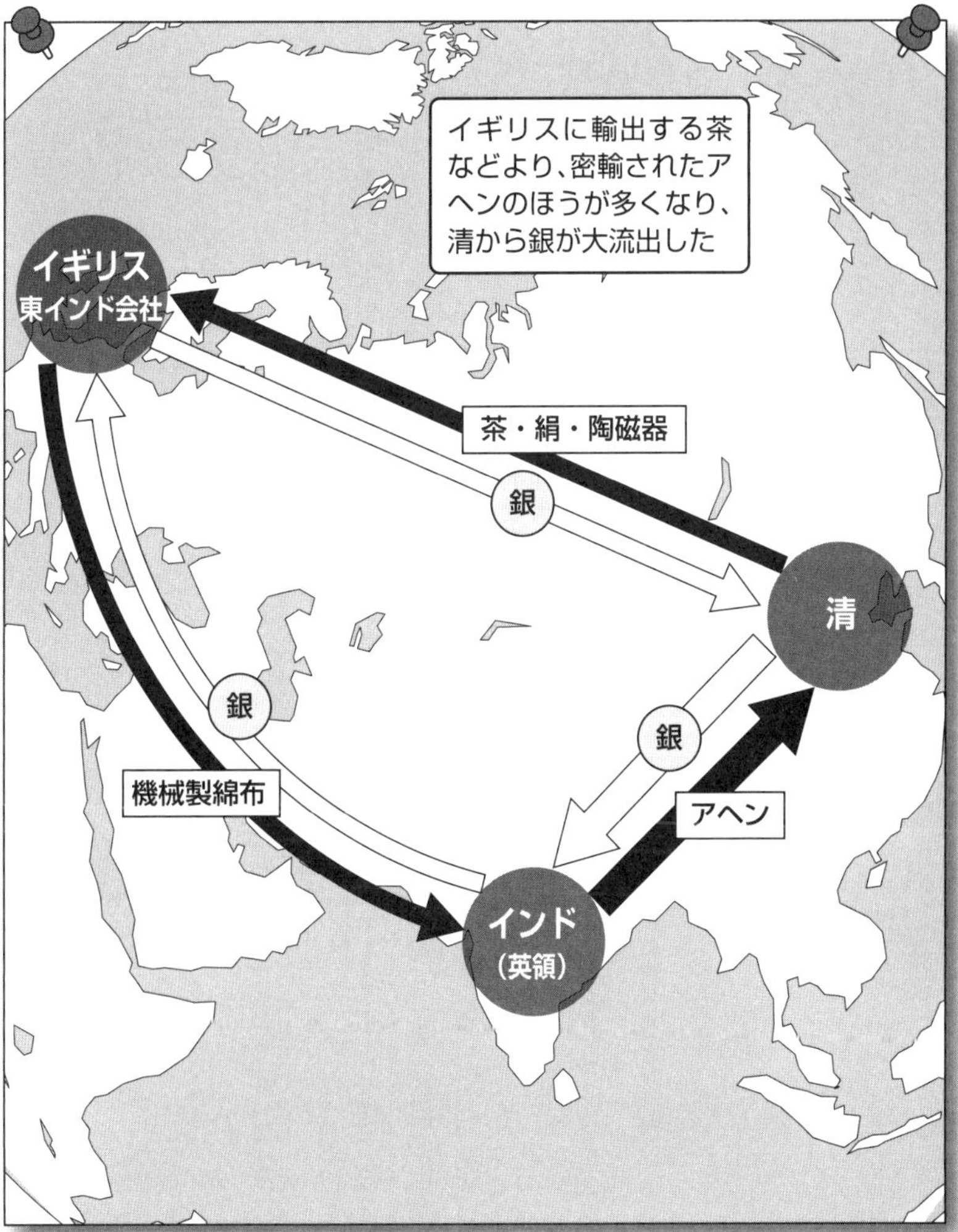

清へ、清の紅茶をイギリスへというアジアの三角貿易のシステムです。銀の蓄積が少ないイギリスには、そうする以外にアジアに食い込む方法がなかったのです。

その前提になったのが、インド綿業の支配でした。

伝統的なインドの綿業が、無関税で持ち込まれた圧倒的に安いイギリスの機械製綿布により壊滅させられていきます。一八三五年、イギリスのインド総督ベンティンクは、インドの平原は職を失い死亡した織布工の骨で真っ白になっている、という恐ろしい報告書を書いています。安価な機械製綿布が職人の技を駆逐し、インドをイギリス工業製品の巨大市場にかえたのです。

経済を読むPOINT

イギリスは大西洋の貿易にならってインド経済と中国経済を連動させ、セットにする経済支配の枠組みを作った。それが、アジアの三角貿易である。

イギリスの「合弁会社」といえるインド帝国

イギリス東インド会社は、「シパーヒー」（ペルシア語で「兵士」の意味）というインド人の傭兵を使い、ムガル帝国の分裂と混乱を利用して一〇〇年間かけてインド支配の体制

世界経済の33転換点

19世紀中頃

アジア三角貿易でイギリスに従属したインドと清

アジア経済に食い込むだけの銀を持たなかったイギリス東インド会社は、イギリスの機械製綿布、インドのアヘン、中国の紅茶を巧みに組み合わせてアジアの貿易を構造化し、アジア経済をイギリスに従属させることに成功しました。

を作りあげました。しかし、イギリス東インド会社の影響力が強まるにつれて、インド人の中に反感が広がりました。

経済を読むPOINT

アダム・スミスは、東インド会社を、「国家並みの鈍重さと、私企業並みの強欲さを兼ね備えた最低の組織」と批判している。

イギリス東インド会社の強引なやり方が、一八五七年に**「シパーヒーの反乱」**というインドのエリート層の傭兵による独立運動を引き起こします。

しかし、結果は悲劇に終わりました。

反乱軍はデリーに集まり、支配権をすでに失っていた老ムガル皇帝を担《かつ》いでインド人による支配を再編しようとしたのですが、一八五九年に「反乱」は鎮圧されてしまいます。老皇帝は流刑先のビルマで病死。ムガル帝国は、滅亡しました（一八五八）。

その後、**イギリスは一八七七年、「インド帝国」（ヴィクトリア女王の下でのインド帝国）を再編し、海の帝国イギリスの直轄領としてインドを支配に組み込んだ**のです。

つまり、インド人に評判が悪かった東インド会社を解散させた後、ムガル帝国を「インド帝国」に再編して、イギリス帝国の一部分に組み込んだのです。

ちなみに現在、香港ドルの発券銀行の一つの**スタンダードチャータード銀行**の前身となるチャータード銀行は、一八五八年に勅許を得て設立された東インド会社の後を継ぐ銀行です。同じく香港ドルの発券銀行の**HSBC（香港上海銀行）**は、アヘン商人のジャーディン・マセソン商会（その日本代理店がグラバー商会）の送金用の銀行です。今でもイギリス帝国は、アジアで余命を保っていると言えます。

人口三億人を擁するインド世界を、現地の帝国の再建と合併によりイギリスが吸収したことは、今風に言えば、世界企業が現地の企業、あるいは現地の合弁会社を支配するようなものです。

インドはイギリスの直轄地とされて以後、約七〇年間にわたりイギリスのドル箱となり、アジア進出の拠点になります。イギリスはインドを拠点に、イラン、アフガニスタン、東南アジアに手を伸ばしていったのです。

経済を読むPOINT

第一次世界大戦前に、インドはイギリスの海外投資収益の大部分を占め、国際収支の赤字の三分の二を補う存在で「大英帝国の王冠を彩る最大のダイヤモンド」とみなされた。帝国体制作りの立役者だったディズレーリは、首都をロンドンからインドに移してもよいと発言している。

3

アヘンで掘り崩された清の経済

The 51 points
to understand the world
economy

銀の大量流出による農業帝国の崩壊

一八世紀末の清では、イギリス東インド会社が広東の対外貿易をほぼ独占していました。イギリスでは産業革命後に「紅茶」の需要が増え、唯一の茶の輸出国、清からの茶葉の輸入が激増していたのです。

しかし、イギリスには清の商人が茶葉の代金として要求するだけの銀の手持ちがなく、紅茶の輸入は大きな壁につき当たりました。

そこでイギリス商人は、東インド会社がベンガル地方で大量に生産させた麻薬、アヘンを清に持ち込み、貿易のバランスをとろうとします。それがアヘンの中毒患者を激増させる結果になり、清へのアヘンの流入が莫大になって紅茶との相殺では足りず、大量の銀が清の国外に流出する原因になったのです（247ページ図）。

世界経済の34転換点

19世紀後半

中国経済はアヘンの流入と銀の大量流出で崩壊させられた

アヘンの流入による清からの大量の銀の流出と銀価格の高騰が農民の窮乏化をもたらし、混乱に満ちた中国近現代史の舞台を作っていきます。

イギリスのアヘン輸出量は一八〇〇年から三八年間で九倍に増加し、アヘンの代価として清から膨大な銀の流出が進みました。

銀価は、二倍以上に高騰。穀物を商人に売って手にした銀で税金を収めていた（「地丁銀」という税制）清の農民の生活は、一挙に崩壊しました。

銀価格の高騰によって、税負担が二倍になったためです。農民の窮乏が一挙に進みました。そこで、太平天国などの大規模な農民反乱が広がって清は衰退し、現在にまでつながる長期の経済的困窮の時代が始まります。

そうした経済の崩壊に伴う社会の混乱が、中国現代史の背景をなしています。

「海洋帝国」イギリスは、銀の大量流出という最も効果的な方法で、農業帝国、清の経済の底を抜いてしまったのです。

清は、このままでは帝国が立ちゆかなくなると考え、欽差大臣の林則徐《りんそくじょ》にアヘンを徹底的に取り締まるよう命じました。林は密輸業者から没収したアヘンを焼却するなどの策に出ますが、イギリスはそれに対して軍を送り、**「アヘン戦争」**（一八四〇〜四二）を起こします。

軍事力の圧倒的な差によってイギリスが有利に戦いを進め、「南京条約」で、香港の割譲のほか、最恵国待遇など清にとって極めて不利な条約が締結され、イギリスへの従属の度合いが強まりました。

経済を読むPOINT

中国現代史は民衆の経済的破綻と困窮の進行の下で展開されるが、戦後の日本で普及した経済、社会状況にあまりふれない政治史、革命史が、私たちの現代中国に対する判断を狂わすことになっている。中華人民共和国の成立で区切りをつけるのではなく、現代も一九世紀中頃以降の社会崩壊の克服の過程にあるという認識が必要である。

日本銀行の設立

日本では、一八六八年の明治維新に次いで一八七一年に廃藩置県が行われ、諸大名の債務は明治政府が肩代わりすることになりました。同年の「新貨条例」で日本は金銀複本位制（実態は銀貨中心）をとります。

大蔵大輔の大隈重信は国立銀行条例（一八七二）に基づいて、アメリカの国法銀行をモデルに第一（三井組）から第一五三までの国立銀行を「民間銀行」として認可し、紙幣の発行権を与えました。

しかし、「西南戦争」（一八七七）が起こると、鎮圧の費用を捻出するために各国立銀行が不換紙幣を濫発したことにより、インフレが拡大してしまいます。

そこで、新たに大蔵卿となった松方正義は、一八八二年、インフレを克服するためにイングランド銀行をモデルとする中央銀行の「日本銀行」を設立して、通貨の発行、管理に当たらせました。

その結果、従来の国立銀行は紙幣の発行権を持たない市中銀行に変わりました。なお、日本銀行は、政府と民間の三井、三菱、安田などの財閥が共同出資する銀行でした。

一八九五年、日清戦争に勝利した日本は、下関条約で獲得した巨額の賠償金二億三〇〇〇万テールなどをもとに、一八九七年、七五〇ミリグラムの純金を一円とする**金本位制を確立**します。イギリスのポンドを中心とする金本位制を、日本経済も取り入れたのです。

経済を読むPOINT

明治初期、東アジアの銀経済圏の中で銀貨を中心に据えていた日本は、日清戦争後に、ヨーロッパ勢力が東アジアに進出するようになるとイギリスにならって金本位制に移行。それが日英同盟の締結、日露戦争へとつながっていく。

4

ヨーロッパ列強のアフリカ分け取り合戦

The 51 points to understand the world economy

二〇年間で分割され尽くしたアフリカ

一八七〇年頃まで、世界第二の面積を持つアフリカ大陸は、ヨーロッパでは「暗黒大陸」と呼ばれていました。

ところが八〇年代以降、急激にヨーロッパ諸国によるアフリカの分割が進み、一九〇〇年頃までに、エチオピアと、アメリカ人が解放奴隷の居住地として開拓したリベリア（一八四七年に独立）を除くすべてのアフリカが、ヨーロッパ諸国の手で分割されてしまいます。

アフリカ分割の中心になったのが、すでにカナダ、オーストラリア、インドなどの広大な植民地を支配していたイギリスでした。

現在のアフリカの政治的な分裂状況と経済的遅れは、ヨーロッパ諸国による植民地化により生み出されたものと言えます。

ヨーロッパ諸国はアフリカを「無主の地」と決めつけ、先を争って植民地として分け取ろうとしました。

その際に、アフリカの歴史を無視し、直線的で形式的な境界線を自国の都合やヨーロッパの国々の力関係で勝手に線引きしてしまったのです。

机の上で決定された国境線が、アフリカ諸国の独立後に不自然な国境として残り、アフリカで今も止まない民族紛争の大きな原因になっています。

分割を誘発したベルギー王の野心

アフリカ分割のきっかけになったのが、大陸中央部のコンゴ（ザイール）川流域をめぐる紛争でした。一八七七年、アメリカの新聞記者スタンレーがコンゴ川の流域を探検してその経済的重要性を指摘すると、オランダと違っていまだ植民地を持っていなかったベルギー王レオポルド二世が、コンゴを植民地にしようと画策しました。

彼はスタンレーを雇ってコンゴ国際協会を組織し、学術的探検を装いながら先住民の酋長と四〇〇に及ぶ保護条約を結び、二〇カ所に拠点を設けるなどして着々と準備を重ね、突然コンゴの領有を宣言しました。

ベルギーの一方的なコンゴ領有宣言に対し、イギリスとポルトガルが強く反対すると、アフリカに植民地を獲得しようとしていたドイツのビスマルクが仲介し、一四カ国の参加の下に一八八四年から翌年にかけて一〇〇日以上に及ぶ**「ベルリン会議」**が開かれました。会議では、アフリカ進出に野心を燃やす諸国により、アフリカ分割のルール作りが行われたのです。

結果として**アフリカは「無主の地」とされ、それぞれの地域において最初に「実効ある**

世界経済の35転換点

1880年代~1900年

アフリカ分割はヨーロッパによるヨーロッパのためのもの

アフリカは、ヨーロッパ諸国により「無主の地」と決めつけられ、先占権をたてに一八八〇年代以降、約二〇年間でヨーロッパ諸国により分割されてしまいます。

支配」を確立した国が支配することを認めるという「先占権《せんせんけん》」が、分割のルールとして確認されました。

問題の発端になったコンゴについては、コンゴ川流域の中立と自由な交易を認めるなどの条件を付したうえで一八八五年にベルギー国王レオポルド二世の「先占権」を認め、私領として九〇万平方マイルの「コンゴ自由国」が承認されました。

こうした「早い者勝ち」の競争意識が、嵐のようなアフリカ分割を呼び起こしたのです。

資本主義世界に組み込まれるアフリカ

アフリカの植民地では、住民に貨幣による人頭税、小屋税（家族単位の税）が課されました。

それらの税金を払うため、アフリカの人々はヨーロッパ人が経営する鉱山やプランテーションで働いたり、ヨーロッパ人が求める商品作物を栽培して現金収入を得たりするしか方法がありませんでした。

アフリカの人々は、知らず知らずのうちに世界資本主義の枠の中に組み込まれていったのです。

経済を読むPOINT

わずか二〇年でヨーロッパ列強が分割したアフリカは、民族対立、部族対立、宗教対立などの多くの問題を背負わされている。現在は難民問題、移民問題などにより、ヨーロッパがアフリカからしっぺ返しを受けている時代である。

5 国際金本位制と世界通貨ポンド

The 51 points to understand the world economy

富を呼び込んだポンド紙幣

世界の土地と人口の四分の一を支配する覇権国のイギリスには、世界経済を支配するための新たな金融システムの構築が必要になりました。

イギリスはヨーロッパの銀不足を克服するため、高価な金を本位貨幣とする国際金本位制を確立し、いつでも金と交換するという建前で大量のポンド紙幣を発行しました。

紙を通貨に変えたわけです。

それは、**四〇〇〇年続いた銀貨の時代を紙幣の時代に転換させるという、金融史上の大きな変革**でもありました。

「普仏戦争」（一八七〇〜七一）後にユダヤ系銀行が経済を支配するドイツが金本位制に踏み切ったことで、**銀本位制から金本位制への世界的な流れ**ができ、アメリカ、日本もその流れに追随することになりました。

しかし、今までに世界で掘り出された金は、すべて集めても、オリンピック・プールの三杯半から四杯程度ですから、ポンド紙幣をすべて金に交換できるはずはありませんでした。

イギリスが、ポンド紙幣をすべて金と交換することはとても不可能であり、もともと交換するつもりなどはなかったのです。しかし経済の危機への対応をきちんと行い、いつでも紙幣が金と交換できるものと信じ込ませてしまえば、人はいちいち面倒な金との交換を省いてしまうものなのです。

経済を読むPOINT

イギリスは、ブラジル、アメリカのカリフォルニア、オーストラリア、アラスカ、南アフリカの一連のゴールドラッシュで金が十分に足りているかのような幻想を振りまき、ポンド紙幣（架空の金貨）を世界中で通用させた。しかし、実際には金はオリンピック・プール三・五杯分程度しか世界に存在しない。

「ポンド」が世界を動かした時代

イギリスの通貨単位のポンドは、正式にはポンド・スターリングと言います。「ポンド」というのは、もともとは古代ローマの重さの単位であり、「スターリングシルバー」(sterling silver) は、純銀を意味します。

その由来は、中世のイギリスで、古代ローマが銀一ポンドから二四〇個の銀貨を作ったことをまねて銀貨が鋳造されたことにあります。つまりポンドという名称は、かつてイギリスでも銀貨が中心だったことを示しているのです。

イギリスが金本位に転換したのは「名誉革命」(146ページ) 後のことで、ヨーロッパ大陸での銀価格の高騰が背景にありました。

イギリスの銀貨が鋳つぶされて地金としてヨーロッパ大陸に流出する状況の下で造幣局長官となったニュートン (万有引力を発見した物理学者) が、金貨を中心とする通貨制度を発案しました。

イギリスは、197ページで述べたようにナポレオン戦争後の一八一六年、貨幣法を制定して「金本位制」を確立し、二一年には**金と交換できると明記したポンド紙幣**を発行します。

当時は、経済規模の飛躍的拡大で銀貨の供給が間に合わなくなっていましたから、金で価値を裏打ちさせた紙幣の発行は、ある面で必要だったのです。

イギリスのポンド発行は、そうした時代の要請に応えたものでもありました。

イングランド銀行の通貨発行量は、保有する金プラス一六〇〇万ポンドに制限されたため（227ページ）、次第に経済の成長に対応できなくなっていきます。当時のイングランド銀行の金保有高は一〇〇〇万ポンド以下だったと言われますから、やりくりが大変だったのです。

イギリスに遅れること半世紀、一八七一年にドイツ、七三年にアメリカ、九七年に日本が金本位制に移行します。

一九〇〇年には、世界の主要国のほとんどが金本位制に移行することになり、イングランド銀行の金不足はますます大問題になりました。

イギリスは「世界の銀行」として膨大な額の金を長期に貸し付け、投資により世界中にポンドを行きわたらせましたから、金の不足は大問題だったのです。

経済を読むPOINT

金への幻想により、一九世紀の世界経済はポンド紙幣が牛耳った。それをコントロールしたのが、イングランド銀行を通じてイギリスの財務を担当したユダヤ人のロスチャイルド（194ページ）である。

しゃにむに南ア戦争が戦われた理由

そこで、イギリスが国運を賭けて強引に展開したのが、**「南アフリカ戦争」**でした。

一八八六年、アフリカ南部のブーア人（「農民」の意味、オランダ系移民の子孫）のトランスバール共和国のウィトウォーターズランドで金鉱が発見されました。共和国政府はこの地域を国有化し、押し寄せるイギリス人採掘者に対し、地区ごとに分けて採掘権を認める貸区制度を実施します。

ところが一八九九年になると続々と金の大鉱脈が見つかり、トランスバール共和国は、一躍世界最大の金の産地となりました。

そうした中で、通貨法によりポンド紙幣発行の上限が金の保有高により抑えられていたイングランド銀行は（227ページ）、何としてもその金を必要としました。そこでイギリスはトランスバール共和国、オレンジ自由国を併合して、世界一の金とダイヤモンドを独占するために、なりふり構わぬ侵略戦争、「南アフリカ戦争」（ボーア戦争。一八九九～一九〇二）を起こします。

イギリスは、ゲリラ戦で対抗するブーア人に対して、国家財政の危機をかえりみず赤字国債を発行して約四五万人の軍隊を投入して焦土作戦を行い、世界世論の反対を押し切って両国を併合しました。

イギリスは、ポンド紙幣の発行に必要な南アフリカの膨大な金を侵略戦争で確保したのです。

戦争後に白人のブーア人を懐柔するためにとられたのが、先住民の黒人を徹底的に差別する**アパルトヘイト**（人種隔離政策）でした。

経済を読むPOINT

世界を股にかけるイギリスは、現在の商社や世界企業のように自由貿易を掲げ、帝国内での自由な移動、インド人など諸民族の経済活動を認めた。イギリスは、自国を中心にアジアの諸地域に対する「近東」（東地中海）、「中東」（西アジア）、「極東」（東アジア）の呼称を普及させたが、インドはイギリスの一部とみなされ地域の呼称がなかった。イギリス領インドだったのである。

第8章

ゼロから躍進していくアメリカ経済

1

ハチャメチャだったアメリカの経済

The 51 points
to understand the world
economy

州とニューヨークの間の通貨戦争

東西約四五〇〇キロ、南北約二五〇〇キロの広大な大陸に建設された移民国家アメリカは、それぞれの理由でヨーロッパを離れた貧しい小農民、黒人奴隷を使役する南部の富裕な綿花プランテーションからなる、まとまりのない国でした。

一八世紀中頃まではアメリカはイギリスの植民地でしたが、独立を果たし（180ページ）、一九世紀後半になると鉄道建設を中心とする経済の急成長で、ヨーロッパとは異質な新興世界として成長しました。

しかし、広大な大地が短期間で開発されたことからシステムが整備されず、国内体制はハチャメチャな状態にありました。

たしかに、開拓により「草の根民主主義」は育ちましたが、州の寄せ集めはパッチワークのような状態で国家の体をなしていなかったのです。アメリカのそうした雑然とした状態を映し出す鏡となったのが、経済の「血液」となる通貨を巡る長い紛争でした。

アメリカは、通貨問題で、もめにもめたのです。

独立後、ワシントンの副官だったハミルトンが、初代ワシントン大統領（在任一七八九～九七）の下で財務長官になります。

彼は、アメリカが真の独立国になるには、まず農業植民地から脱出するための産業建設が必要と考えました。そこで経済活動の前提となる**通貨発行の権限を持つ合衆国銀行**（二割が政府出資、他はニューヨークと外国の金融資本が出資）の創設に着手しました。

しかし、当時のアメリカは新興国に過ぎず、金融はロンドンの銀行の支配下にありました。そのため南部の諸州は、ニューヨークとイギリスの銀行家による金融支配を嫌い、合衆国銀行の設立に猛反対したのです。

合衆国銀行は、多くの州の反対にもかかわらずかろうじて成立・存続しましたが、西部出身のポピュリスト政治家、第七代大統領のジャクソン（在任一八二九～三七）は民衆の受けを狙って、北部の金融資本と外国の銀行が牛耳る中央銀行は州の経済自主権を侵すとして、一八三二年に議会の反対を押し切り合衆国銀行を廃止してしまいました。

その結果、銀行の認可と取り締まりの権限が各州に委ねられることになり、一八三〇年から三六年にかけて、アメリカの銀行数は三三〇行から七一三行に倍増してしまいます。

それだけではなく、**州が認可した銀行にはそれぞれ紙幣の発行が認められ**、州議会は銀行を自発的な個人の組合とみなして、簡単にその設立を認可しました。そこで、**多様な紙幣の氾濫**が起こったのです。

地方ごとに多様な紙幣が発行され、アメリカ経済を混乱させました。

経済を読むPOINT

農業社会のアメリカでは、ニューヨークやボストンは突出した存在だった。とくに圧倒的金融力を持つニューヨークの銀行は、ロスチャイルドなどイギリスの銀行の影響力が強かったこともあり、アメリカ国内は通貨問題で揺れた。

七〇〇〇種の紙幣と五〇〇〇種の偽札

アメリカは、南北戦争前には経済成長の過程に入っていましたが、州の権限が強いため、国家の体をなしていませんでした。

南北戦争の頃には約一万六〇〇〇の銀行が発行する推定七〇〇〇種類の銀行券（通貨）、さらに推定五〇〇〇種類の偽造銀行券（偽造通貨）が流通していたのです。

世界経済の36転換点

1832年

銀行の乱立で経済発展が遅れたアメリカ

州権論が強いアメリカでは、ヨーロッパ的な中央銀行（合衆国銀行）の設立が挫折して小規模銀行が乱立し、通貨を発行。経済的な一体化が進みませんでした。

当時のアメリカの企業は、「偽造券見分け法」といったテキストが必需品であったという笑えない状況にあったのです。

今でもドルは偽造紙幣が多く、高額紙幣で買い物をすると店の人がいい顔をしません。アメリカでは揺らいだ通貨への信頼がなかなか回復せず、カードを使った流通システムが幅をきかせるようになっていきます。

貨幣への不信感が、アメリカがカード社会になっていった理由の一つです。

経済を読むPOINT

合衆国銀行が廃止された後、アメリカでは多種類の通貨が発行されたことで通貨に対する信用が低下した。アメリカがカード社会になった理由の一端はそこにある。

2 南北戦争はどうして凄惨な殺し合いになったのか

The 51 points to understand the world economy

妥協が不可能だった北部と南部

南北戦争については、教科書などでは「奴隷解放の戦争」という北部の戦争プロパガンダがそのまま記されています。

が、実際には、世界で最も高い保護関税を課す北部主導の合衆国から、綿花の生産でイギリス経済と密接な関係を保ち、自由貿易を主張する南部の一一州が**「アメリカ連合国」**を結成し、独立をめざした戦争だったのです。

しかし、南部が綿花輸出で稼いだ金を財源にできなくなることを恐れた北部は、武力により強引に南部を合衆国に引き留めたのです。

それが、両軍合わせて約六二万人の死者を出した悲惨な内戦の**「南北戦争」**（一八六一〜六五）になりました。

第二次世界大戦のアメリカ兵の死者が約三二万人ですから、それと比べると内戦の規模の大きさが理解できます。

南北戦争は言ってみれば、国という意識が希薄な「他人」同士の凄惨な戦いだったのです。寄せ集めの国でなければ、ありえないことです。

戦争中の一八六二年に、リンカーンは西部の諸州を味方につけるために**「ホームステッ**

ド法」（自作農創設法）を出しました。五年の間、西部の開拓に従事した二一歳以上の男性戸主に、登記費用のみの負担で約二〇万坪（約65ヘクタール）の西部の国有地を分譲するという人気取りの法律でした。

しかし、この法律は、ヨーロッパの貧しい人々に大歓迎されました。

渡航費用を何とか調達してアメリカに渡り、数年間辛抱すれば大地主になれるという「アメリカン・ドリーム」が広がり、南北戦争後に大挙してヨーロッパから移民が押しかけることになります。そのためたったの二五年間で、西部の未開拓地（フロンティア）は姿を消していきました。

ヨーロッパの大不況の時代（225ページ）に、アメリカの西部がヨーロッパの失業者たちの「受け皿」になったのです。

経済を読むPOINT

「ホームステッド法」が大不況下のヨーロッパにアメリカン・ドリームを振りまき、大規模な移民をうながし、移民大国アメリカを生み出す原動力になった。

南北戦争で紙幣は一応整備されたが

南北戦争は、先に述べたように（前ページ）国内戦争としては世界史上、最大規模の戦

世界経済の37転換点

1870年代～90年

アメリカ経済は西部開拓と移民により急成長した

アメリカ経済は南北戦争後に、大量移民の流入、西部の開拓、大陸横断鉄道の建設で高度経済成長をとげ、世界一の工業国に急成長しました。

争となりました。

移民の国ならではのことですが、その戦費は莫大な額に膨らみます。

一八六二年、リンカーン大統領は、政府の統制下にあるナショナル・バンク（国法銀行）に対して引き受けた連邦債（国債）の九〇パーセントの範囲内で、政府紙幣を発行することを認めました。利子の付かない政府紙幣で国債を引き受けようとしたのですが、それは、それまで利子を取って国債を引き受けてきた商人の利益を損なうものでした。

この画期的な**政府紙幣は、緑色のインクで印刷されたため、「グリーンバック」と呼ばれました。**発行額は、七一年までに三億ドルの巨額に達します。

グリーンバックは不換紙幣（金や銀などと兌換されない紙幣）でしたから、当然のことながらインフレが進行し、戦後の物価は戦前の一八六〇年と比較して二倍にまで上昇しました。ちなみに戦争に敗れた南部諸州は悲惨で、インフレで物価は九〇倍にまで高騰しています。


戦後、リンカーンが暗殺され、財務省はグリーンバックの回収に乗り出しました。リンカーンの暗殺は、リンカーン政権がアメリカの通貨発行権を握ることに猛烈に反対した国際金融資本が資金を提供したとする説もあります。暗殺により、アメリカの通貨の発行権がそれまでのように民間に戻ったことは事実なのです。

一八六七年に、ヨーロッパの主要国の代表がパリに会して「金」を唯一の発券準備、国際決済の支払い手段にすることが決定されると、七三年、アメリカもドル銀貨の鋳造を中止し、六年後にグリーンバックを「金」と交換することにしました。

話は変わりますが、南北戦争中に、民間の小口投資家に対して愛国心を利用した国債の組織的な販売がなされました。それが、投資社会アメリカの出発点になります。

経済を読むPOINT

紙幣が銀行への債務を伴わず直接国家の手で発行されたという点で、グリーンバックは画期的だった。しかしリンカーンが南北戦争の直後に暗殺されると、グリーンバックは回収されてしまった。

ここにもあった爆発的な経済成長

混乱の極みにあったアメリカ経済ですが、南北戦争による荒廃の後、驚異的な経済成長の局面に移りました。

アメリカに行けば土地が得られるというアメリカン・ドリームの実現を求めて多数の移民がヨーロッパから殺到し、西部開拓が進みました。アメリカの経済成長は、次から次に押し寄せる移民の安価な労働力、アメリカで能力を発揮しようとする大志を持つ青年の意志と努力により成しとげられました。

農場数も農場の総面積も、南北戦争後の三〇年間でほぼ倍増します。その結果、荒れ地が農地、牧場に変わり、一八九〇年の国勢調査により西部の「フロンティア」（辺境）の消滅が明らかになりました。国内植民地ともいうべき西部での移民による開発ラッシュが、荒々しく進んだのです。

交通の便が極めて悪い西部の開発にはインフラの整備が欠かせず、**大陸の東西をつなぐ四本の「大陸横断鉄道」を中心に、政府資金の援助を受けて鉄道建設が進みました。**その結果、**アメリカはイギリスを抜き去り世界第一位の工業国に成長**します。

好景気はカネ、カネ、カネの風潮を生み、小説家のマーク・トウェイン（『トム・ソーヤーの冒険』などの著者）が、**「金メッキ時代」**と揶揄《やゆ》したように、欲望全開の軽薄な時代を生み出しました。

経済を読むPOINT

一八六九年に全長二八六〇キロの大陸横断鉄道が完成。六〇年からの三〇年間に鉄道の敷設距離は五倍以上となった。巨大インフラの建設で、アメリカ工業は驚異的な成長をとげる。

アメリカに進出する英資本とＪＰモルガン

急速なアメリカ西部の鉄道建設には、イギリスからの投資が重要な役割を果たしました。

「大不況」で投資先を失っていたイギリス資本が、新興国アメリカに殺到したのです。

窓口になったのが、ヨーロッパに金融帝国を築いたユダヤ人ロスチャイルド一族のアメリカ代理人**JPモルガン**でした。モルガンは、外資を利用してアメリカ最大の財閥を築いていきます。

また投資が進むにつれて、イギリスの投資家に鉄道などのアメリカ企業の経営情報を提供する会社が必要になり、一八七〇年代、アメリカの鉄道債の格付けを行う**「格付け会社」**が登場しました。二〇世紀になるとムーディーズ、スタンダード&プアーズなどの格付会社が成長しました。

アメリカにヨーロッパにはない証券、国債などの格付けをする大会社があるのは、アメリカ経済の対英従属の名残りであり、後進性を示しています。

経済を読むPOINT

新興国アメリカの経済成長は、大不況下のイギリスからの投資に頼るところが大だった。その時に窓口になったJPモルガンは、ロスチャイルドなどの膨大な資金で債券、株式などの有価証券を利用したM&Aで大財閥を築いた。

3

西部開発から中国市場の制覇へ

The 51 points to understand the world economy

「チャイナメリカ」が基本戦略へ

アメリカの経済は、鉄道建設による「大地の改造」で急成長をとげました。やはり「器が大きい」というのはたいしたもので、第一次世界大戦が始まる時期までに、USスティールを中心とするアメリカの鉄鋼生産は、ドイツとイギリスの合計を上回るに至ります。

しかし経済にも賞味期限があり、成長は必ず頭打ちになります。

国内開発の勢いが鈍化していく中で、アメリカ経済には新たな成長戦略が必要になりました。人工衛星から見れば、アメリカ大陸も二つの大洋に囲まれた巨大な島です。そこで西に広がる太平洋とその先の中国に目がつけられました。

アメリカは、海洋国家だというのです。

ヨーロッパの国々が大西洋にのみに面しているのに対し、アメリカには太平洋もアジアもあるということが、着目されました。
「内陸国家」から「海洋国家」への転換と、新たな国家戦略の策定が急速に進みました。**太平洋を「新たなフロンティア」とし、カリブ海を囲い込み、パナマ運河で大西洋から太平洋に出て、巨大な中国市場をめざすアメリカの新外交戦略（世界政策）です。**

それは、経済成長をとげた現在の中国が、南シナ海を囲い込み、太平洋に進出しようとする強引な軍事・外交政策とそっくりです。現在の中国の指導層が逆にアメリカの歴史を手本に、海洋帝国への転身を図っているのですから、そのように見えるのは当然と言えば当然なのです。

アメリカの狙いは、ヨーロッパとアメリカの相互不干渉（**モンロー主義**）を維持しながら、太平洋を支配して中国市場に経済進出をとげることでした。その際にアメリカが手本にしたのが、当時唯一、海洋帝国への転身に成功していたイギリスでした。

そして当時、太平洋海域と中国市場での唯一の競争相手となるのが、同様にイギリスを手本にして急成長をとげた日露戦争後の日本だったのです。

経済を読むPOINT

西部のフロンティアの開発が一段落すると、アメリカは太平洋から中国につながる「海のフロンティア」の開発に経済成長の可能性を見い出そうとした。

何が何でも太平洋へ

アメリカに「海洋帝国の建設」という戦略を与えたのが、ニューポート海軍大学の校長の海軍将校、**アルフレッド・マハン**（一八四〇〜一九一四）でした。

彼の講義録は、『海上権力史論』として公刊され、アメリカのみならず、「新航路政策」を掲げてイギリスにチャレンジして海洋進出をめざしたドイツのヴィルヘルム二世、日露戦争の日本海海戦の先任参謀として活躍した秋山真之などに大きな影響を与えました。

マハンが説いた、①近代海軍の創設、②海外の海軍基地の建設と植民地の獲得、③制海権の掌握などによる**シー・パワーの強化**、という主張に基づいて、艦隊が作られ、商船と艦隊の補給基地を護る海兵隊が組織され、大西洋と太平洋の両大洋を結ぶカリブ海のアメリカ化、カリブ海から太平洋への進出が進められました。

大西洋岸（アメリカ東海岸）に工業の中心を持つアメリカが太平洋に進出するには、まず中継海域であるカリブ海をおさえる必要がありました。

■19世紀末、アメリカは海洋へと進出

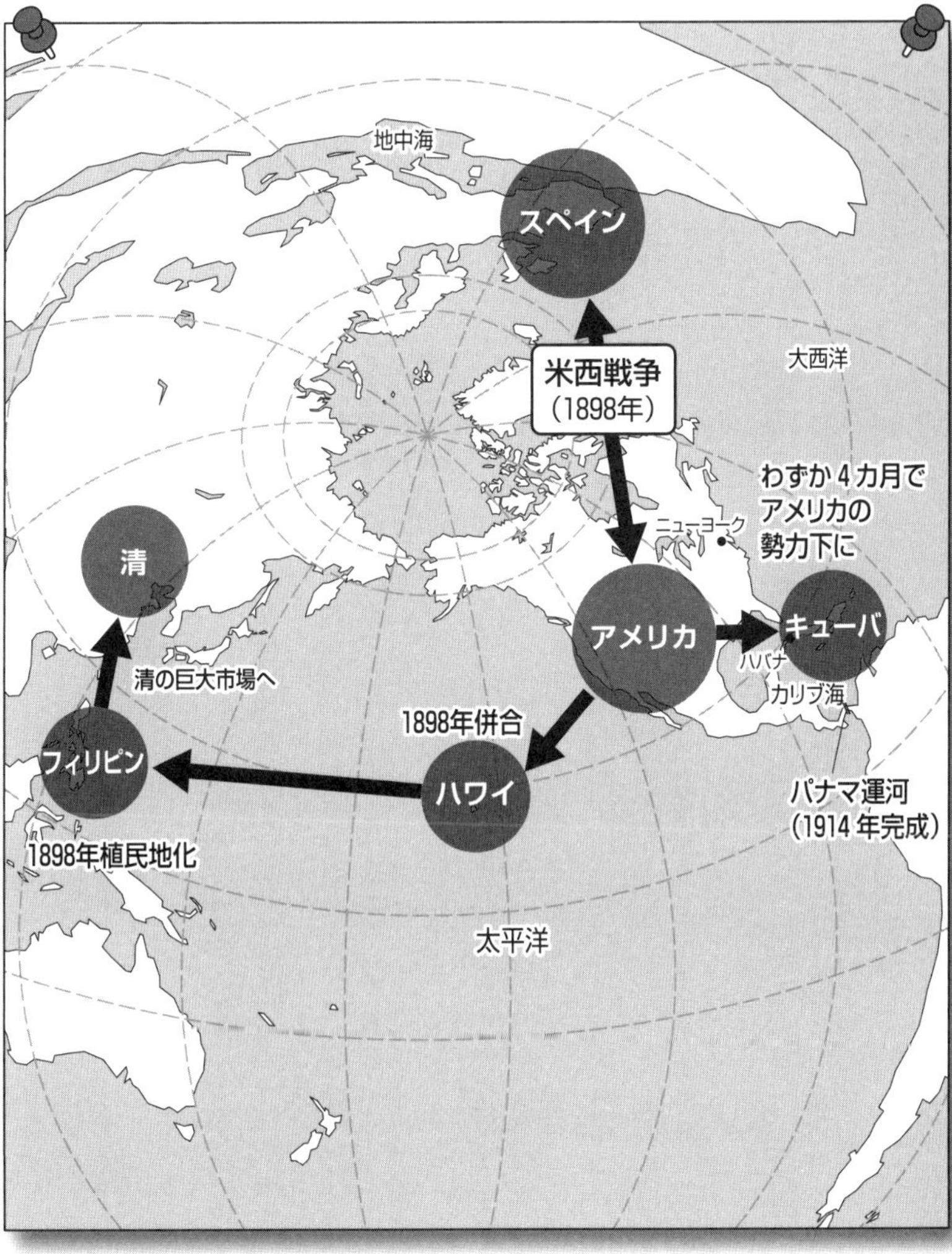

武断派の大統領セオドア・ルーズベルトは、武力を背景に強引にカリブ海を囲い込む「棍棒政策」で、戦争をチラつかせながらスペインの海、**カリブ海を強引に「アメリカの海」に変えていきました**。

一八九八年、スペイン領のキューバで反スペインの蜂起が起こると、アメリカはアメリカ人の生命と財産の保護を口実にして、海軍の最新鋭艦メイン号をキューバのハバナ港に派遣しました。

ところが、同年二月一五日、同号はハバナ港で原因不明の爆沈をとげ、乗員二六六人が犠牲になります。爆沈の理由は未だ謎です。

この事件について、アメリカの大衆紙はスペインが沈めたものと決めつけて開戦を主張。民衆もそれに同調しました。アメリカはスペインに対して、キューバからの即時撤退という無理な要求をつきつけます。

そこでアメリカが望んだように、スペインはアメリカに宣戦布告。同一八九八年、「米西戦争」が始まりました。

国務長官ジョン・ヘイが「素晴らしい小戦争」と称したことでもわかるように、米西戦争はアメリカの「世界政策」実現のきっかけになりました。わずか四カ月の戦いで、アメリカはスペインを破り、キューバ、プエルトリコを勢力下に組み入れたのです。

世界経済の38転換点

1898年〜

アメリカは北太平洋に進出する海洋帝国に変身

西部の開拓が一段落すると、アメリカは太平洋に進出し、中国市場の支配をめざす海洋帝国へと転換することとなります。

米西戦争中にアメリカのアジア艦隊は、スペインの植民地だったフィリピンの独立運動を支援。その後、独立運動を弾圧し、フィリピンを植民地に組み込みます。

さらに戦争中の一八九八年、海兵隊の力を借りたアメリカ移民がカメハメハ王朝を倒したハワイを、住民（アメリカからの移民）の要求に応えるというかたちで併合。太平洋の真ん中に海軍の拠点（パール・ハーバー）を築きました。

アメリカは侵略的な海洋帝国だったのです。

経済を読むPOINT

米西戦争が、アメリカの太平洋進出の出発点となる。前進基地としてフィリピンのマニラが確保され、ハワイを併合。さらに後の太平洋戦争は東アジアを勢力圏とする戦争になり、沖縄が新たな前進基地になった。

パナマ運河の拡張とシェール・オイル

アメリカは、フランス人のレセップス（スエズ運河を建設した外交官）が資金難、マラリアの流行で開削に失敗した**パナマ運河**の権利を買い取り、一〇年の歳月、約四億ドルの資金をかけた突貫工事を行い、一九一四年、第一次世界大戦開始の二週間後に、全長約八〇キロのパナマ運河を完成させました。

パナマ運河は、小さな山を越える閘門《こうもん》（ロック）運河であるために、閘門で水位を調整することにより船を上げ下げしなければならず、通過できる船のサイズが閘門の大きさで制限されました。

航行できるのが、幅約三二メートル、長さ約二九四メートル、喫水一二メートル以下の船（「パナマックスサイズ」と言う）に限られたのです。通過には七時間から八時間もかかりました。

パナマ運河には、①通過に時間がかかり、②幅が狭くて大型船が通れない、という問題がありましたが、二〇一六年に拡張工事が完了。大型コンテナ船、船幅の広いLNG船（船幅約四九メートル）、LPG船（船幅約三七メートル）の通過が可能になりました。

アメリカで産出されるシェール・ガスを積載するLNG船、LPG船の通過が可能になったのです。

それまでカリブ海から日本に至る大型船の航海はアフリカ大陸南端の喜望峰経由にならざるを得ず、約四五日もかかりましたが、拡幅されたパナマ運河が通れるとなると、約二五日の航海ですむことになりました。

シェール・ガスが日本に直送できるようになったのです。パナマ運河の拡幅の経済効果は抜群です。

経済を読むPOINT

アメリカが国の威信をかけて建設したパナマ運河は、難工事の末一九一四年に完成したが、運河の幅が狭く、大型船、大型タンカーの通過が不可能で、経済的には今いちだった。二〇一六年の拡張で、経済的利便性が一挙に拡大したのである。

4 ドルを握った大銀行とユダヤ人

The 51 points to understand the world economy

一九〇七年の恐慌を救ったJPモルガン

第一次世界大戦前夜のアメリカ経済は、あわただしく成長をとげたこともあって大きな歪みを抱えていました。一番大きな問題は、金融危機の際に銀行に対して資金を貸し付ける中央銀行がないことでした。

一九〇七年、銅山会社の大型買収が失敗に終わる出来事が起こり、買収資金を提供した

■1905〜09年のダウ平均株価の推移（週足）

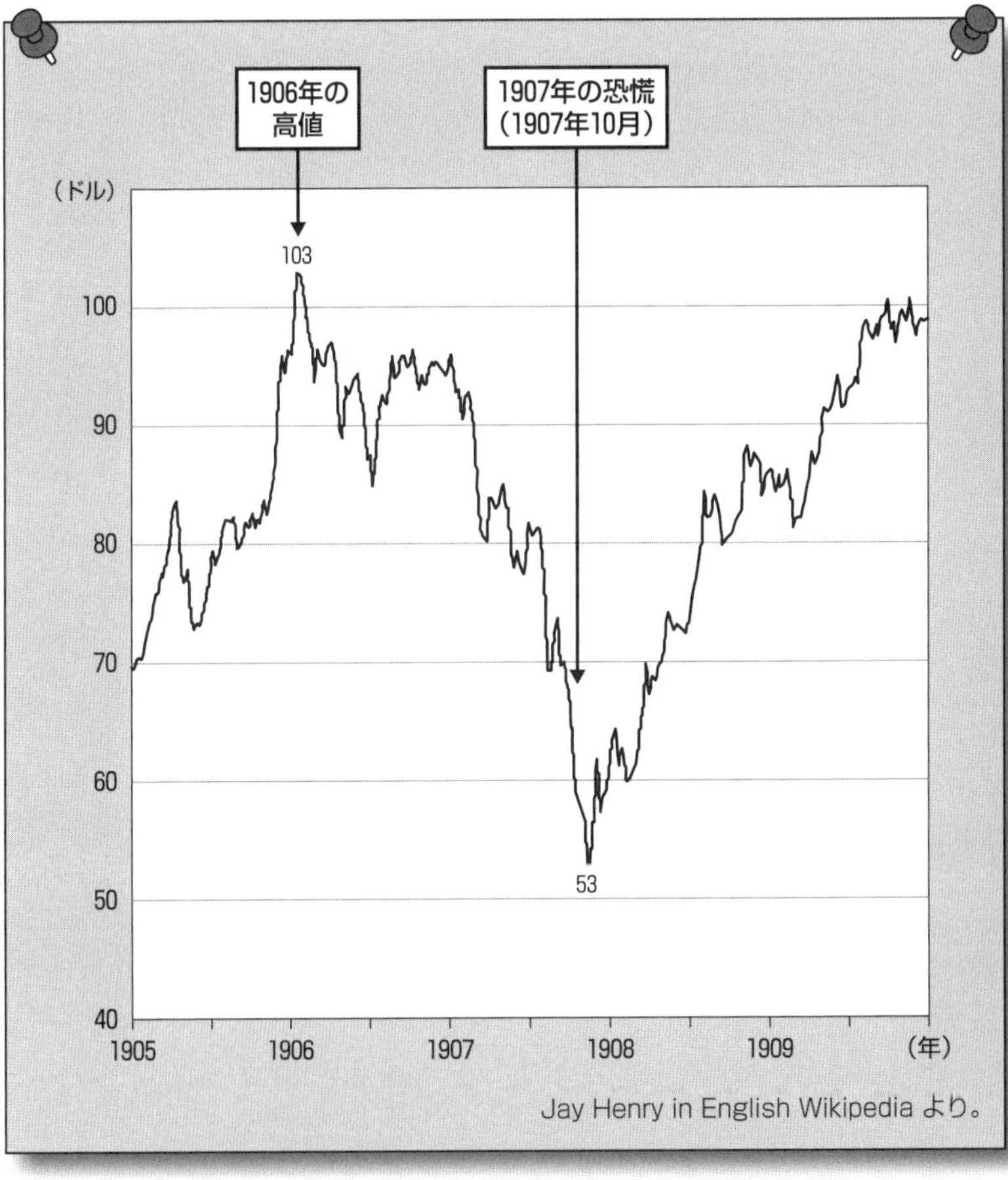

Jay Henry in English Wikipedia より。

銀行への取り付け騒ぎが広がります。

アメリカの銀行の規模が小さいこともあって連鎖的に金融不安が広がり、ニューヨーク証券取引所の平均株価は、前年の最高値の半分に下落しました（**一九〇七年の恐慌**、前ページ図）。

金融不安が広がる中で、ニューヨーク第三位の信託会社ニッカーボッカ社が倒産して社長が銃で自殺します。

アメリカ最大の銀行家で巨大財閥を率いるＪＰモルガンは私財を投じ、中央銀行に代わって金融危機の拡大をくい止めました。

彼は、銀行、信託会社を説得してマネー・プールを作り、その「見せ金」により取り付け騒ぎを鎮め、連鎖倒産を食い止めたのです。

経済を読むPOINT

一九〇七年の恐慌当時、ウォール街ではイギリスのロスチャイルド、ＪＰモルガンなどが大きな力を持っていた。

大銀行とユダヤ人が作った中央銀行（ＦＲＢ）

翌一九〇八年、アメリカ上院は恐慌の原因を調査して、恐慌の再発を防止するための「国家通貨委員会」を設立し、ニューヨークの大銀行やアメリカに投資していたヨーロッパのユダヤ系銀行との協議を経て、一九一三年、ワシントンD.C.の**「連邦準備制度理事会」**（FRB、Federal Reserve Board）と全土を一二地区に分割して設けられた**「連邦準備銀行」**からなる**連邦準備制度という「アメリカ流の中央銀行」**を成立させました。

その仕組みは、こうです。

合衆国憲法には通貨の発行権が議会にあると規定されていますので、連邦準備銀行は紙幣を発行することができません。そこで、**「連邦準備券」**が連邦準備銀行により発行され、政府の国債を引き受けて利子を取るというかたちをとったのです。

普通、紙幣は銀行券と呼ばれ、金と交換されるのが建前だったのですが、アメリカの紙幣は「連邦準備券」でした。

「銀行券」と「準備券」の違いは何なのか、言葉のあやのような気がするのですが、「連邦準備券」は、

①金の裏付けが必要ない、

②国債の購入にあてられる、

という位置づけでした。

紙幣（ドル）を発行する連邦準備銀行に政府は出資せず、その出資者はすべて民間の金融機関だったのです。

通貨の発行に対してはアメリカ政府が発言権を持たず、民間銀行が利子のつく政府国債を買い取るかたちで「準備券」を発行。政府から利子を得ていることが、アメリカの通貨ドルの特徴です。

経済を読むPOINT

アメリカで中央銀行の役割を果たす連邦準備制度理事会、連邦準備銀行は、ニューヨークの主要な民間銀行とヨーロッパのロスチャイルド系の銀行が作った制度で、金の裏付けを必要としない「連邦準備券」を発行。利子を取ることによるアメリカ国債の引き受けを制度化した。

FRBとは

ざっと連邦準備制度理事会（FRB）について、見ておきましょう。

FRBは、大統領が任命する一四年任期の七人の理事で構成。民間銀行の監督と規制、金融政策の実施、支払いシステムの維持、財務省証券（国債にあたる）などの売買を行います。

地方分権の思想が強いアメリカでは単一の中央銀行がなく、全米一二地区に主要な民間銀行が出資する連邦準備銀行（連銀）が設置され、「連邦準備券」（ドル紙幣）を発行する権限を持ちました。

■FRB（連邦準備制度理事会）のイメージ

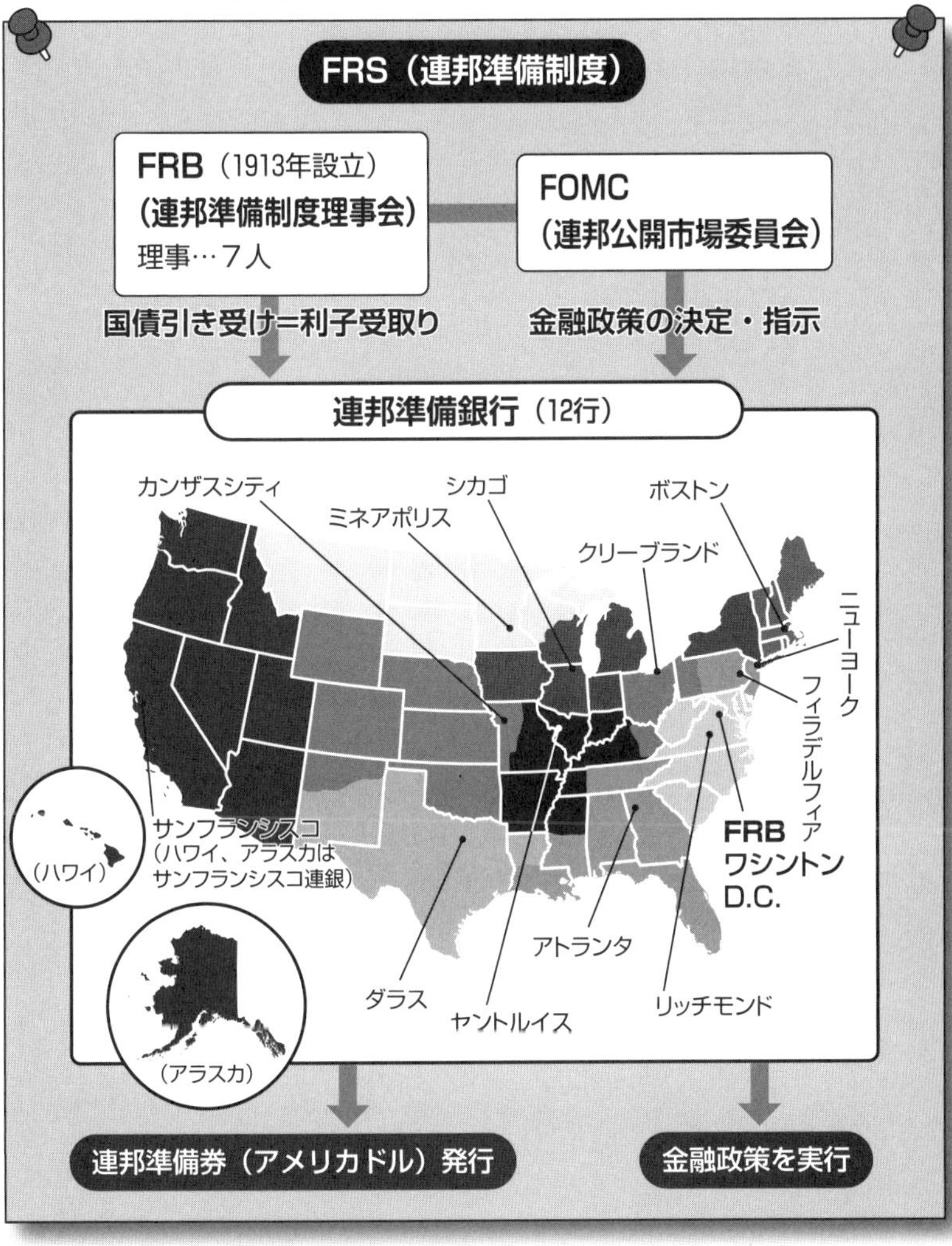

連邦銀行の中で圧倒的に大きな力を持ったのが、ニューヨーク連邦銀行でしたが、出資銀行にはロスチャイルド銀行などのユダヤ系のヨーロッパの銀行が含まれていました。アメリカが、ヨーロッパのユダヤ系銀行が支配する開発途上国だったからです。

ちなみに、金融政策の決定は、ＦＲＢと連銀の理事により構成される**「連邦公開市場委員会」（FOMC）**でなされています。

ケネディ大統領は、ヴェトナム戦争の戦費と福祉財源を確保するために大統領令で、財務省にドル紙幣を発行させました。それは法律的には可能だったのですが、金融資本の利益を損なうものでした。

財務省のドルの発行に、ＦＲＢは猛烈に反発します。結局、かつてのリンカーンと同様にケネディは暗殺され、財務省のドル紙幣は回収されました。

経済を読むPOINT

ケネディは合衆国憲法の規定に基づいて政府のドル紙幣を発行し、無利子で国債を引き受けたが、ウォール街は反対。ケネディが暗殺された後、政府発行の紙幣は回収された。

世界経済の39転換点

1913年

民間銀行によるドル紙幣の発行

ヨーロッパ的な中央銀行がなかったアメリカでは、一九一三年にFRB（連邦準備制度理事会）を中心とする連邦準備制度が成立し、民間銀行が出資する連邦準備銀行が、「連邦準備券」というドルを発行。利子を取って連邦政府の国債を引き受ける制度を作りました。

第9章

二つの世界大戦がもたらしたドル覇権

1

第一次大戦で強くなったドル

The 51 points
to understand the world
economy

大消耗戦でコケたヨーロッパ

一九一四年六月二八日、ボスニアの州都サラエボでオーストリア陸軍の大演習の閲兵に赴《おもむ》いていたオーストリア皇太子夫妻が、一九歳のセルビアの大学生に殺害されるという「サラエボ事件」が起こりました。

テロ事件の暗殺犯の裁判権をめぐり、オーストリアとセルビアの関係が悪化。一カ月後、オーストリアがセルビアに宣戦したのをきっかけに、ドイツ、オーストリア、オスマン帝国と、イギリス、フランス、ロシアの三国協商がぶつかりあう**「第一次世界大戦」**（一九一四〜一八）が勃発しました。

ナポレオン戦争（192ページ）後の約一世紀の間、大規模な戦争がほとんど起こらなかったヨーロッパにとっては、突然に起こった大戦争でした。

イギリスにとっては、この戦争はドイツとの戦争であるのみならず、オスマン帝国を解体して石油利権を確保するための戦争であり、同時に難攻不落のハートランド（241ページ）を支配するロシア帝国を弱体化させる戦争でもありました。

大戦後、イギリスとフランスは戦時中に結んだ「サイクス・ピコ協定」に基づいて、アラブ世界を二分割して支配することになります。イギリスが石油確保のために作ったイラクの他、パレスチナ、ヨルダンを支配し、フランスがシリアとレバノンを支配しました。

ところが第二次産業革命で火器が長足の進歩をとげており、大方の予想に反して戦争が長期化し、誰も予測できなかったような**「総力戦」**という大消耗戦になりました。飛行機やトラック、毒ガスが出現し、武器の発達による遠距離からの大量砲撃で、市民を巻き込む「恐ろしい戦争」になったのです。

それまで自由貿易を積極的に推進して食糧を国外に依存してきたイギリスは、それが逆目に出て食糧危機に陥りました。

一九一七年、ロシア革命が起こってロシアが戦線から離脱。ロシアと対峙《たいじ》していたドイツの軍隊が西部戦線（フランス方面）にふり向けられると、イギリス、フランスへの「債権を何としても守れ」というウォール街の声に押され、アメリカはドイツに宣戦。そこで、勝負ありとなりました。

大規模な戦争の戦場となったヨーロッパは瓦礫の山と化し、山のような戦争の借金を積み上げて、一九世紀のヨーロッパの覇権体制は一挙に崩れていきました。「ヨーロッパの時代」が終わったのです。

他方、モンロー主義（281ページ）により新旧両大陸の相互不干渉を主張して何とか自立を維持してきた新興国のアメリカは、大きなツキを手にしました。

アメリカは、軍需物資、農産物をヨーロッパに輸出することで大金を獲得。大変な漁夫の利を得たのです。

経済を読むPOINT

莫大な額の金輸出と戦債の返済などもあって、ヨーロッパから一段下に見られていた「移民の国」アメリカが世界最大の債権国となり、金の保有量も倍増した。戦前のイギリスのポンドが主導した金貨本位制が、金と兌換できるポンドとドルを「金為替」とする金為替本位制に変わる。

世界経済の40転換点

1918年〜

第一次世界大戦で漁夫の利を得たアメリカが大躍進

第一次世界大戦の総力戦によりヨーロッパが没落してその経済覇権と植民地体制が崩れ、アメリカが経済的優位を実現させていきます。

2 ドイツ人を苦しめた巨額の賠償金とハイパーインフレ

The 51 points to understand the world economy

すべてをドイツに押しつけろ

一九一九年のパリ講和会議では、米、英、仏、伊、日本の五カ国が最高会議を構成しましたが、主導したのはイギリス、フランスでした。両国は、ドイツを踏み台にして復活を図り、ドイツに天文学的とも言われる賠償金を課します。

勝者のイギリスとフランスは、**「サイクス・ピコ協定」でオスマン帝国を分解してアラブ世界を分割**し、滅亡したドイツ帝国、ロシア帝国、オーストリア－ハンガリー帝国の跡の東欧に自らの影響が強い勢力圏を出現させました。

そのうえで戦争の負担は、すべてドイツに付け回そうとしたのです。

アメリカは、大戦で得た収益により植民地時代からの約三〇億ドルの債務を完済しただけではなく、世界最大の「債権国」になりました。

経済を読むPOINT

英仏はアメリカを新興国として一段低く見ており、この時点では自分たちの時代が終わったとは考えておらず、ドイツを踏み台にして再び復権できると考えていた。

「ルール占領」が起こした超インフレ

ドイツは第一次世界大戦の講和条約「ヴェルサイユ条約」で植民地を放棄させられ、人口の約一〇パーセントの居住地（領土の一三パーセント）を失い、軍備を制限されただけではなく、一九二一年にGDPの二〇年分に当たるとてつもない賠償金を課されました。

現在の日本の赤字国債でも歳入の一三年分ですから、正気の沙汰とは思えない巨額の賠償金が課されたのです。

敗戦により経済が崩壊したドイツが、賠償金の支払いを滞らせたのは当然でした。しかし、フランスは支払いの遅延を理由にベルギーとともに出兵（一九二三）。**ルール地方（ドイツの中心的工業地帯）を占領**してしまいます。

それに対してドイツ政府は同地方の労働者にストライキを呼びかけ、工場、鉱山は無期限の操業停止に入りました。

ドイツ政府は労働者に賃金を支払うために紙幣を増刷しますが、それが大規模なインフレを引き起こす結果となりました。

わずか半年で、マルクの価値が大戦中の一兆分の一に低下したと言われますから、まさに破滅的な紙幣価値の低下でした。

そうしたインフレを**「ハイパーインフレ」**（貨幣や預貯金の紙切れ化）と言います。

後に財務大臣シャハトが国有財産を担保とする新紙幣レンテンマルクを発行し、旧一兆マルクを一レンテンマルクと交換して旧紙幣を焼却。ハイパーインフレは奇跡的に収束しますが、その過程でドイツ国民の生活は壊滅的な状態に陥りました。

経済を読むPOINT

ヨーロッパに多額の債権を持つようになったアメリカが貸金を円滑に回収するにはヨーロッパ経済の混乱を避けなければならず、「ドーズ案」（ドイツの賠償の緩和案）でアメリカがドイツに復興資金を貸与し、賠償金の返済条件を緩くしてドイツ経済を回復させる方法を提示。アメリカの資金がヨーロッパ経済を支えるかたちになった。

日本も体験したインフレの苦しみ

ハイパーインフレは、国の歳入の九倍に当たる国債を発行して戦った太平洋戦争に敗北し、本土がアメリカ軍の空爆で焼け野原になった日本でも起こりました。

世界経済の41転換点

1921年

ドイツ経済を破綻させた英・仏の天文学的な賠償金

イギリス、フランスのドイツに対する天文学的賠償請求が一九二三年にドイツでハイパーインフレを起こし、アメリカの資本投入で危機は乗り越えられましたが、世界恐慌（319ページ）でアメリカの資金が引き上げられるとドイツ経済が崩壊。ナチスが台頭して第二次世界大戦につながっていきました。

そうした時代の苦しさを覚えている人も少なくなりましたが、インフレの進行で公定価格に対して、ヤミ物資の価格が四〇倍にも達しました。

日本政府は、預金封鎖と新円切り替えで国民に負担を転稼し、経済危機を乗り切りました。現在の不安定な世界経済の動向、歳入の一三倍にも及ぶ赤字国債を考えると、政治と経済の舵取りは非常に難しいと言わざるを得ません。

3 アメリカ的資本主義の登場

The 51 points to understand the world economy

無駄が多い大量生産

一九二〇年代、**アメリカでは自動車、電力、家庭電化製品、ラジオ、映画などの新産業が勃興し、工業製品の大量生産、大量消費による大衆消費社会が出現**しました。

一九世紀後半の「金メッキ時代」（278ページ）、第一次大戦による好況、そしてその後に

「黄金の二〇年代」が来て、工業生産高が第一次世界大戦前の二倍を超えたのです。

アメリカ人は、それまでのヨーロッパには見られなかった生活様式（**アメリカン・ウェイ・オブ・ライフ**）により、高い消費水準が実現されたことを誇りました。そうした経済成長を牽引したのが、自動車と家庭電化製品の生産です。

ヨーロッパでは自動車が有産階級の「馬車」になぞらえられて高級イメージだったのですが、アメリカでは、実用的な「幌馬車」のイメージでとらえられました。

ベンツとフォードの違いです。

原野が地平線まで続くアメリカでは馬や幌馬車が不可欠だったのですが、馬や幌馬車は高価でメンテナンスも大変だったために、**「機械仕掛けの安価な馬」としての自動車**が作られたのです。

世界史を変えたヒット商品

ミシガン州の農家に生まれたアイルランド移民の子、ヘンリー・フォードは、一八九六年に時速四〇キロで走る最初の試作車を完成。一九〇三年、フォード自動車会社を設立して、大衆車の製造に乗り出しました。

フォードの信念は、頑丈で運転が簡単な自動車をできるだけ安い値段で大衆に提供することでした。アメリカの広大な原野をまとまりのある国に変えるには、自動車が欠かせなかったのです。それを実現させたのが、**「T型フォード」**でした。

一九〇八年に発売されたT型フォードは、八五〇ドルという破格の安さ、四気筒の魅力的デザイン、最高時速七二キロという性能の良さで爆発的な人気を得ました。年間一万台を製造しても、注文に追いつけなかったと言われるほどです。

それを可能にしたのが、ベルトコンベア方式による大量生産でした。フォードはシカゴの食肉工場で目にした、頭上のレールを移動する牛肉を作業人が切り取って行く流れ作業の方式を自動車生産に取り込んだのです。

流れ作業による組み立てラインはそれ以前からあったのですが、フォードがT型フォードの生産で採用したことからアメリカ全土に広がりました。

フォードは、部品の組み立てとラインの関係を科学的に分析し、作業工程に徹底的な改良を加えました。そのため作業能率が一挙に上がって、従来一二時間かかっていた車台の組み立てが一時間三〇分に短縮されました。自動車の価格は、一九二六年に二九〇ドルへと下がっていきます。

T型フォードは、製造が打ち切られる一九二七年までの一九年間に、一五〇〇万台を生産し、アメリカを自動車社会に切り換えました。

世界経済の42転換点

1908年

自動車からアメリカ的な大量生産方式が登場

第一次世界大戦後のアメリカでは、自動車生産を中心に①部品の標準化、②流れ作業による大量生産方式が普及し、一九〇八年のT型フォードの登場から大衆消費社会が始まりました。

一時期、アメリカは世界の自動車の約半分を使用する自動車大国になります。アメリカ人の自動車に対する思い入れは一種独特なものがあります。

経済を読むPOINT

だだっ広く不便なアメリカに交通インフラを張り巡らすのは大変な作業であり、結局、インフラコストが低い「機械仕立ての馬」の自動車を量産する方向に経済が進んだ。

4 電気エネルギーの登場と電灯・映画・電気製品

The 51 points to understand the world economy

電気による生活革命

一九世紀末、「電気」が新しいエネルギーとして登場し、一連の「生活革命」が起こりました。

発電所で作られた電気は送電システムによりどこにでも送ることができ、旧来の生活を破壊、再生していきました。

電気エネルギーの可能性に早くから着目していた発明家のエジソンは、「私にとっての課題は、これら多種多様な道具・方法・装置を一つの目的のもとに互いに適合しあうように組み合わせていくこと、つまり全体として包括的なシステムを作り上げていくことである」と述べています。

電力は、国、地方、都市・農村、家庭を結ぶ包括的なシステムを作り出していきました。エジソンは京都の竹を原料とする炭素電球を発明すると、電球の量産体制を整える一方で、一八八一年にニューヨークのＪＰモルガンのビルで発電を始め、翌々年に二〇三軒の建物に電灯を灯しました。

二〇世紀に入ると約一万人が白熱電球を利用し、その一〇年後には約三〇〇万人が恩恵を受けるというような具合で、白熱電球は急速に浸透していきます。

経済を読むPOINT

電気は、電球により闇に閉ざされた夜の生活を一変させて人間の活動の場を広げただけでなく、ラジオにより、ジャズ、プロスポーツを家庭に持ち込み、映画を普及させるなど、生活様式を一変させた。

ユダヤ移民とハリウッド映画の誕生

白熱電球を光源とし、カメラのロールフィルムの技術を応用する映画が誕生し、「映像の時代」が始まりました。

エジソンが一八八九年に発明した「キネトスコープ」が、そのはしりでした。それは毎秒二四コマの速さで動くロールフィルムの画像を覗《のぞ》き窓から覗くというだけの簡単な仕掛けで、一分間続くか続かないかの短い動画でした。

一八九六年、エジソン社は、スクリーンに動画を映し出す「バイタスコープ」を開発。「ニッケルオデオン」と呼ばれる五セントで入場できる映画館（ニッケルは、五セント硬貨の通称）が登場します。

映画が大流行したのは、ユダヤ人などの貧しい移民のための簡単な娯楽になったからです。

二〇世紀に入ると、ストーリーを楽しむ映画が作られはじめました。そうした映画製作者として有名なのが、エドウィン・ポーターで、一九〇三年、彼が製作したストウ夫人原作の「アンクル・トムの小屋」が話題作となりました。

第一次世界大戦でフランスとイタリアの映画会社が壊滅状態になったことから、戦争の影響を受けなかったアメリカの映画会社が世界の映画市場を席巻することになります。

しかし、撮影機材の使用料が高かったため、その取り立てを避けるために映画製作に携わるユダヤ人は、製作場所を東部から遠く離れた西海岸のロスアンジェルス郊外のハリウッドに移しました。いざという時は、メキシコにも逃げられます。

映画製作は、監督を中心とする分業に移っていきましたが、そうした展開をリードしたのがD・W・グリフィスでした。

彼は、一九一六年に大作「イントレランス」を製作しますが、それが撮影されたハリウッドが、第一次大戦後にアメリカを代表する映画の製作センターとして成長。ハリウッドが、映画の代名詞になったのです。

経済を読むPOINT

ハリウッドは、ミュージカル「屋根の上のバイオリン弾き」に描かれたように、ポグロム（ロシアにおけるユダヤ人の弾圧）により東欧、ロシアを追われてニューヨークに来た二〇万人以上のユダヤ難民たちの間から成長した。

5

大衆消費社会が流通革命により到来

The 51 points to understand the world economy

チェーン・ストアの普及

一九二〇年代のアメリカでは、大量生産、大量消費の「大衆消費社会」を担なう巨大な物流が、自動車を利用することで広がりました。**チェーン・ストア**です。

ニューヨークやシカゴなどの大都市では、一九世紀末にヨーロッパから伝えられたデパートが、繁栄期を迎えました。一九二九年、デパートの総売上高は四〇億ドルを超えるようになり、小売総売上高の九パーセントにも及んでいました。

自動車が急速に普及した地方の中小都市や農村では、同一経営者が同じ規格でデザインし、広い駐車場を備える店舗を数多く経営する「チェーン・ストア」の方式が急速に広がり、**「アメリカン・ウェイ・オブ・ライフ」**（アメリカ流の生活）の生活スタイルの普及に貢献しました。

ウールワースは、「五セント・一〇セントストア」（今風に言うと一〇〇円ショップ）というチェーン・ストアで大成功を収めました。一九一〇年に六〇〇余の店舗を持つに至ったウールワースは、一九一三年に高さ二四一メートル、六〇階建ての本社ビルをニューヨークに建てています。

そのビルは巨大な広告塔であり、一六年間世界一の高さを誇りました。流通革命は、アメリカでの成功を手本にして世界中に広がっていきます。

商品の大量購入と統一された広告で経費を切り詰め、安く商品を提供するというアメリカ的合理主義は、辺鄙な地域に住む人々に歓迎されました。都市の住民にも農村の住民にも、モノの購入は平等に保障されなければならないというのが、流通業者のスローガンでした。

一九二〇年代は、**「チェーン・ストアの時代」**と呼ばれるほど流通が激しく変化したのです。

経済を読むPOINT

日本式の流通革命が、地理的環境がまったく異なる中国、東南アジアで、コンビニ、スーパーの手で急速に進められているのは興味深いことです。

スーパー・マーケットの出現

チェーン・ストアの低価格戦略は、独立小売店や製造業者との対立を激化させました。徹底的な合理化による価格破壊は、小売業の商売を立ち行かなくさせますが、それに世界恐慌（次項）が加わり、各地で反チェーン・ストアの運動が強まったのです。

一九三三年頃には、二八州の議会に六八九にのぼる反チェーン・ストア法案が提出されています。チェーン・ストアの店舗数や売上高により、累進課税（課税対象金額が多くなるほど高い税率になる課税方式）を課すべしというのが、その内容でした。

そのため、複数州にまたがって多くの店舗を展開していたチェーン・ストアは経営の危機に直面。一店舗当たりの経営規模を拡大して店舗数を絞り込み、セルフサービス方式を導入して人件費の削減を図りました。

それが**スーパー・マーケット**です。現在、人件費を抑制するスーパー・マーケットは、地球規模で普及しています。

6

世界恐慌に学んだ国家の経済介入

The 51 points to understand the world economy

投資の大衆化とバブルの拡大

第一次世界大戦後、にわかに世界最大の債権国となったアメリカでは、大量生産が行われてモノで溢れましたが、経済格差も拡大しました。大衆の購買力が伸びないためにモノ余り現象が広がり、需給関係が崩れます。モノ余り、金余りが、バブルの拡大を助長することになりました。

ダブついたお金が、土地、株式の投機に向かうのはどこの国も同じことで、アメリカでも株価が右肩上がりで上昇していきます。

投機は、利益を求めて見境がつかなくなる状況を生み出しやすく、バブル現象につながります。世界恐慌前のアメリカでは、三〇〇社以上のファンドが活発に活動し、一九二九年には一年で二六五社の投資信託が設定されるなど、投資が過熱化していきました。

バブルの崩壊はどこでもそうなのですが、過熱化した熱狂の中で突然に訪れます。

経済を読むPOINT

当時の投資信託は、レバレッジをきかせた危険なもので、投資家たちは証拠金により借金をして、リスクの高い投資信託を購入していた。

単なるバブルの崩壊が世界恐慌に

世界の工業生産の四二パーセントを占めるアメリカで、一九二九年一〇月二四日の木曜日、突然にウォール街の証券取引所で、**株の大暴落（暗黒の木曜日）**が起きました。

追加の保証金が払えずに大量の株が売られ、株価が下がったことによる「ろうばい売り」が加わって、一〇月二九日の火曜日（**悲劇の火曜日**）には、さらに大きな株価の暴落が起こります。

株式市場は、一週間で当時のアメリカの国家予算の一〇年分もの金が失われたことになり、大混乱に陥りました。

しかし、大統領の座についたばかりの大資産家のフーヴァーは、緊急事態に対応できず、危機がそのまま放置されてしまいます。

■1929年のダウ平均株価日足チャート

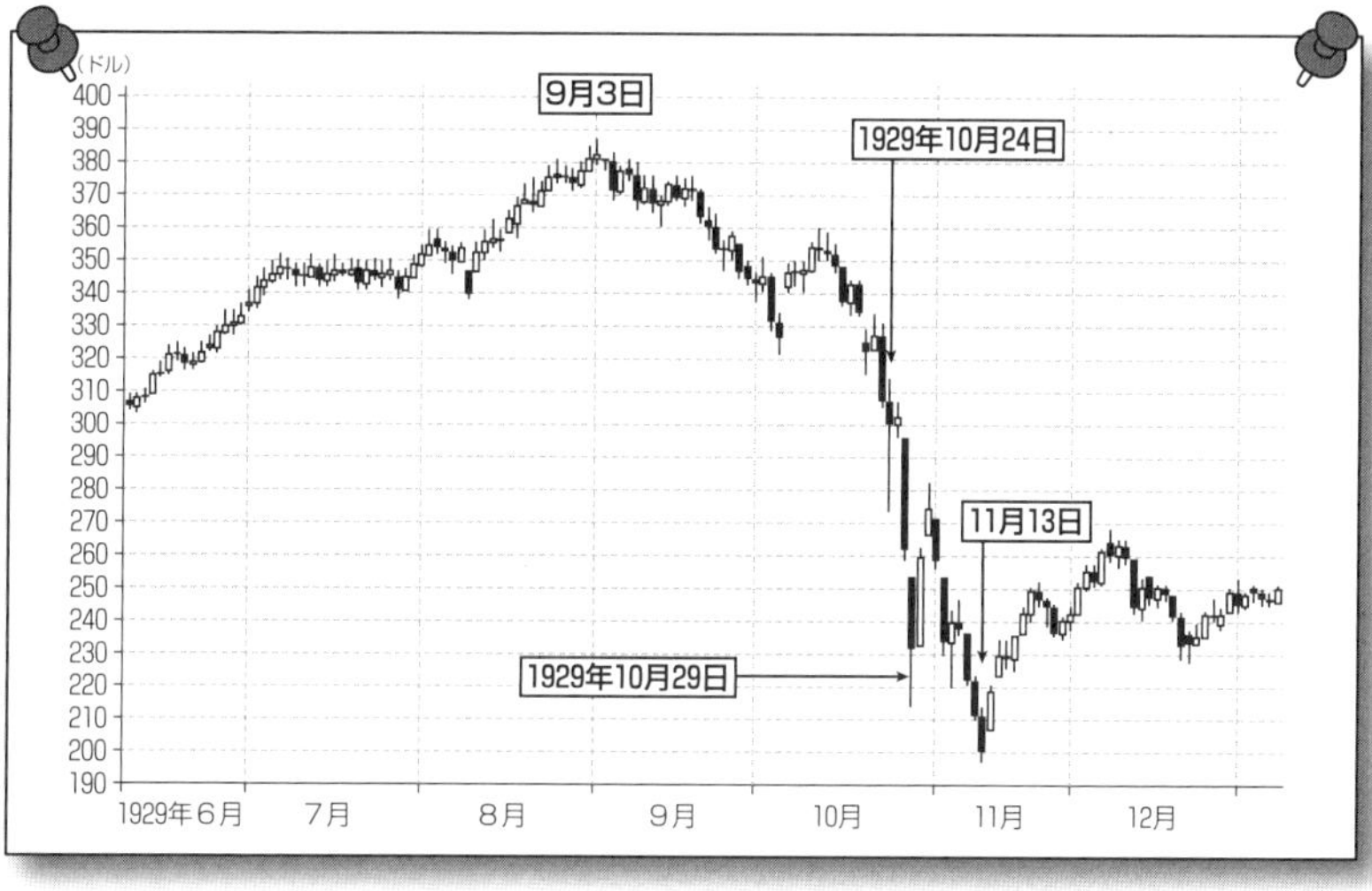

悪い経済の循環が続き、年内に株価が半分にまで下落して、銀行は次々に倒産。資金の調達ができなくなった企業の倒産も相次ぎ、失業者、ホームレスが街に溢れました。

「大恐慌」(世界恐慌)です。

一九二九年から三三年までの四年間に、アメリカの工業生産は半減。一九三三年の恐慌のピーク時には、失業者が一三〇〇万人にのぼりました。

つまり**アメリカ国民の四人に一人が失業した計算になります。平均株価もピーク時の七分の一に下落**しました。

中には巨大自動車企業ゼネラルモーターズ(GM)のように、大恐慌の到来を予測していて、あらかじめ作成されていた計画に基づき、即座に生産規模を四分の一に縮小した要領のいい企業もありました。しかし、そうした企業の素早い行動も、全体の景気をさらに悪化させることにつながりました。

圧倒的優位に立って世界経済を牽引していた経済大国が突然コケたのですから、その衝撃はすさまじい勢いで世界全体に連鎖しました。

ところが第一次世界大戦でタナボタ的に大国になった当時のアメリカには、世界経済を主導しているという自覚も根性もありませんでした。

アメリカは工業製品に世界最高の三五パーセントの高関税を課し、貿易黒字国であるにもかかわらず、金に対するドルを約四〇パーセント切り下げます。

恐慌期に三度にわたってくり返された金融破綻は、アメリカの零細で脆弱な銀行の経営を揺るがし、取りつけ騒ぎにより三分の一の銀行が破綻しました。

危機に瀕した銀行は、ドイツなど国外に投資していた資本を慌てて引き上げます。

そこで、オーストリアの六割の貯蓄を引き受けていた大銀行が倒産。恐慌の影響は、ヨーロッパ全域に及ぶことになりました（**世界恐慌**）。

世界経済の43転換点

1929年

第二次世界大戦につながる世界恐慌の勃発！

バブル破綻に対するアメリカ政府の対応のまずさが世界恐慌を引き起こし、悲惨な第二次世界大戦につながりました。

経済を読むPOINT

経済危機に陥った世界各国は、金本位制を放棄して管理通貨制に移行し、輸出を増やすための通貨切り下げ（固定相場制で自国の通貨の価値を安くすること）競争に走らざるをえなくなった。その結果、世界貿易は停滞し、経済のブロック化（植民地を持つ国が自国経済圏から他国を締め出すこと）が進んだ。

保護貿易で縮む世界経済

世界恐慌により、世界全体の工業生産力は四四パーセントも低下（従来は最大規模の恐慌でも七パーセントの下落）、世界貿易は六五パーセントも下落し（従来は多くても七パーセント）、計画経済をとるソ連以外の経済は大きく後退しました。

各国は金本位制から離脱して通貨を切り下げ、他方で関税を引き上げることで何とか輸出競争に勝とうとします。我《われ》も我《われ》もと**「保護主義」**に走りました。

一九三二年、イギリスはカナダのオタワに自治領と植民地の代表を集めて「オタワ協定」を結び、連邦内の関税を大きく引き下げ、一方で**域外からの商品に対しては二〇〇パーセントの高関税をかける「ブロック経済」の体制を固め、フランスもそれにならいました。**

アメリカも先に述べたようにアメリカ・ファーストの保護貿易政策をとりました。

そうした動きに、資源も植民地などの勢力圏も持たないドイツ、イタリア、日本の経済

■1930年代の世界のブロック経済圏

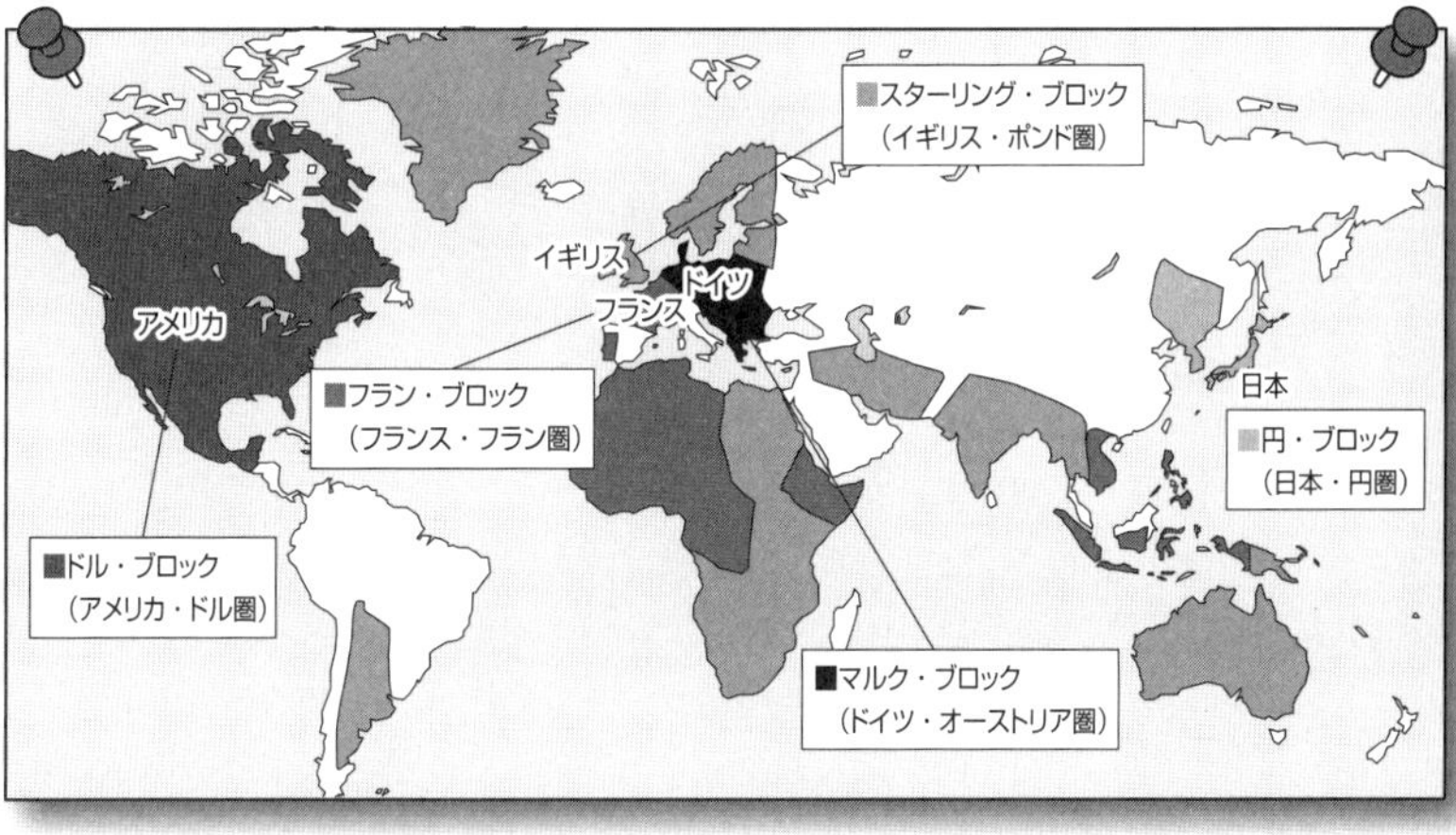

の困窮が深刻化していきました。

絶望的な不況が長引く中で、経済の回復に対する政府の役割が見直されることになります。

政府が公共投資により人為的に需要を生み出し、余剰物資や失業者を吸収することの必要性が経済学者**ケインズ**により提唱されました。

ドイツの国家主導によるアウトバーン（ドイツ帝国高速自動車道路）の建設、アメリカの電力を確保するためのＴＶＡ（テネシー川域域開発公社）による総合開発、ＮＩＲＡ（全国産業復興法）による生産力の増強等が一定の経済効果をあげたことから、**政府が経済の重要なプレイヤーとして認知される時代**に入ります。

経済を読むPOINT

アメリカ経済は、よたよたしながらも、ルーズベルト大統領の「ニューディール政策」により、①グラス・スティーガル法による銀行の商業部門と財政部門の分離、②預金保険制度の導入、③農産物の最低価格の保証、④地域総合開発による公共投資の拡大、⑤老齢年金と健康保険の導入、賃金を上昇させて需要を拡大するための労働組合の育成、などに乗り出した。

ケインズの新経済理論

イギリスの経済学者**ケインズ**は、一九三六年に『雇用・利子および貨幣の一般理論』を発刊。市場経済が供給だけでなく需要からも大きな影響を受けることを指摘しました。

彼は、**政府が有効需要を生み出すために経済に積極的に関与し、世界恐慌から抜け出す必要を訴え、従来の経済学に変革をもたらしました。**現在、多くの政府が経済政策のために行っている公共投資、減税、金利調整などは、彼の理論に基づいています。

ナチスの台頭の背景

ヨーロッパでは、ドイツの経済危機が進行しました。ドイツでは、危機に陥ったアメリカの銀行が資本を引き上げたことで、四年間に工場の六割が倒産。一九三二年の失業率は

世界経済の44転換点

1930年代

資源小国を追いつめたブロック経済

世界恐慌により各国経済は危機的状態に陥り、通貨切り下げ競争と経済のブロック化が進行。資源を「持たざる国」のドイツ、イタリア、日本は経済が危機的な状況に陥り、戦争へと追い込まれていきました。

約四〇パーセント、失業者は六〇〇〇万人以上という絶望的な状態に陥りました。

しかし、議会は論争をくり返すだけで無為無策でした。空虚な論争に失望した大衆、没落した中産階級はナチスに希望を託さざるを得なくなります。


ヒトラーが率いるナチスは、経済学者シャハトの国民需要を創造する政策に基づいて、失業保険の積立て金を利用した経済再建計画を立てました。それが、一九三三年の一万四〇〇〇キロに及ぶ**「アウトバーン」**（ドイツ帝国高速自動車道路）の建設です。大規模な公共投資により、失業者を吸収しようとしたのです。

一九三三年三月二三日、ナチスは、議会の承認を必要とせずに、憲法に反する法律も制定できるとする「全権委任法」を成立させ、権力基盤を固めたヒトラーは、アウトバーン建設計画を実行に移しました。

アウトバーン建設の目的は、自動車産業の育成でした。一九三二年の段階でドイツの自動車の保有状況は一〇〇人に一台で、五人に一台というアメリカに大きく水をあけられていました。そこに、ドイツの経済成長の可能性があったのです。

ヒトラーは、「フォルクス・ワーゲン」（国民車）を大量に生産し、給料からの天引きで販売を促進させ、自動車を大衆化させました。

経済を読むPOINT

ナチスは自動車文化を移植し、アウトバーンの建設と結びつけて自動車工業を興し、危機に陥ったドイツ経済の建て直しに成功したことで、ドイツ民衆の大きな支持を得た。

7 世界恐慌が引き起こした大戦争、第二次世界大戦

The 51 points to understand the world economy

領土の回復から始まる第二次大戦

第二次世界大戦は、地球規模で経済の底が抜ける状況の下で、ポピュリズムが結びつきやすい領土問題をきっかけに始まりました。

ドイツ経済を建て直したナチスは、やがてナショナリズムと報復主義、軍事侵略に傾いていきます。

一九三三年、ナチスは軍備の平等権を認めなかった「国際連盟」を脱退（国民の九五パ

ーセントが支持）。三五年にはヴェルサイユ体制（303ページ）から離脱して、徴兵制を実施します。

一挙に五〇万人の軍隊を誕生させ、空軍も再建しました。ドイツ国民の大多数は、ドイツに苦難を強要してきたヴェルサイユ体制を、勝者による敗者に対する抑圧体制と考えていたのです。

ナチスは第一次世界大戦でポーランド領を失っていたソ連と、一九三九年に「独ソ不可侵条約」を結び、秘密条項でポーランドの分割を認めあいました。

条約締結の翌月に、ドイツ軍、少し遅れてソ連軍がポーランドに進攻し、ポーランドを分割占領しました。

第一次世界大戦後に独立を回復していたポーランドは、短期間で消滅してしまいます。

英仏両国は、ドイツの台頭を抑え、東欧圏に対する影響力を維持するために、一九三九年、ドイツに宣戦。第二次世界大戦が始まりました。

ドイツは、一九四〇年五月、中立国のオランダ、ベルギーに侵入した後、フランスを電撃的に攻撃し、六月にはパリを占領。イギリスへの空爆を開始します。フランスは降伏。状況がドイツに有利と判断したイタリアも参戦しました。

一九三七年の「盧溝橋《ろこうきょう》事件」に端を発する「日中戦争」（332ページ）に行き詰まっていた日本も、ヨーロッパの新秩序をめざす独伊両国と同一歩調をとることになり、九月に「日独伊三国軍事同盟」が結成されました。

一九四一年六月、ドイツはソ連のバクー油田の石油を確保するためにソ連への侵攻を決意し、三カ月でソ連を倒せるものと計算して独ソ戦に踏み切りました。

ドイツは三〇〇万の軍（ドイツ軍の七五パーセント）、航空機二七四〇機（空軍の六一パーセント）、戦車三五八〇台をソ連に進攻させました。独ソ不可侵条約を一方的に破棄されたソ連は、深刻な打撃を受けます。

その段階で、アメリカとイギリスは「大西洋憲章」を発表。

戦争をファシズムと民主主義の戦争と主張し、ペルシア湾からイラン、アフガニスタンを通ってソ連への軍需物資の支援に踏み切りました。

経済を読むPOINT

独ソ戦の開始により英米はソ連支援に踏み切り、第二次世界大戦は新たに民主主義とファシズムの戦争として位置づけられることになった。

中国民族運動は代理戦争？

アヘン戦争（254ページ）以後の経済の崩壊と軍閥の割拠に悩む中国では、近代的な民族運動の担い手となる国民党の力が封建勢力よりも圧倒的に弱く、指導者の孫文はソ連と「コミンテルン」（共産主義の世界組織）の支援により民族運動を進める道を選択しました。コミンテルンの指導の下で、中国共産党との合作（国共合作。国民党と共産党の協力）による国民革命軍が組織され、「北伐」（一九二六～二八）を進めて諸軍閥を倒し、統一を実現するという、軍閥との「戦争」の形をとった民族運動が進展しました。

他方、中国経済の支配をめざすアメリカ、イギリスは、中国最大の金融資本、**浙江《せっこう》財閥**と結びついた蔣介石《しょうかいせき》を「代理人」として支援します。

広東を拠点とする国民党軍による北伐が成功裏《り》に進んだ一九二七年、蔣介石の上海クーデターで国民党と共産党が分裂。アメリカ・イギリスとソ連・コミンテルンの代理戦争が国民党と共産党との間で戦われることになりました。

そうした中で、世界恐慌により大打撃を受けた日本が「満州事変」を起こし、「満州国」（実態は植民地）を建国するという事件が起こります。東アジアの紛争地域に日本が新たな紛争の種を持ち込んだのです。

それに対して内戦で国民党に押されていた共産党は**「抗日民族統一戦線」**の結成を呼びかけ、共産軍の討伐の督促に訪れた蒋介石を張学良《ちょうがくりょう》などが武力監禁した西安事件（一九三六）を利用して国共合作に持ち込みました。

つまり政治が国民党と共産党の戦争を棚上げにし、共同して日本にあたるという方向に傾いたのです。国民党と共産党の歩みよりによってソ連・コミンテルンとアメリカ・イギリスの提携が進めば日本が国際的に孤立するのは明らかです。そこで日本は、盧溝橋事件（一九三七）をきっかけに、なし崩し的な「日中戦争」に踏み切ったのです。

経済を読むPOINT

抗日民族統一戦線の結成が、中国を巡る内外の政治状況を一変させ、共産党政権の樹立につながった。それが、現在の中国で「抗日」が建国の原点として宣伝される理由である。

幣制改革と連動した日中戦争

世界恐慌の影響と満州事変で、中国の不況が深刻化しました。

一九三四年、アメリカ政府が**「銀買上法」**（アメリカが準備額の一定割合まで銀を国内外問わず買い上げることを決めた法律。世界で銀価格が高騰した）を実施すると、中国から一挙に前年の一七倍以上の銀が流出して経済困難が強まりました。

中国から流出した銀は、アメリカが世界から調達した銀の八割に及び、中国では銀不足によりデフレ（不況）が急速に深刻化します。

そこで蔣介石の**国民党政府は、イギリスの政府財政顧問リース・ロスを招いて幣制《へいせい》（紙幣制度）の改革を行い、銀本位制を管理通貨制（通貨発行を政府が管理する体制）に改めました。**中国は為替をイギリスのポンドにリンクさせ、一元を一シリング二ペンス半に固定します。

銀を担保に各銀行が発行していた旧来の銀行券が回収され、中央銀行、中国銀行、交通銀行の三行が発行する不換紙幣の「法幣《ほうへい》」（法律で定められた貨幣）に統一されました。

中国がイギリス、アメリカの経済圏に入ってしまうことを恐れた日本は、国民政府との対決姿勢を強めざるを得なくなります。

日中戦争（一九三七～四五）は、日本軍と蔣介石が指揮する国民党軍が戦った戦争でしたが、国民党と共産党は抗日統一戦線でタッグを組みました。戦争を国民党にまかせ、共産党は日中戦争を利用して農村での勢力拡大に励みました。

戦争は泥沼化し、日本軍は苦境に陥りましたが、それは巨額の戦費の調達に苦しむ国民党も同様でした。

長期間続いた混乱のために税収が乏しい国民党は、先に述べたように「法弊」をひたすら刷り続けることで戦費を調達することになりました。それが、ハイパーインフレを呼び起こし、大衆の生活が破滅に瀕《ひん》することになります。

日中戦争が始まった一九三七年から四五年までの八年間に、「法弊」の発行量は約三九八倍に増え、印刷が間に合わないほどだったと言われます。生活の破綻に追い込まれた民衆は、国民党から離れていきました。

さらに国共内戦の末期の一九四八年にも、インフレが深刻化しました。国民党が発行した「法幣」は、わずか一〇カ月で二万分の一に価値が低下してしまうという激烈なハイパーインフレを引き起こしました。**国民党政権は、二度の破局的インフレにより共産党に敗北したとも言える**のです。

経済を読むPOINT

蔣介石の国民政府の幣制改革で中国が銀本位から離れ、金で価値を担保されたポンドの通貨体制に加わることが明確になった。

仕組まれた太平洋戦争

日中戦争の「泥沼化」は、経済基盤の弱い日本を苦境に陥れました。

そうした中でアメリカは、石油、くず鉄の日本への輸出禁止措置を取り、日本を太平洋戦争へと追い込みました。

アメリカに石油の供給を断たれた日本は、東南アジア・南太平洋地域に勢力圏（大東亜共栄圏）を形成し、日中戦争の遂行に必要な石油をオランダの植民地のスマトラ島から獲得せざるを得ませんでした。

一九四一年四月、日本は「日ソ中立条約」を締結。

アメリカとの短期決戦に踏み切ります。

一二月八日、日本軍は太平洋のアメリカ海軍の拠点ハワイの真珠湾を奇襲攻撃し、**「太平洋戦争」**が始まります。

日本が、アメリカ、イギリスに宣戦すると、日独伊三国軍事同盟を結んでいたドイツ、イタリアが同盟の規定に基づいてアメリカに宣戦。ここにヨーロッパとアジアの戦線が結びつくことになり、第二次世界大戦は地球規模の大戦争となりました。

アメリカは、第一次世界大戦の一〇倍の戦費を費やすことで、世界恐慌（319ページ）により低迷していた経済を急速に回復させます。アメリカの戦費の五割五分は、民間が購入した国債により賄われました。

自国が戦場にならず、大量の武器、弾薬を増産できたアメリカは、日本列島の制空権を握ると大規模空襲で日本に壊滅的な打撃を与えます。

経済を読むPOINT

アメリカは、戦後の東アジア情勢を考えて日本の都市を徹底的に破壊し、中国市場への進出の拠点として沖縄を占領。広島、長崎に完成したばかりの原爆を投下した。

世界の紙幣となったドル

戦局が連合国優位に傾いた一九四四年、アメリカのニューハンプシャー州のリゾート地、ブレトン・ウッズで開催された連合国四五カ国の財務・金融担当者会議で、**金一オンスが三五ドルとされ、金・ドル本位制（ブレトン・ウッズ体制）が成立。**ドルだけが金と交換できる唯一の通貨となりました。

ドルによって、各国通貨の価値が示される**固定相場制**の採用です。円は一ドル三六〇円に固定されました。

各国通貨は、金と交換可能な唯一の通貨であるドルと交換することにより、初めて金と替えられることになりました。ポンドも含めた各国通貨は、ドルの「分身」とみなされることになったのです。最大の金融国だったイギリスは、アメリカとの通貨戦争に敗れたことになります。

アメリカは、一九世紀のイギリス中心の植民地体制を、絶対的な力を持つ自国経済に有利なワン・ワールド体制に改めることをめざしました。既成の植民地がビジネスの障害になったからです。

アメリカの覇権は、①国民国家を単位とする国際連合の安全保障理事会の五常任理事国（五大国）による政治的支配と、②ドルによる世界経済システムの一元的な支配により実現されていきます。

第二次世界大戦で圧倒的優位に立ったアメリカは、経済面では保護貿易から一転して自由貿易を推進することになります。通商面では、自由・多角・無差別の原理により、国際貿易の拡大をめざす**「関税と貿易に関する一般協定」**（GATT）の音頭取りをしました。また「通貨の番人」として、各国の通貨価値をドルで表示する固定相場制をめざし、為替制度の安定を図る**「国際通貨基金」**（IMF、アメリカが一七パーセント出資）と**「国際復興開発銀行」**（IBRD、通称は世界銀行。アメリカが一六パーセント出費）が、アメリカが戦後の国際経済を支配するための車の両輪になりました。

ＩＭＦは通貨の安定が目的で、加盟国の共同出資でＳＤＲ（特別引き出し権）を設け、

世界経済の45転換点

1944年

ドル覇権によるブレトン・ウッズ体制の発効

一九四四年、アメリカの経済覇権の下でドルを世界通貨とする「ブレトン・ウッズ体制」が成立し、通貨の安定と自由貿易の拡大がめざされました。この体制下で日本、ドイツの経済が高度経済成長をとげます。

国際収支が極度に悪化した国への通貨の緊急融資に当たりました。

国際復興開発銀行は、民間銀行よりも安い利息で、長期間の融資を行いました。

一九九五年、ＧＡＴＴは**ＷＴＯ（世界貿易機関）**に発展をとげます。しかし、加盟国一五九カ国が同一ルールで合意を形成するのは時間がかかるため、それとは別に**ＦＴＡ**（地域間自由貿易協定）、**ＥＰＡ**（経済連携協定）を締結する動きが広がりました。

経済を読むPOINT

日本の戦後復興と経済の高度成長期の資金は、「世界銀行」からドルで調達された。東海道新幹線、黒部第四ダム、オリンピックの際の首都高速道路の建設で世界銀行からドル融資を受けている。それらの借金は一九九〇年までに完済された。

第10章

ドルが力を失い、勢いづくアジア経済

1

ニクソン・ショックと石油危機

The 51 points to understand the world economy

ユーロドルでイギリス金融の復興

世界の諸通貨の中で唯一、**金との兌換ができるドルを基軸通貨とする固定相場制は、わずか二五年間しか続きませんでした。**

アメリカ経済の絶対的優位が失われたからです。ドルと金の交換が停止された一九七一年以降、世界経済はアメリカ経済の弱体化により不安定な状況になっていきます。

一九五〇年代の朝鮮戦争、六〇年代のヴェトナム戦争、世界中のたくさんの軍事基地の維持などにより、アメリカの財政赤字が拡大します。一九六七年には、アメリカの債務が金準備の一・五倍にまで拡大し、国債発行による資金の調達が難しくなります。

他方で、アメリカ経済のグローバル化が進み、海外に工場を移転する世界企業が増えていきますが、それらの企業は税金逃れのために利益をロンドン市場で運用して本国に戻しませんでした。

そうした資金が、**ユーロドル**（Eurodollar）です。

一九世紀以来、国際金融を動かしてきたロンドンは、戦争に負けたわけではなく、戦争で疲弊しただけだったのです。

ロンドンは、「ユーロドル市場」としてしぶとく金融力を取り戻し、国際金融センターとして、ニューヨークをしのぐようになっていきます。

経済を読むPOINT

一九七〇年代以降の世界経済は、ドル決済がニューヨークのウォール街で、ドルの貸借がロンドンのシティを中心に行われるようになり、二つの中心を持つようになりました。

ドルと金との交換停止！

アメリカの財政を悪化させた最大の要因は、ヴェトナム戦争の過大な軍事出費でした。

一九七一年に入ると、アメリカ財政は悪化の一途をたどり、ドル紙幣が世界に溢れて金との交換が増えることでアメリカの金保有が減少。金価格が上昇しました。

一九七一年八月、そうした中でニクソン大統領は、緊急テレビ会見を行い、

「ドルと金の交換の一時停止」

「輸入品に対する一律一〇パーセントの輸入課徴金の徴収」

を表明しました。

自国の輸出競争力を回復するために輸入品に一割の関税をかけることにより実質的にドルの為替を切り下げ、自国産業の保護を図ったのです。それが、**「ニクソン・ショック」**です。

経済を読むPOINT

第二次世界大戦後にアメリカが先頭に立って推進してきた単一の世界経済体制（ブレトン・ウッズ体制）は、金不足を明らかにしたニクソンのテレビ会見で一挙に崩れ去った。大戦後のアメリカの圧倒的優位を背景に成立した固定相場制と金・ドル本位制は、あっけなく崩壊したのである。

底が抜けたドルを救った石油危機

一九六〇年、石油メジャー（国際石油資本。石油を寡占する巨大石油会社）が行っていた中東原油の低価格維持に対抗するために、サウジアラビア、イラン、イラク、クウェート、ベネズエラの産油五カ国によりＯＰＥＣ（石油輸出国機構）が結成されました。

世界経済の46転換点

1971年

ニクソン・ショックでブレトン・ウッズ体制が終了

一九七一年のドルと金の交換停止（ニクソン・ショック）の結果、戦後のわずか二五年間で金ドル本位制が崩壊。その後、不換紙幣となったドルの発行量が激増することで、世界経済は「金融の時代」に入りました。

そこに一九七三年の**「第四次中東戦争」**が起こります。ＯＰＥＣはそのチャンスをとらえて**石油戦略**を発動しました。

それまで一バーレル（約一六〇リットル）当たり二ドルから三ドルだった原油の価格をメジャーとの事前協議なしに四倍に引き上げることに成功したのです。それが、**「第一次オイルショック」（石油危機）**です。

ＯＰＥＣはそれ以後、油田、パイプライン、製油施設の国有化を進め、原油価格の決定権が石油メジャーからＯＰＥＣに移りました。

一九七九年、イラン革命に伴って中東第二の産油国のイランが石油の生産量を削減し、原油価格は一バーレル三〇ドルから四〇ドルにまで高騰し、一〇年間で一〇倍に値上がりしました**（第二次オイルショック）**。

石油価格の高騰は、先進工業国には寝耳に水の出来事でした。ニクソン・ショックによるドル価格の低落がインフレを進行させていたのですが、それに石油価格高騰による不景気（デフレ）が重なったのです。

先進諸国の企業は、人類がそれまで体験したことのないタイプの大不況（スタグフレーション）への対応を迫られました。

スタグフレーションとは、経済活動の停滞・後退（不況）と物価の持続的な上昇（インフレ）が同時に起こる状態を言います。賃金上昇がないのに物価が上がるような状況にな

■国際原油価格の推移（1970〜2006年）

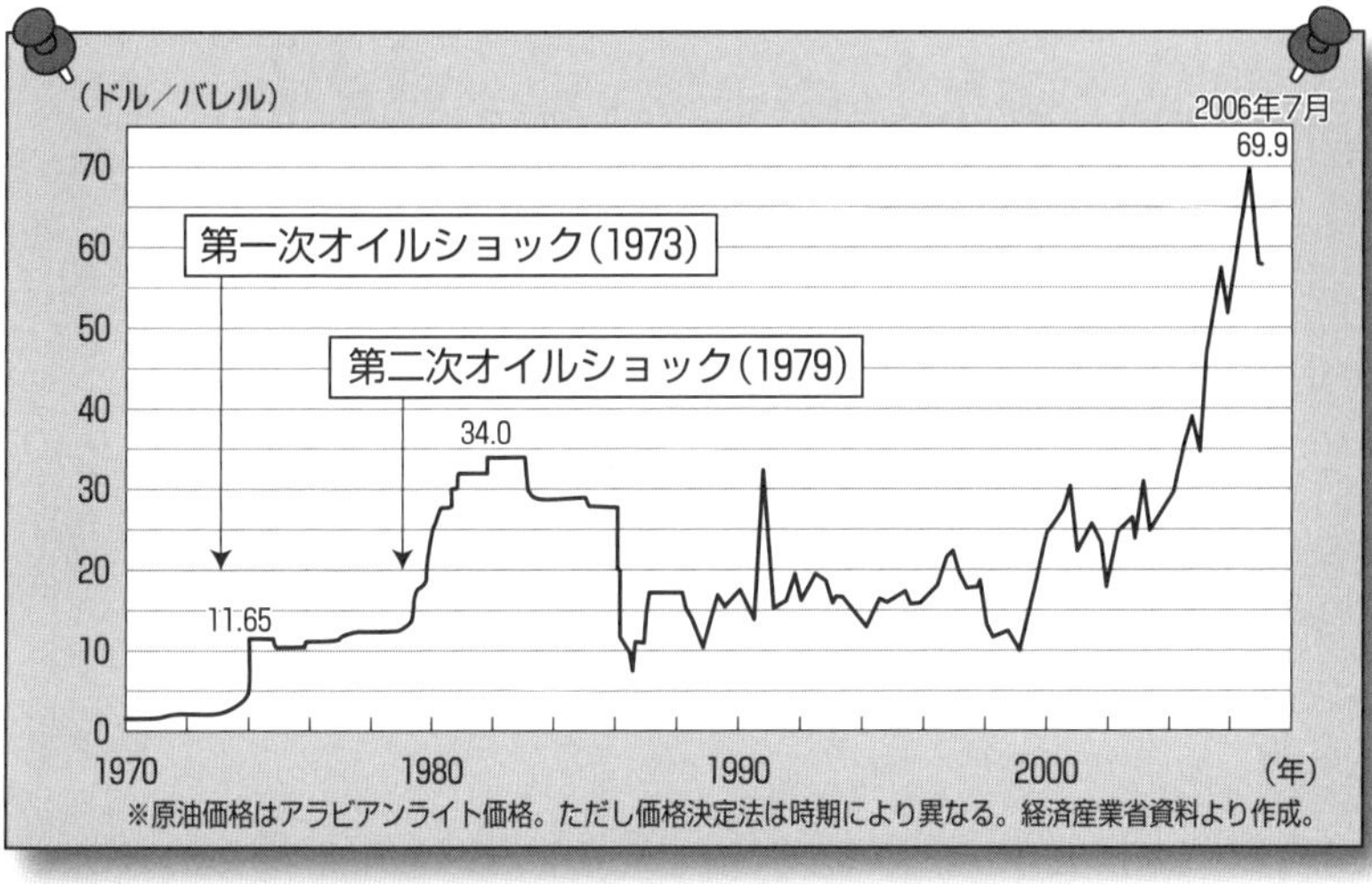

※原油価格はアラビアンライト価格。ただし価格決定法は時期により異なる。経済産業省資料より作成。

■2000年以降の原油価格の推移（2000〜2017年）

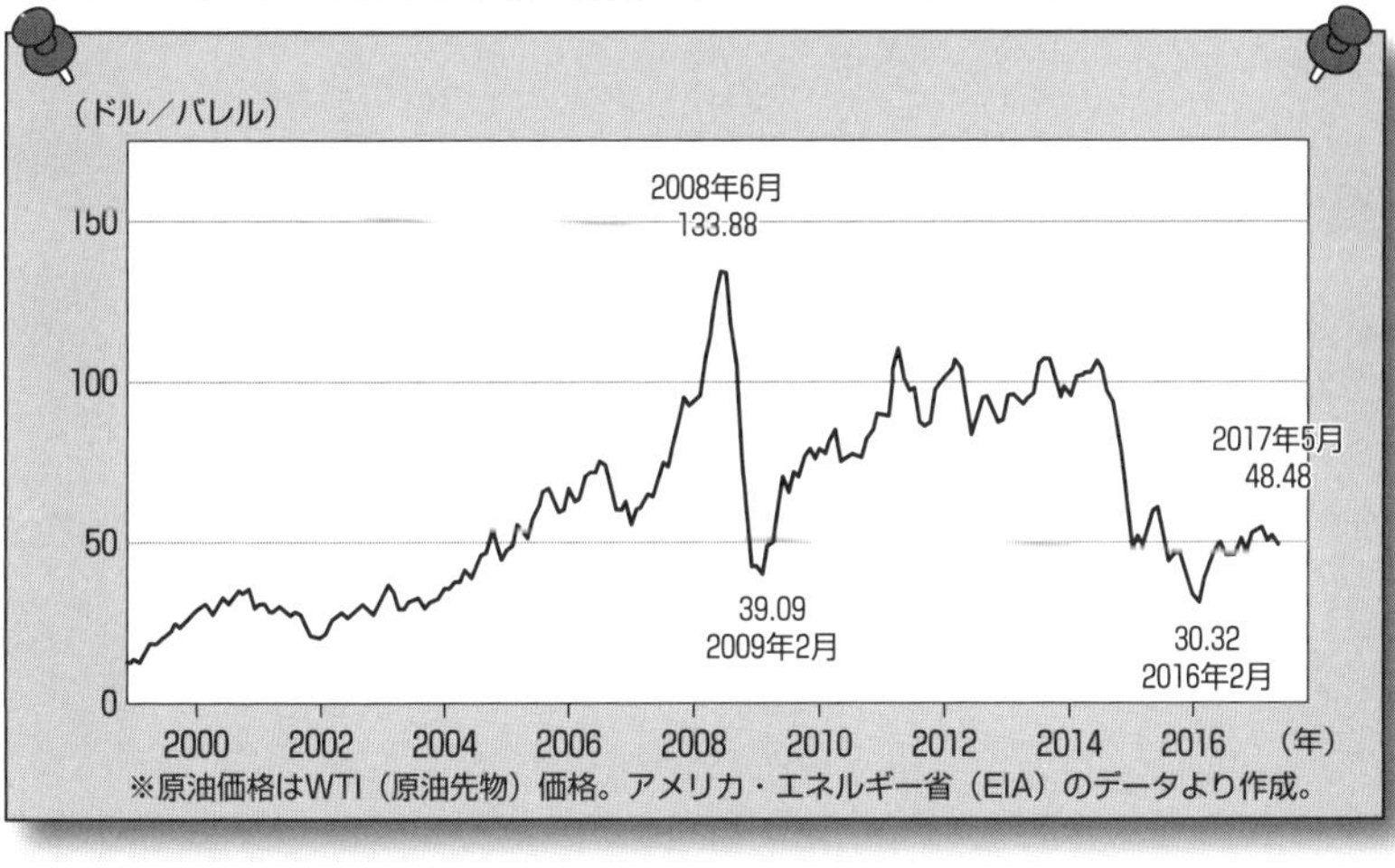

※原油価格はWTI（原油先物）価格。アメリカ・エネルギー省（EIA）のデータより作成。

ったのです。しかし、アメリカのインフレを押し下げる役割を果たしました。

経済を読むPOINT

スタグフレーションにより各国の企業間で価格競争が激化し、企業は労働力の安い途上国への工場移転を進め、世界（多国籍）企業に変わりました。

グローバル経済と勃興するアジア

大規模な不況の下で、大企業が工場を世界各地に分散させる世界企業に変身すると、地球規模の国際分業が一挙に拡大しました。

世界企業が世界経済のメイン・プレーヤーとなる、グローバル経済の出現です。先進国が脱工業化し、新興国が工業化するかたちで国際分業が進んでいきます。

一九六七年から八七年の間に世界企業の海外投資残高は九倍になり、そうした動きの先頭に立ったアメリカでは、国内生産の五分の一が海外に移転していきました。

アメリカでは、世界企業が自国と他国を領土のようにみなすという意味の「**コーポランド**」（Corporate Land、企業王国）という言葉も生まれました。

安い労働力が得られる国に工場を移転し、利益は**タックス・ヘイブン**（租税回避地）な

世界経済の47転換点

1970年代〜

世界企業の海外移転が進行

一九七〇年代の「石油危機」により石油価格が暴騰。世界規模のインフレと不況が続く中で途上国への工場移転が進み、世界企業の増加と新興工業地域（NIEs）の成長が同時に進みました。

どの税金の安い国の子会社に移して本国では税金を払わないというように、世界企業が国の統制から外れていきます。

政府の法人税収入は減少し、国内の労働者の仕事が失われて定職を持つ中間層が減少していきました。アメリカはGDPの七割が個人消費という消費大国ですが、長期的に国内市場は縮小し続けることになります。

他方で、資本と技術が流入した開発途上国は、「グローバル経済、ウェルカム」でした。シンガポール、香港、台湾、韓国などの工業化が進み、**新興工業地域（NIEs）**と呼ばれるようになりますが、そうした動きは中国、タイ、マレーシア、インドネシア、ヴェトナムへと引き継がれていきます。

しかし工業化に伴い、物価上昇、共同体経済の崩壊などが進みました。開発途上国の間の格差も拡大して、グローバル化の波に乗れた国と乗れなかった国の格差が広がっていきます。それが**「南南問題」**（南半球の国々の中での格差の広がり）です。

経済を読むPOINT

世界企業が労働力が安い発展途上国への工場移転を進めると、一挙に生産コストが低下し、世界規模で先進国経済の空洞化が進行。おまけにタックス・ヘイブン（租税回避地）の普及で、世界企業からの税収が減り、先進国では財政面での困難も増大した。

世界経済の予期せぬ大変動

スタグフレーション（344ページ）が深刻化する中で、アメリカ、ヨーロッパ、日本の企業が労働力の安い旧植民地の新興国に工場を移転させて多国籍化を進め、競争力を高めようとしました（世界企業の増加）。

同時に、第三次産業革命（ＩＴ革命）によるインターネットの普及、アナログからデジタルへの転換というかたちで、グローバリゼーションの動きが強まります。

その結果、国家の枠組みを越えた地球規模の水平分業が進むことになりました。世界銀行、世界企業がグローバル経済の中心的プレーヤーとなり、地球規模のネットワーク化を進め、資本主義経済のかたちを大きく変えました。

その先頭に立ったアメリカでは中間層が没落し、格差が拡大していきます。また資金をイギリスが推進する「タックス・ヘイブン」（租税回避地）に移す世界企業も増えていき、国家の税収が減少します。その実態の一端が、二〇一六年のパナマ文書で明らかにされました。

しかし、第二次世界大戦後にアメリカが考えていたワン・ワールドとは違うグローバル経済の方向に、世界経済が動いたのです。

つまり、アジアの新興国の工業化の進展によりアジア経済が勃興する時代となり、アメリカ、ヨーロッパなどの先進工業国の優位が揺らいでいきます。**世界の経済史を通観すると、資金は常に成長地域に流れるのが鉄則**です。

確かに一九七〇年代以降、アメリカはコンピューターとインターネットによる情報革命の波に乗り、巨大な電脳空間を利用して圧倒的経済力と軍事力を持つに至りましたが、新たな世界秩序を築くには至っていません。

逆に、世界でもアメリカ国内でも経済格差が拡大して機能不全に陥り、アメリカという国家は、むしろ衰弱してきているようにも見えます。

それに反して世界企業が輸出向けの工場を移転させた韓国、台湾、香港、シンガポールなどのアジア新興工業地域（ＮＩＥｓ）、その後を継いだマレーシア、インドネシア、中国、ヴェトナム、インドなどの経済が成長しています。

アジア諸国は外資の導入と技術の移転、折からの情報革命による技術体系の変化への対応で、急速な経済成長を果たしたのです。

最近は、**「パックス・アジア」（アジアの時代）**という言葉も聞かれるようになってきました。ここ三〇年あまりの間に、世界経済はアジアを中心とする方向に変貌をとげてきたのです。これからの経済は、アジアから目が離せないことになります。

経済を読むPOINT

第二次世界大戦後、アメリカのウォール街が主導したワン・ワールドと、近年の新興国の急速な工業化を伴うグローバル経済とは明らかに異なっている。世界企業の増加、新興国経済の急成長で、世界の秩序が大きく変化している。

2 金利操作で経済危機に対応したアメリカ

The 51 points to understand the world economy

変動相場制への移行でゲーム化する経済

話が戻りますが、一九七三年、ついに固定相場制に見切りがつけられて、世界は**「変動**

相場制」に移行しました。

一九七〇年代以降、アメリカはＦＲＢ（連邦準備制度理事会）が決定する金利操作により何とか国内経済のカジをとっていきますが、ドルが依然として世界経済をリードする世界通貨だったことから、金利の上げ下げに伴う「ドル高」「ドル安」が、世界の経済を揺るがし続けました。

各国の通貨価値が、「ドル高」「ドル安」で目まぐるしく変化したのです。

世界経済の先行きが不確実になり、通貨の変動で投機業者が大儲けをする状況が続きました。**グローバリゼーションと金融、投機の時代は、変動相場制への移行とともに始まったのです。**

そうした時代の流れを受けて、金融取引で大きな利益を上げたのが**「ヘッジファンド」**です。

公募により資金を集める投資信託とは異なり、機関投資家や富裕層から私的に集めた資金を**デリバティブ**（金融派生商品）や**先物取引**（現時点で将来の売買を約束する取引）、**オプション取引**（金融商品をあらかじめ決めていた価格で売買するかしないかを選択する権利をやりとりする取引）、**スワップ取引**（等価値のものを交換する取引）、**空売り**（一定の証拠金を預託して証券会社などから株の現物を借り、それを売ること）などの様々な取引手段を組み合わせて、元金の保全、利益の増大を図る投機的ファンドです。

その呼び名は、リスクをヘッジする（回避する）ことに由来しています。

経済を読むPOINT

変動相場制への移行に伴って世界経済は極めて不安定になり、逆にそれを利用して通貨、株価、公債、商品の価格変動を利用する金融取引が一挙に大規模化し、世界経済のカジノ化が進みました。モノづくりではなく、複雑な手法を駆使して貨幣により貨幣を増殖させる金融が幅をきかせるようになったのです。

3 日本のバブルは円高不況から

The 51 points to understand the world economy

プラザ合意により揺らいでいく日本経済

変動相場制による世界経済のパラダイム・チェンジは、**「プラザ合意」**から始まりました。

一九八五年、ニューヨークのセントラルパークに隣接するプラザホテルで「G5」（米・

英・仏・西独・日本の先進五カ国蔵相・中央銀行総裁会議）が秘密裏に開かれました。

石油危機後のスタグフレーション（インフレの進行と不景気による失業者の増加の併存）、大幅減税と軍事費の積み上げで、貿易赤字と政府財政の赤字（双子の赤字）が膨らみ、世界最大の債務国になってしまったアメリカが、**「ドル安」誘導への共同歩調**を求めたのです。

ターゲットにされたのは、戦後の経済成長が著しかった日本と西ドイツでした。日本経済は東西の冷戦を生かし、一九五六年から七二年までの一七年間、年一〇パーセントもの勢いで成長を続けました。

アメリカは経済を建て直すために協力を求め、日本側もそれを受け入れて、**一〇～一二パーセントのドル安誘導を認める合意**が成立しました。それが**「プラザ合意」**です。

機関投資家は、ドル安が進むことによる損失の拡大を恐れ、先物取引で大規模にドル売りを仕掛け、ドルが急落します。

わずか二年間で、円は一ドル二二〇円まで、二・五倍も急騰しました。思いがけぬ急激な「ドル安」に対応するため、一九八七年、パリのルーブル美術館に隣接するフランス大蔵省で「G７」が開かれます。

そこで一ドル一五〇円付近で「ドル安」の進行を抑え、日・独の内需を拡大させるという合意が成立します。それが、**「ルーブル合意」**になります。

世界経済の48転換点

1985年

プラザ合意から始まる日本のバブルと「失なわれた二〇年」

「プラザ合意」により円・マルク高、ドル安が急速に進みました。アメリカ経済は「ドル安」により復活しましたが、日本経済は逆に土地・株式バブルが起こり、バブルの崩壊を経て、「失われた一〇年」（ザ・ロスト・ディケイド）という長期の不況に陥り、赤字国債が累積されていきました。その後も低迷が続きます。

アメリカはドル安により輸出を増加させ、九〇年代後半までに見違えるように経済を回復させました。しかし、円高不況が日本を直撃します（次ページ）。

ブラック・マンデーの衝撃

一九八七年一〇月一九日、アメリカの平均株価は一挙に二二・六パーセントという世界恐慌時の「暗黒の木曜日」を超える規模で大暴落しました。

「ブラックマンデー」です。

全家庭の半数以上が株式を保有しているアメリカ経済は大きく揺らぎましたが、FRBのインフレ政策により、ブラックマンデーは大事には至りませんでした。

こうしたアクシデントが起こったことで、日本はアメリカに気兼ねして「円の切り下げ」を見送ってしまいます。それが、後の日本ならびにアジア経済の激しい経済変動の出発点になったのです。

急激な「円高」で日本の輸出は激減し、韓国、台湾、香港、シンガポールなどへの日本、アメリカ企業の工場移転が進みました。資本輸出だけではなく技術移転、IT技術による産業構造の変化などが重なって、日本以外のアジア経済は大きく成長します。

経済を読むPOINT

日本経済が低迷する中で、シンガポール、台湾、韓国などが、奇跡の「経済成長」をとげた。日本政府の急変する世界経済への対応はドロナワ的で動きの鈍いものであった。

どうして日本のバブルが膨らんだのか？

日銀は当然のことながら、急激な「円高」による不況対策に金融緩和で対応しました。するとと今度は、金融市場でダブついたお金が不動産市場、株式市場に流れ込み、**土地バブル**（八五年から九一年までに四倍）、**株バブル**（八五年から八九年までに三倍）が起こることになります。

日本の地価の総額がアメリカの地価の三倍などという状況に至るのですが、誰も気にすることがないという、異常な状態が続きました。

バブルは熱病ですから、後から考えると何ともバカげたことが平気で起こります。地価が下落することはあり得ない、という無邪気な土地信仰が、土地バブルの進行を支えました。

一九八九年一二月、バブル下の日経平均株価は、史上最高の三万八九一五円（終値）をつけました。バブルが崩壊した九二年三月には、平均株価は二万円を割ります。

一九九〇年、大蔵省の土地バブルを抑制する措置が引き金になり、バブルは急激に崩壊していきました。山一証券、日本長期信用銀行、北海道拓殖銀行などが破綻します。土地を担保に多額の融資をした金融機関が資金の焦げ付きで機能不全に陥り、株価も大暴落したのです。

その上、円高により輸出が依然として困難な状況にあり、IT技術の導入にも遅れ、終身雇用、系列取引、株式の持ち合いなどの日本独特の旧態依然とした経済構造の問題もあり、日本経済は「八方塞がり」の状態に陥ったのです。

経済を読むPOINT

日本に根強かった「土地価格は右肩上がりに上昇する」という土地神話、内向きの思考がバブルの根底にあった。

世界から取り残された日本の「失われた二〇年」

バブル崩壊後、日銀は金融引き締めによる経済再建をめざし、政府は景気を刺激するための投資をくり返し、赤字国債を積み上げました。

しかし日銀が金融を引き締め、政府が財政支出により経済を膨張させようとする政策はそれぞれが逆方向に作用しました。日本経済が、長期停滞したのは当然だったのです。グローバリゼーションの進行で世界経済が状況を一新する時期に、日本は「失われた二〇年」で新たな経済成長の波から取り残されてしまいました。

そうした中で、一九九六年以降、橋本内閣はイギリスのサッチャー政権の金融ビッグバンにならって、①フリー（市場原理の徹底）、②フェアー（透明で信頼できる金融市場）、③グローバル（国際時代の先取り）をスローガンに、東京をニューヨーク、ロンドンと並ぶ国際金融市場にしようとする「日本版ビッグバン」に踏み切りました。

経済を読むPOINT

「円」の世界金融マーケットで通用するＹｅｎへの変身は間違っていなかったが、東アジアの複雑な政治状況、アジア全体を視野に入れた戦略的発想の欠如が、日本がグローバルな金融国家に脱皮することを阻んだ。イギリス、アメリカと伍《ご》していくには独自の金融力、財務力の獲得に向けた世界戦略が必要なのである。

4

アメリカのアジアへの工場移転とアジア通貨危機

The 51 points to understand the world economy

製造部門を中国に移転させたアメリカ

一九八五年のプラザ合意（354ページ）以後、大幅な「ドル安」で一息ついたアメリカは、一九九〇年代後半、**クリントン政権の下で金融帝国の方向に舵を切り、今度は一転して「ドル高」の政策をとるようになります。**

ウォール街は、変動相場制とＩＴ技術を組み合わせれば面白いように金融で儲けられることに気づき、九〇年代に金融を急激に膨張させたのです。

アメリカは世界中の資金を集めるために、高金利政策に大胆に転換しました。

ＩＴ革命とナスダック（コンピューターネットワークによる証券市場システム）革命を組み合わせることで、インフレを伴わない好況が続くというニューエコノミー理論が提唱され、金融主導によるアメリカ経済の再生が論じられました。

それまで労働者の利益を代弁していた民主党は、クリントン大統領の下でウォール街と一緒に貨幣で貨幣を増殖させるカジノ資本主義の道を歩む選択をしました。アメリカ経済が地道なモノづくりから金融による荒稼ぎに転じたのです。

アメリカの金融帝国化と経済の空洞化がウラ・オモテで進行し、自動車、鉄鋼などの工場が労働力の安いアジアに大規模に移転しました。

二一世紀になるとIT産業までもが中国に集中するようになります。そうした傾向は、一九八〇年代から速度を早めました。

二〇〇〇年になると、アメリカの企業収益の四五パーセントを金融部門が占めるのに対し、製造部門はわずかに五パーセントに過ぎないという状況になってしまいます。

アジア通貨危機はなぜ起こったのか

一九九〇年代後半にFRBが意図的にとった「ドル安」政策のため、一九九五年に一ドル七九円台をつけていたドルは、三年後の九八年には今度は一挙に一ドル・四七円にまで高騰することになります。

三年間で、ドルが一・八倍あまりに上昇するという「ドル高」現象が、ウォール街の利益を代弁するルービン財務長官の主導で引き起こされたのです。まさにアメリカ・ファーストそのものです。

ところがそうした「ドル高」が、とんでもない災難をタイ、インドネシア、韓国などのアジア新興諸国にもたらしました。**「アジア通貨危機」**です。

一九八〇年代以降、スタグフレーションの下で「アジアの奇跡」と呼ばれる急激な経済成長をとげてきたアジア諸国は、世界経済が変動相場制に移行した後も、ドルとの固定相場制（**ドルペッグ制**。ペッグは「クギづけにする」という意味）を維持していました。

海外資金の呼び入れやインフレの防止のために、自国通貨をドルと連動させたほうが有利だったからです。

「ドル安」が続く間はドルペッグ制は順調に作動していたのですが、突然にアメリカがドル高政策に転じると状況が急転しました。アジアの諸通貨が「ドル高」に連動して高騰し、アジア諸国は急激な輸出不振に陥ったのです。

そうした状況は、アメリカの金融業者が大儲けする絶好のチャンスを生み出しました。

一九九七年、ヘッジファンド（352ページ）が、ドル高につられて経済実態以上に高くなっていたタイのバーツ、韓国のウォンなどのアジア通貨を売り叩き（空売り）ました。

空売りは、通貨が安くなったところで買い戻せば、大きな利益が出るのです。

ドル高と連動する「バーツ高」「ウォン高」は、それぞれの国の経済実態からはるかに

世界経済の49転換点

1997年

アメリカの「ドル高」政策からアジア通貨危機に

一九九七年、アジア通貨危機が起こり、ドル・ペッグ制をとっていた韓国、タイなどは大不況に陥りました。

掛け離れており、ヘッジファンドの判断は合理的でした。

結局、タイは空売りを「買い」で支えることができずに変動相場制に移行し、バーツは大きく値を下げました。極言すれば、FRBがヘッジファンドに新たな儲け口を用意したようなものです。韓国、インドネシアも同じ道をたどりました。

経済が破綻したタイ、インドネシア、韓国などに、IMFは約三六〇億ドルの資金援助を行い、厳しい条件の下での経済改革を求めました。

経済を読むPOINT

一九七三年に変動相場制に移行した後のアメリカは、世界経済の秩序を安定させる覇権国家としての役割を放棄し、金融面でのアメリカ・ファーストに終始した。アジア通貨危機を引き起こした要因は急激なドル高にあり、結果としてアジア諸国の「経済成長の果実」がアメリカの投機業者に刈り取られたのである。

5 アメリカ経済の綱渡り

The 51 points to understand the world economy

バブルを操る金融操作

一九九八年、ロシア国債がいきなりデフォルト（債務不履行）し、それを予期できなかったアメリカの大手ヘッジファンドが大損失を出して破産するという出来事が起こりました。

ＦＲＢは、その事態に敏速に反応。アメリカの景気後退を抑えるために「金利引き下げ」に転じて、ドルを大量に市場に供給しました。今度は、思い切った「ドル安」への転換がなされたのです。

「ドル安」の状況を作り出す過程で、アメリカの金融市場でだぶついたドルは、成長を過剰に期待されていたＩＴ産業への投資に集中しました。一九九〇年代末から二〇〇〇年にかけて余剰資金がナスダック（コンピューターネットワークによる証券市場で、主にベ

■アメリカ政策金利の推移

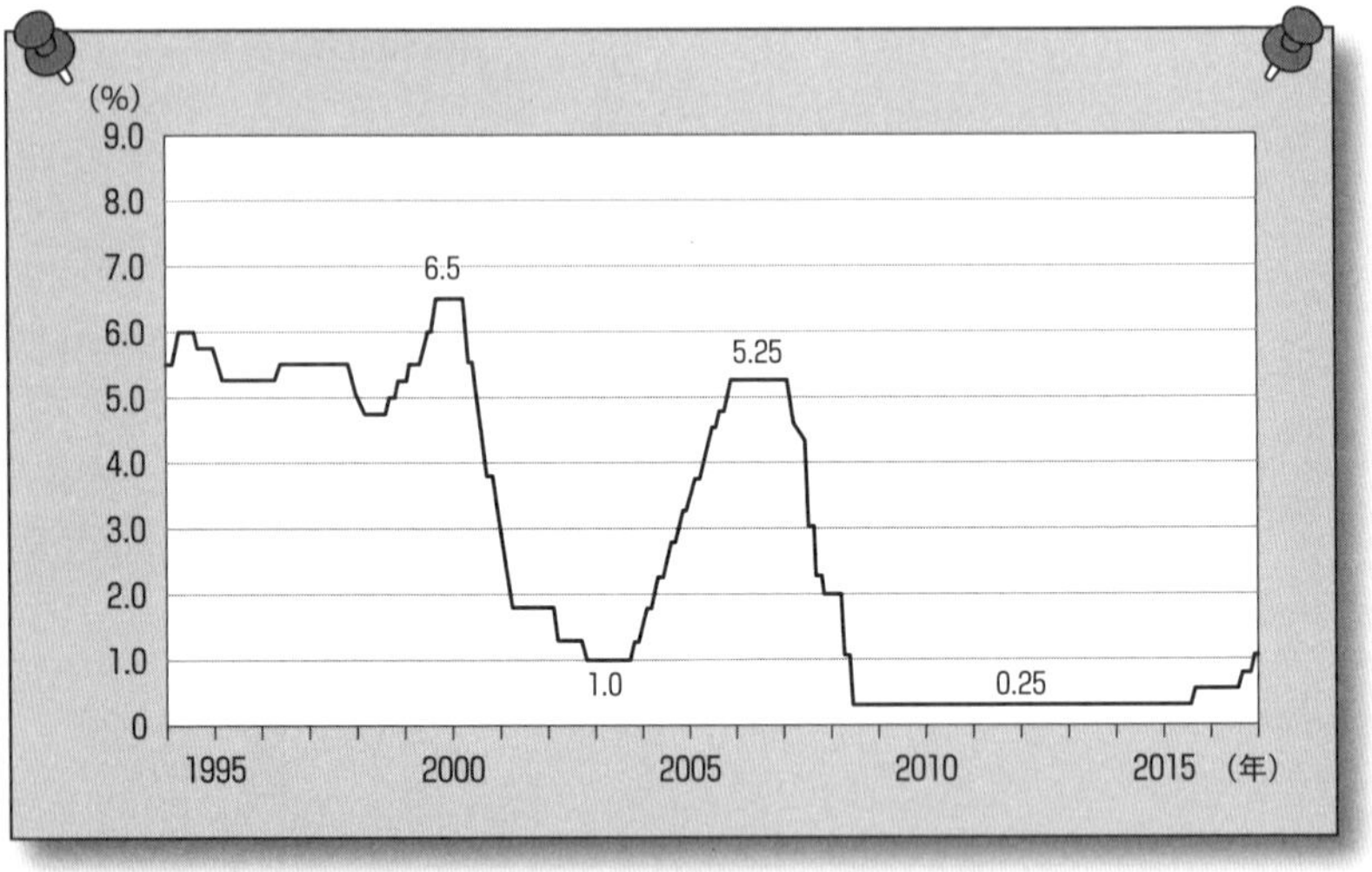

ンチャー企業、ハイテク産業が上場)、ＩＴ産業の株価を実勢以上に押し上げていったのです(**ＩＴバブル**)。

新たなバブルの発生を予知するとＦＲＢは素早い対応に出て、今度は金利を一挙に引き上げました。

その結果、二〇〇一年、ＩＴ産業の株式が多いナスダックの総合指数が、一気に四分の三に暴落します。ＩＴバブルは、ＩＴ産業株に投資していた多くの中産階級(ミドル・クラス)に大きな打撃を与えました。

しかし金利の引き上げで、今度はインフレ率が四パーセントから一パーセントに急降下し、デフレ(不景気)の恐れが出てきました。

するとＦＲＢは、景気の低迷を防ぐた

め、六・五パーセントの政策金利を一挙に一パーセントにまで引き下げ、インフレ政策に転じました。

インフレ政策が効果を上げ、今度は余剰資金が集中して住宅バブルが懸念されるようになると、FRBは二〇〇四年から〇六年の二年の間に政策金利を五・二五パーセントに上昇させます。金利の操作による経済のコントロールに、世界中の人が振り回されました。

FRB議長のグリンスパンは、綱渡りのような「金利の上げ下げ」でアメリカの景気のカジ取りをし、マエストロ（巨匠）とまで言われることになります。

しかし、「金利の上げ下げ」でバブルを操り、アメリカ経済の活性を維持しようとするその手法は健全ではなく、やがて破綻し、後に述べるようにリーマン・ショック（382ページ）を引き起こすという大失態を演じることになります。

経済を読むPOINT

アメリカ通貨当局（FRB）がバブルを操るインフレ政策により景気をコントロールしようとしたことが、サブプライムローンへの過剰投資を誘発してバブルを過熱化させ、やがてその破綻により、世界規模の金融恐慌（リーマン・ショック）が引き起こされた。

6 ロシアにおける格差拡大と中国経済の爆発的成長

The 51 points to understand the world economy

ロシアで格差が拡大した理由

話は前後しますが、一九八九年一一月、冷戦の象徴だった「ベルリンの壁」が崩壊しました。同年、マルタ島で米ソの冷戦終結宣言が出されます。

一九九一年の暮れには、ソ連共産党のクーデター未遂事件によりソ連が崩壊します。ゴルバチョフ大統領の**ペレストロイカ**（体制の建て直し）は、効果を発揮できなかったのです。

ソ連の崩壊で、「冷戦」という戦後レジームの大転換が起こりました。しかし、冷戦の終結により地球規模で格差が拡大し、世界はむしろ難しい局面に入っていくことになります。国有企業の資産が一部の人々に買い占められたため、旧ソ連は極めて格差の大きい国に変わってしまいます。

ロシア連邦の新しい指導者となった大統領エリツィンはアメリカ人の経済顧問団を招いて、国営企業の民営化による市場経済の導入を図りました。

政府は一定の金額のバウチャー（民営化証券）を国民に配布し、民営化された後の企業の株と交換できるようにします。

しかし、**利にさとい商人が安くバウチャーを買いあさり、国営企業の払い下げの後にオーナーとなって、新興財閥（オリガルヒ）を形成しました。その大部分が、ユダヤ人でした。**

ロシア人の三五パーセントが貧困層となり、かつての社会主義のロシアが、貧富の差が世界一の国になるという皮肉な状況に陥ったのです。

経済を読むPOINT

社会主義体制の崩壊は、かつての西側社会では社会保障の削減と世界規模での剥き出しの経済競争、旧社会主義国では、国有企業の民営化の過程での格差の出現、大衆消費社会の浸透などをもたらした。民衆の不満は増大せざるを得ず、そこにポピュリズム（大衆主義）の政治が力を持つようになる原因がある。

左から右に揺れ動いた中国

中国では、一九七六年に毛沢東《もうたくとう》が世を去り、七八年に権力を奪取した鄧小平《とうしょうへい》が文化大革命で疲弊した経済を建て直すために人民公社を解体。経済の「改革開放」を掲げ、シンガポールにならって**「経済特別区」**を設け、外国企業を招致しました。

積極的に外資を導入することによる中国の資本主義経済への移行は、一八九〇年代以降、中国市場への経済進出を進めてきたアメリカにとっては、長年の宿願を果たす絶好のチャンスになりました。

中国市場にアメリカ、ヨーロッパ、日本などの世界企業が先を争って進出。中国の経済は、驚異的成長をとげます。

中国農村部からの安価な出稼ぎ労働力（農民工）が世界企業を引きつけ、中国は世界の「下請け工場」になったのです。

他方、ソ連の崩壊で社会主義勢力が世界規模で退潮する中で、中国の共産党政権はベルリンの壁が崩壊した年の「天安門事件」（一九八九年、北京の天安門広場で民主化を求める学生、市民のデモを武力制圧）などを武力行使で乗り切り、共産党の一党独裁を守りました。その一方で、外国企業の誘致、外資の導入が大胆に進められました。

鄧小平は、「とりあえず豊かになれるところから豊かになる」という**「先富論」**を掲げて、成長に伴う「格差の拡大」を是認しました。

ところが中国は官尊民卑の伝統、封建制からの脱却ができず、業者と党、国営企業、軍の癒着が進み、ワイロが公然と横行しました。

江沢民《こうたくみん》政権以後、平等社会の実現を訴え続けてきた党官僚が真っ先に政治をビジネスにして富裕になるという、質の悪いパロディのような事態が大規模に進行したのです。

二〇〇一年、中国はＷＴＯ（世界貿易機関）に参加。中国経済は安い労働力によりＥＵ、アメリカへの輸出を増加させることになり、経済成長は順風満帆《じゅうぷうまんぱん》に見えました。「輸出」と「国内投資」が、強力に経済成長を牽引すると期待されたのです。

しかし、先に述べた二〇〇一年のＩＴバブルの崩壊で、不況に陥ったアメリカ（366ページ）への輸出が一挙に鈍化してしまいます。

年率一六〜一七パーセントで成長を続けていたアメリカへの輸出が、数パーセント台に低下してしまったのです。そのため中国経済は、政府の建設投資に偏るいびつな方向に傾いていきます。

経済を読むPOINT

二〇一四年のIMF報告は、二〇五〇年の中国のGDPは七〇兆ドルで、三八兆ドルのアメリカの二倍弱になると予想している。しかし、ITバブル後にインフラ整備の公共投資が増え、中国経済は、国内投資が四五パーセント、輸出が一五パーセント、消費が四〇パーセントといういびつな構造になっている。

7 自由貿易の拡大は不可欠だが…

The 51 points to understand the world economy

アメリカに対抗するEU

グローバル経済には、自由貿易の拡大が不可欠でした。自由貿易のルール作りは、第二次世界大戦後に国連の下で締結されたGATT（関税と貿易に関する一般協定）が担ってきましたが、一九九五年以降、多国間で貿易のルール作りと紛争解決を担うWTO（世界貿易機関、一五七カ国加盟）に引き継がれました。

しかし、経済危機が長引き、先進国と途上国の利害が対立する中で交渉（ラウンド）は暗礁に乗り上げ、事実上停止状態にあります。そのために、自由貿易交渉は、地域間あるいは二国間の自由貿易協定（FTA）が中心にならざるを得ませんでした。

そのうち最も代表的な地域間協定が、**EU（欧州連合）**です。

ヨーロッパでは、一九九三年に**「マーストリヒト条約」**によりEUが成立。ヨーロッパの市場が統合されて域内関税が廃止され、ヒト、モノの域内での完全に自由な移動が実現されました。

二〇〇二年になると**共通通貨ユーロ**（紙幣・硬貨）が発行され、二〇〇四年以降、倒壊した旧ソ連から離脱した東欧の一〇カ国が新たにEUに加盟。加盟国は、一挙に二五カ国に膨れ上がりました。それによりアメリカと対抗できる巨大市場が成立したのです。

EUは、国家主権を犠牲にして超国家機関によるグローバル化を推し進めることになります。

各国政府から独立し、ドイツのフランクフルトに本部を置く**ECB（ヨーロッパ中央銀行）**が、通貨ユーロを発行し、出資金に応じて各国に分配し、金利の決定、為替介入などの金融政策の権限を握りました。

しかし、EUには統一した財務省がなく、各国はそれぞれ独自の財務権限を持ちました。

そのため経済危機が生じた時に、各国の思惑を抑えて効率のよい全体としての財政政策が打ち出せない、という弱みを持っていたのです。

ユーロの設立に最も熱心だったのは、ドイツでした。巨額の財政赤字を抱えるＰＩＩＧＳ（ピッグス：ポルトガル、イタリア、アイルランド、ギリシャ、スペイン）も用いるユーロにより、貿易黒字国であるドイツは通貨高を抑制することができたからです。**ユーロにより、ドイツは極めて有利な貿易条件を確保した**のです。

他方、イギリスは、ＥＣＢに金融政策の権限を譲ることを嫌い、通貨ユーロの導入を拒否。かつての世界通貨であり、イギリス人の誇りである通貨ポンドを守りました。

世界企業の資金を集めるロンドンのシティは、現在でもドルによる世界最大の国際金融市場で、世界中の外国為替取引の四割を占め、取引額はニューヨーク市場、東京市場を合わせた金額を上回っています。

サッチャー政権の金融自由化政策（ビッグバン、一九八六）により外資が大量に流入するようになり、ロンドンの世界金融センターとしての機能が強化されたのです。

■欧州連合（EU）成立まで

1951年　欧州石炭鉄鋼共同体（ECSC）
（フランス、西ドイツ、イタリア、オランダ、ベルギー、ルクセンブルク）

1958年　欧州経済共同体（EEC）
欧州原子力共同体（Euratom）
（フランス、西ドイツ、イタリア、オランダ、ベルギー、ルクセンブルク）

1960年　欧州自由貿易連合（EFTA）
…EECに対抗して発足
（イギリス、オーストリア、スウェーデン、スイス、デンマーク、ノルウェー、ポルトガル）

1967年　欧州共同体（EC）

欧州石炭鉄鋼共同体（ＥＣＳＣ）、欧州経済共同体（ＥＥＣ）、欧州原子力共同体（Euratom）の３つが統合。
フランス、西ドイツ、イタリア、オランダ、 ベルギー、ルクセンブルク

ECの拡大

1973年　イギリス、アイルランド、デンマークがＥＣに加盟。
ＥＦＴＡはＥＣに統合
1981年　ギリシャ加盟、1986年スペイン、ポルトガルがECに加盟（計12カ国に）

1993年　欧州連合（ＥＵ）創設

1999年　共通通貨「ユーロ」発行
2002年　ユーロの紙幣・硬貨発行

2016年　イギリスがEU離脱を決定

経済を読むPOINT

東欧からの大量移民、西アジア、北アフリカからの難民の大量流入が、EUに対する不満を増幅。イギリスは国民投票により、二〇一六年にEU脱退を決めた（ブレグジット）。

地域共同体の広がりと逆流現象

ＥＵの他にも、東南アジアのＡＳＥＡＮ一〇カ国からなるAFTA（ＡＳＥＡＮ自由貿易地域）、アメリカ、カナダ、メキシコからなるNAFTA（北米自由貿易協定）、ブラジル、アルゼンチンなど四カ国からなるMERCOSUR（南米共同市場）、などのＦＴＡ（自由貿易協定）が締結され、地域単位で関税障壁の撤廃がめざされてきました。

太平洋地域では日本、アメリカ、シンガポール、オーストラリア、ヴェトナム、マレーシアなど一一カ国がTPP（環太平洋戦略的経済連携協定）の成立をめざし、数年にわたって協議を続けてきましたが、協定を推進してきたアメリカが大統領令で加入を拒んだことで、太平洋の自由貿易協定は挫折しました。

アジアではＴＰＰに代わるものとして、より広域のアジアの自由貿易協定RCEPが急浮上し、中国が存在感を強めています。アメリカが主導権を放棄したアジアは人口三〇億人。中国、ＡＳＥＡＮ、インドの輸出額は、世界輸出の七割を占めているのです。

経済を読むPOINT

第二次世界大戦後のワン・ワールド化、一九七〇年代以降の経済のグローバル化は、世界経済の構造を根底から変化させ、アメリカの軍事・政治力による強引な経済支配が成り立ちにくい状況を作り出している。

中東に深入りして破綻したアメリカ

二〇〇一年、ニューヨークで起こった**九・一一事件**（アメリカ同時多発テロ）が、次なるパラダイム・チェンジのきっかけになりました。それが、新しいアメリカの世界政策を、地球規模のテロとの戦いに転換させたのです。

ブッシュJr大統領は、九・一一事件を受けて、スンナ派の過激集団アルカイダを助けているとして同年アフガニスタンに派兵。

二〇〇三年には大量破壊兵器を取り除くと称してイラクに進攻（イラク戦争）。アメリカは中東に直接軍事介入することで泥沼の消耗戦にはまり込みます。

大量破壊兵器は見つからず、イラク指導者のサダム・フセインを殺害してもイラクの混乱は収まらず、アメリカはイギリスとフランスが作りあげたアラブ人支配の体制（サイクス・ピコ協定、299ページ）をぶち壊してしまいました。

イラクではシーア派が多数ですので、スンナ派のフセイン亡きあと権力を失ったスンナ派は、イスラーム過激派と組んで復権を図り、内戦下のシリアとイラクを連動させてイスラーム国（ＩＳ）の活動が激化します。

イラク戦争は、ヴェトナム戦争（一九五五〜七五）の一・五倍、湾岸戦争（一九九一）の一〇倍の財政支出をアメリカに強いることになり、またまたアメリカの「双子の赤字」（貿易赤字と政府財政の赤字）が一気に増大しました。

アメリカは、一方で大幅な財政赤字の増加に対応しながら、景気の冷え込みを防ぐためにＩＴバブル崩壊以後に「低金利」を持続することになります（366ページ図）。新たなバブルのターゲットにされたのが、住宅建設でした。

経済を読むPOINT

「イラク戦争」はアメリカ経済のつまずきの石となっただけではなく、イギリスが作ったイラク、ひいては第二次世界大戦後の中東秩序を破壊した戦争でもあった。

8 リーマン・ショックで崖っぷちまで行った世界金融

The 51 points
to understand the world
economy

疑心暗鬼で崩れさった証券バブル

二〇〇〇年代にＦＲＢの長期のインフレ政策により、貧しい移民が次々に押し寄せる「移民の国アメリカ」で不動産ブームが加熱し、低所得者層が住宅ローンを組んで不動産を購入する動きが盛んになりました。

自分の家を持ちたい、という欲求は切実です。次第に住宅バブルが危惧される事態になっていきます。

ＦＲＢはバブルの発生には神経質で、ＩＴバブル（366ページ）から抜け出すための大胆な金融緩和政策を終わらせ、二〇〇四年六月以降、政策金利を小刻みに切り上げていきました（366ページ図）。

二〇〇六年までの二年間に一パーセントから五・二五パーセントにまで金利を引き上げ

たのですが、住宅バブルを抑制する効果があまり上がりませんでした。

経済のグローバル化が進む中で、EUの銀行が、アメリカ国債、住宅ローン関連の証券を大量に買いあさっていたためです。

その結果、住宅購入資金を調達しやすい状況が一〇年間も継続し、住宅の転売で利益を上げようとする不動産投資も過熱化しました。とくに低所得者向けの**「サブプライムローン」**が借り手の返済能力を考慮せずに、大量に貸し出されていきます。

サブプライムローンとは、返済能力の低い人に、住宅を担保として高い利息で貸し出されるローンで、主に住宅ローンを指します。

儲けることに貪欲な金融業者は、借り手の返済能力を考えずにサブプライムローンをどんどんと組み、焦げつく可能性の高いローンを投資銀行に売却しました。

投資銀行は個別の住宅ローンを混ぜ合わせ、それをコマギレにし、国債などの安定した債券と混ぜ合わせて不動産担保証券（MBS）に仕立てあげました。

不動産価格が上昇していたことから、格付け会社がそうした証券にAAAの評価を与え、それがお墨付きとなって世界中に販売されていきました。バブルが、アメリカから世界に向けて拡散されたのです。

やがて住宅価格の上昇にかげりが見られるようになり、二〇〇七年になると、最初から借り手の返済能力に無理があることがわかっていた高利子のサブプライムローンの大量のコゲツキが表面化しました。

すると、証券化商品全体に対する不信が広がり、疑心暗鬼に陥った業者・個人の証券の投げ売りで、証券バブルが世界規模で一挙にはじけてしまいます。

破綻した住宅ローンがどの証券に、どの程度組み込まれているのかがまったくわからないというように組成の複雑な金融商品が出回っていたために、金融業者は証券化商品を争って投げ売りするしかなく、証券化商品が一斉に大暴落したのです。

世界の証券取引がマヒ状態に陥り、投資銀行（証券会社）、銀行、保険会社が大打撃を受けました。

そうした中で、二〇〇八年九月、アメリカ国内第四位の投資銀行リーマン・ブラザーズが約六〇〇〇億ドル（約六六兆円。日本の国家予算の三分の二）の負債を抱えて倒産。

同様に信用リスクに対する保険（ＣＤＳ）の支払いにより経営破綻した世界最大の保険会社ＡＩＧ（アメリカン・インターナショナル・グループ）が、倒産の影響があまりにも大き過ぎるとして、アメリカ政府が株式の七九・九パーセントを取得して国有化されました。

これが一九二九年の「世界恐慌」をはるかに超えるとされた金融危機、**「リーマン・ショック」**です。

サブプライムローン問題とは

アメリカでは、二〇〇〇年代前半は空前の住宅ブームでした。ピーク時の二〇〇五年には中古住宅の流通量が約七〇〇万戸で史上最高となります。移民の増加による人口の急増、経済成長と証券化による住宅ローンの金利の低下がその背景にありました。

二〇〇四年にFRBが金利を引き上げるとローン金利が上がって住宅販売が低迷し、在庫が積み上がっていきます。

サブプライムローン（最初は安い固定金利。二、三年後に高い変動金利に移行）の返済が滞るようになると、ローンを証券化したリスク資産、株式などを売却して国債などの安全資産を購入する動きが一挙に広がり、世界に波及しました。リスク資産の価格が大暴落したことで、金融危機が広がったのです。

総崩れになった金融商品

どうしてリーマン・ショックの傷が深くなったのでしょうか。

二〇世紀末から経済の金融化が進む中で、**アメリカ経済の担い手が企業経営者から投資**

世界経済の50転換点

2008年

リーマン・ショックによる世界金融恐慌

二〇〇八年、サブプライムローンの破綻がきっかけになって証券バブルがはじけ、世界規模の金融恐慌が起こりました。アメリカの大投資銀行リーマン・ブラザーズとAIGの倒産（リーマン・ショック）の影響が世界に及びます。無邪気とも言える現場の金儲け主義の積み重ねが、世界経済を大混乱に陥れたのです。

家に、金融の中心が従来の間接金融から直接金融に代わって、金融業者が高度な金融工学を駆使して種々の金融商品を生み出す時代になっていたのです。

しかし、レバレッジ（Leverage、テコの原理）を効かせ過ぎて資金を回したために、リーマン・ショック後に借金の返済が難しくなってしまいます。

つまり、「信用」が崩壊して貨幣が十分に供給されなくなる信用収縮（クレジット・クランチ）が広がったのです。貯蓄者と投資家と、融資を必要とする実体経済の担い手の間にギャンブル的な金融市場が作り出され、世界中の資産価値が上昇させられる時代に入っていたためです。

貨幣（モノとの「引き換え証」）が記号化され、金融操作による利益がどんどんと上乗せできるようになったわけです。金融業がアメリカのＧＤＰに占める割合は、約二パーセントから八パーセントへと四倍に増えていきます。

経済を読むPOINT

リーマン・ショックは、複雑な金融工学で組み立てられた証券のバブルの、誰も予期しなかった形での総崩れであった。

9

異次元金融緩和と新興国バブル

The 51 points to understand the world economy

大量のドルのばらまきと金融の復興

リーマン・ショックで危機に直面したアメリカのFRB（連邦準備制度理事会）議長バーナンキは、かつての「世界恐慌」の経験を生かし、「金利をゼロから〇・二五パーセントへと大幅に下げ」、国債などを大量に購入することで資金を市中に大規模に供給する三回に及ぶQE（**量的金融緩和政策**）で、四兆ドル（約五〇〇兆円）のお金を金融市場にバラマキました。

「ヘリコプター・ベン」のあだ名を持つバーナンキは、ドル紙幣を四倍あまりに増刷し、世界規模でのインフレを起こしたのです。

アメリカでは自動車ローンが住宅ローンに代わっていきますが、アメリカだけでは新たなバブルを起こすことは困難でした。

そこで新たに発行された大量のドルは、中国、ブラジルなどの新興国に「短期資金」として流れ込み、大規模なバブルを引き起こすことになります（**新興国バブル**）。第二次世界大戦後のそれまでのバブルとは、まったく違った意図的なバブルです。新興国に短期資金が潤沢にバラまかれて利益を上げることで、アメリカ経済は危機を脱したのです。アメリカがとった大規模なインフレ政策と中国、新興国のバブルは、相関関係にあります。

新興国バブルが進展した時期に、アメリカの世界最大の投資銀行ゴールドマン・サックスは、世界経済の未来を担うのはBRICs（ブラジル、ロシア、インド、中国）であるとして、大々的に新興国への投資を宣伝しました。

しかし、二〇一二年になると、大量の資金の流入により上昇を続けてきた新興国の景気が下降局面に入ります。それに追い討ちをかけたのが、FRBによるQE（量的金融緩和政策）の停止の示唆でした。

二〇一三年、投機筋がQEの停止以後の新興国からのドルの流出を見越して、ブラジル、インド、インドネシア、トルコ、南アフリカの通貨を売り叩きます。新興国通貨を売る動きはアルゼンチン、メキシコ、マレーシアなどにも及び、各国の通貨が株価、国債価格とともに下落しました。そうした動きは、やがて四兆元の巨大投資でリーマン・ショックの危機を救った中国にも及んでいきます。

中国が社会主義市場経済に移行して以後、中国への経済進出を世界戦略の中心に据えていたアメリカと中国はウイン・ウインの関係に入り、リーマン・ショック後になされた中国の四兆元の国内投資が両国の関係を緊密化しましたが、その関係は過熱化した投資バブルの崩壊と共産党独裁体制の強化、覇権主義の台頭で二〇一五年以降、急速に冷え込んでいます。

二〇一五年、中国では急速にバブルが進行していた上海の株式市場で株価の大暴落が起こり、政府の力づくの市場介入もあって中国経済の前途に暗雲が立ち込めました。

中国経済の低迷が、それまでの資源の爆買いをストップさせ、その影響がアジアの国々、資源産出国に及ぶという悪循環が続いています。

また、アメリカでのシェール石油、シェール・ガスの増産でアメリカがサウジアラビアの石油生産を抜き、ロシア、ベネズエラなどでの石油の増産も加わって、二〇一五年には、石油価格が半額以下に急落（345ページ図）し、それにつれて資源価格も暴落。それが新興国経済を直撃したことが、ＦＲＢが予定していたドルの利上げが簡単にはいかない状況の原因になっています。

経済を読むPOINT

二〇一三年の世界の外国為替市場の年間取引額は一三〇〇兆ドルで、貿易取引額の約六〇倍に達している。

ギリシャ問題とソブリン危機

リーマン・ショックをきっかけに長期の不況に陥っていたヨーロッパでは、ユーロが持つ矛盾が表面化し、好況のドイツと長期不況に悩む南欧諸国の経済格差が広がりました。とくに二〇〇九年、財政赤字を偽ってEUに加盟したことが、政権交代後の新政権により暴露された**ギリシャで、国家財政の巨額の粉飾決算**（財政赤字が従来報告されていたGDPの三・七パーセントではなく一二・五パーセント存在）が明らかになりました。

そうしたことからユーロの信用が失墜。二〇一〇年にギリシャ経済への疑いが南欧に連鎖し、**ソブリン危機**（国に対する信用危機の拡大）が起こります。

欧州中央銀行（ECB）は対ギリシャ緊急融資に乗り出しますが、ギリシャはユーロ離脱をチラつかせながら融資条件である緊縮財政に抵抗。ひとモンチャクも、ふたモンチャ

世界経済の51転換点

2009年

ギリシャ危機でユーロの限界が明らかに

ギリシャ危機はユーロ全体の信用を傷つけユーロ安を引き起こしましたが、好況のドイツ経済は安いユーロにより一人勝ちの状況にあります。ユーロの構造的欠陥が明らかになっています。

クも起こして、ユーロの危機を深刻化させています。

ギリシャ危機の原因は、オスマン帝国に支配された時代以来の慢性化した脱税、国民の二割を占める公務員の過度の優遇、アテネ五輪開催の赤字などにありますが、ユーロ加盟により国内事情に合わせた金融政策、独自通貨による経済の調整ができなくなったことも重要です。

しかしギリシャがユーロを離脱してギリシャのもともとの通貨ドラクマに戻っても、インフレが深刻化することは必至です。

経済を読むPOINT

ギリシャの債務問題は、ピッグス（PIIGS、374ページ）と言われる南ヨーロッパ諸国の財政の危機的状況を明らかにし、EUの危機を浮き彫りにした。

10

アメリカの金利引き上げと新興国バブルの崩壊

The 51 points to understand the world economy

危ぶまれる中国バブルの崩壊

リーマン・ショックの直後、中国共産党政権は四兆元にも及ぶ巨額の国内投資を行い、それを呼び水にして中国沿岸部から内陸部への高速鉄道・高速道路の建設、「フロンティア」（内陸の農業地帯）の再開発をめざしました。

共産党政権が総力をあげて取り組みましたし、何よりも土地が国有化されているので、「うわもの」の建設、開発が急ピッチで進み、周辺のアジア諸国、オーストラリアなどから開発に必要な大量の資源が爆買いされました。

中国政府には、不況に陥ったアメリカやＥＵに対する輸出の減少を、建設投資で補おうという計算がありました。さらに、行き場をなくした大量の外資を中国の人規模開発に集めることができるという計算もあったのです。

二〇〇八年以降、沿海部から内陸部への高速道路・高速鉄道の建設、大規模な都市建設が進められ、膨大な資金が動きました。

日本の「列島改造」をいくつも合わせたような巨大な建設ラッシュで、内陸部四川の重慶は、上海、北京を超える人口の広域都市に急成長し、中国は一躍世界最大の自動車市場に変わりました。

しかし表面的な華々しさとは裏腹に、ずさんな建設計画、政治主導による経済的観点の欠如が、**中国を世界史上類が見られない規模のバブル経済**に導きました。

短期間に中国のＧＤＰ（国内総生産）は日本を抜いて世界第二位に躍進しましたが、地方政府の負債は膨らみ、経済格差は拡大し、官僚の腐敗が広がりました。

中国の現代史は、軍閥から共産党軍閥への権力の委譲に過ぎなかったのではないかと思わせるような、すさまじい幹部の堕落ぶりでした。

国家投資が主導する経済成長ですから、国有企業の優位性が維持され、企業の生産性の向上、環境問題の解決などはなおざりにされました。

二〇一二年になると経済の後退で、それまで一〇年近くの間（二〇〇二〜一一）、ほぼ一〇パーセント前後で推移してきた中国の経済成長率が、年七パーセント台になりました。

■「一帯一路」構想と南シナ海

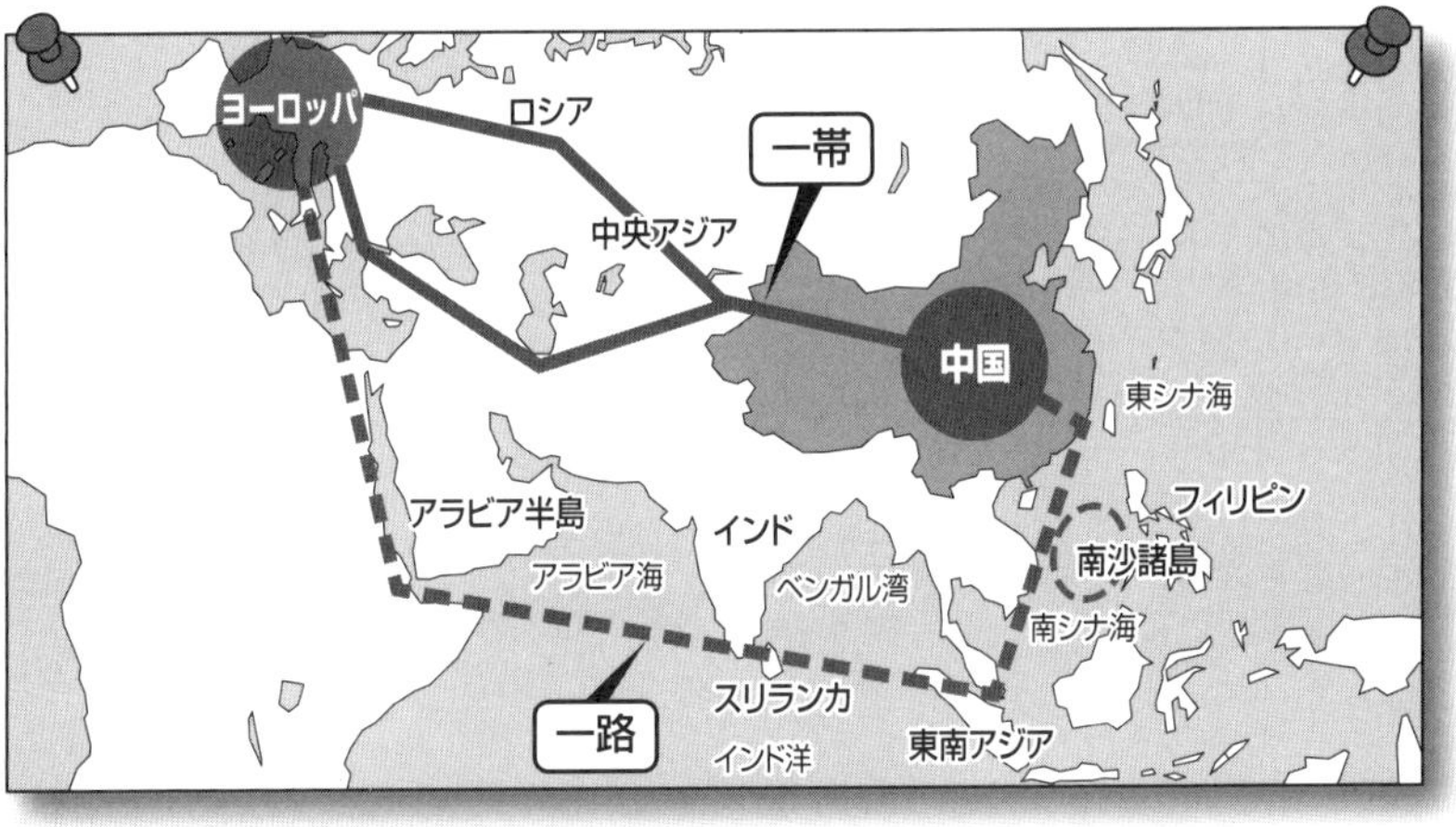

中国の経済統計は世界的に信用されていませんので、実際には五パーセント程度の成長、極端な説ではマイナス成長に陥っているのではないか、とまで言われるようになっています。

そこに、アメリカの国内バブルを防止するためのFRBの「金利引き上げ」が、加わります。リーマン・ショック後にアメリカが世界に流出させた大量のドルは（385ページ）、アメリカ国内ではなく新興国でバブルを起こしましたから、ドルの「金利引き上げ」による世界経済の新たな混乱については、アメリカの責任が問われることになります。

中国は、世界の五分の一の人口大国の経済と独裁政権を維持するために、**「一帯一路」構想**（中国からヨーロッパに至る陸路〈一帯〉と、東南アジア経由の海路〈一路〉からなる「シルクロード経済構想」）を打ち出すことになります。

それは中華思想に基づくユーラシアへの膨張政策であり、中国バブルのユーラシアへの輸出政策というようにも見えてしまいます。

その一方で中国は、南シナ海を囲い込もうとする、世界史の積み重ねを無視する独りよがりの蛮行を進めていますから、世界の信任を得ることは困難です。

世界の公海で地中海以上に広い南シナ海を、「古代以来の中国の海」と強弁し、軍事力を背景に囲い込もうとするのは、かつてローマ帝国が地中海を支配したのだからイタリアが地中海を囲い込むのは当然と言うのに等しい乱暴な主張です。

しかも、歴史的に中国は内陸国家であり海洋国家ではありません。現代の世界経済の覇権を握るには、中華思想ではなく現代にふさわしい「理念」がやはり必要になるのです。

経済を読むPOINT

中国はリーマン・ショックによる世界経済の危機を多額の国家投資により救済したが、やがてその過剰投資がバブルとなり、経済の綱渡り的な運営が続いている。

む

め

も

ゆ

よ

ら

り

る

れ

ろ

わ

ABC

索　引

宮崎正勝（みやざき　まさかつ）
1942年生まれ。東京教育大学文学部史学科卒。都立三田高校、都立九段高校、筑波大学附属高校教諭、筑波大学講師、北海道教育大学教授などを経て、現在はNHK文化センター等の講師として活躍中。『早わかり世界史』『地図と地名で読む世界史』『世界史を動かした「モノ」事典』『歴史図解　中東とイスラーム世界が一気にわかる本』『世界全史』（以上、日本実業出版社）、『イスラム・ネットワーク』（講談社選書メチエ）、『ジパング伝説』（中公新書）、『文明ネットワークの世界史』（原書房）、『海からの世界史』（角川選書）、『海図の世界史』（新潮選書）など著書多数。

世界《せかい》〈経済《けいざい》〉全史《ぜんし》　「51の転換点《てんかんてん》」で現在《げんざい》と未来《みらい》が読《よ》み解《と》ける

2017年8月1日　初版発行

著　者　宮崎正勝
発行者　吉田啓二

発行所　株式会社日本実業出版社　東京都新宿区市谷本村町3－29　〒162－0845
大阪市北区西天満6－8－1　〒530－0047
編集部　☎03－3268－5651
営業部　☎03－3268－5161　振　替　00170－1－25349
http://www.njg.co.jp/

印刷／壮光舎　製本／若林製本

この本の内容についてのお問合せは、書面かFAX（03－3268－0832）にてお願い致します。
落丁・乱丁本は、送料小社負担にて、お取り替え致します。

ISBN 978-4-534-05513-2　Printed in JAPAN

日本実業出版社の本

世界全史

宮崎正勝　定価本体1600円（税別）

なかなか一気に読めない世界の歴史を一度につかめる本！　歴史の転換点を「35の鍵」として紹介。さらに「現代から見た意味」「出来事に関するトピック」を交えながら解説することで、歴史を読み解く感覚が身につき、現代世界の理解にもつながる一冊です。

中東とイスラーム世界が一気にわかる本

宮崎正勝　定価本体1500円（税別）

世界史の黎明期から、イスラーム教の誕生、アラブの春、そして「イスラーム国」の登場まで、中東の歴史をイスラーム世界の歴史とからめながら２ページ見開き１項目でやさしく解説。スンナ派・シーア派とは、中東戦争とは、など時事用語にも強くなります。

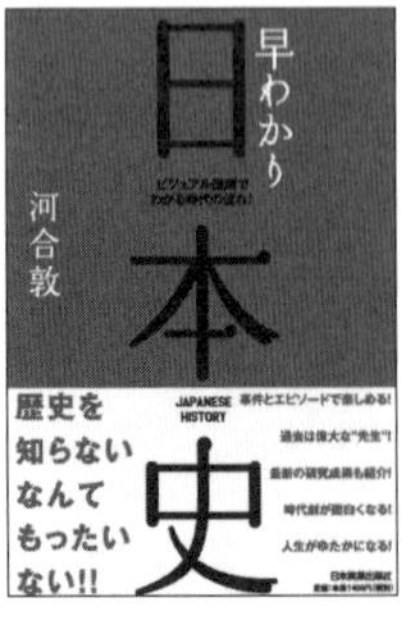

早わかり日本史

河合敦　定価本体1400円（税別）

なぜその場所で、こんなことが起きたのか？　そして、その事件がどんな影響を与えたのか……など事件とエピソードを中心に、すべての項目を２ページ読切り式で解説。どこから読んでもＯＫ。受験生だけでなくビジネスマン、熟年向けの読み物としてもオススメ。

※定価変更の場合はご了承ください。